GALERIA

DE RACISTAS

REPARAÇÃO, AGÊNCIA E RESISTÊNCIA

Organizadores:

Camilla Fogaça Aguiar
Debora Simões de Souza
Jorge Amilcar de Castro Santana

Camilla Fogaça Aguiar
Debora Simões de Souza
Jorge Amilcar de Castro Santana
(Organizadores)

GALERIA DE RACISTAS:
reparação, agência e resistência

Editora CRV
Curitiba – Brasil
2023

Copyright © da Editora CRV Ltda.
Editor-chefe: Railson Moura
Diagramação: Designers da Editora CRV
Capa: Diego Guerhardt, Gustavo Costa e João Santos
Revisão: Os Autores

DADOS INTERNACIONAIS DE CATALOGAÇÃO NA PUBLICAÇÃO (CIP)
CATALOGAÇÃO NA FONTE
Bibliotecária responsável: Luzenira Alves dos Santos CRB9/1506

G146

Galeria de racistas: reparação, agência e resistência / Camilla Fogaça Aguiar, Debora Simões de Souza, Jorge Amilcar de Castro Santana (organizadores) – Curitiba : CRV, 2023.
200 p.

Bibliografia
ISBN Digital 978-65-251-5306-3
ISBN Físico 978-65-251-5305-6
DOI 10.24824/978652515305.6

1. Ciências sociais 2. Racismo I. Aguiar, Camilla Fogaça. org. II. Souza, Debora Simões de. org. III. Santana, Jorge Amilcar de Castro. org. IV. Título V. Série.

CDU 323   CDD 305.80981

Índice para catálogo sistemático
1. Racismo – 323

2023
Foi feito o depósito legal conf. Lei nº 10.994 de 14/12/2004
Proibida a reprodução parcial ou total desta obra sem autorização da Editora CRV
Todos os direitos desta edição reservados pela: Editora CRV
Tel.: (41) 3039-6418 – E-mail: sac@editoracrv.com.br
Conheça os nossos lançamentos: **www.editoracrv.com.br**

Conselho Editorial:

Aldira Guimarães Duarte Domínguez (UNB)
Andréia da Silva Quintanilha Sousa (UNIR/UFRN)
Anselmo Alencar Colares (UFOPA)
Antônio Pereira Gaio Júnior (UFRRJ)
Carlos Alberto Vilar Estêvão (UMINHO – PT)
Carlos Federico Dominguez Avila (Unieuro)
Carmen Tereza Velanga (UNIR)
Celso Conti (UFSCar)
Cesar Gerónimo Tello (Univer .Nacional Três de Febrero – Argentina)
Eduardo Fernandes Barbosa (UFMG)
Elione Maria Nogueira Diogenes (UFAL)
Elizeu Clementino de Souza (UNEB)
Élsio José Corá (UFFS)
Fernando Antônio Gonçalves Alcoforado (IPB)
Francisco Carlos Duarte (PUC-PR)
Gloria Fariñas León (Universidade de La Havana – Cuba)
Guillermo Arias Beatón (Universidade de La Havana – Cuba)
Jailson Alves dos Santos (UFRJ)
João Adalberto Campato Junior (UNESP)
Josania Portela (UFPI)
Leonel Severo Rocha (UNISINOS)
Lídia de Oliveira Xavier (UNIEURO)
Lourdes Helena da Silva (UFV)
Luciano Rodrigues Costa (UFV)
Marcelo Paixão (UFRJ e UTexas – US)
Maria Cristina dos Santos Bezerra (UFSCar)
Maria de Lourdes Pinto de Almeida (UNOESC)
Maria Lília Imbiriba Sousa Colares (UFOPA)
Paulo Romualdo Hernandes (UNIFAL-MG)
Renato Francisco dos Santos Paula (UFG)
Sérgio Nunes de Jesus (IFRO)
Simone Rodrigues Pinto (UNB)
Solange Helena Ximenes-Rocha (UFOPA)
Sydione Santos (UEPG)
Tadeu Oliver Gonçalves (UFPA)
Tania Suely Azevedo Brasileiro (UFOPA)

Comitê Científico:

Adriane Piovezan (Faculdades Integradas Espírita)
Alexandre Pierezan (UFMS)
Andre Eduardo Ribeiro da Silva (IFSP)
Antonio Jose Teixeira Guerra (UFRJ)
Antonio Nivaldo Hespanhol (UNESP)
Carlos de Castro Neves Neto (UNESP)
Carlos Federico Dominguez Avila (UNIEURO)
Edilson Soares de Souza (FABAPAR)
Eduardo Pimentel Menezes (UERJ)
Euripedes Falcao Vieira (IHGRRGS)
Fabio Eduardo Cressoni (UNILAB)
Gilmara Yoshihara Franco (UNIR)
Jairo Marchesan (UNC)
Jussara Fraga Portugal (UNEB)
Karla Rosário Brumes (UNICENTRO)
Leandro Baller (UFGD)
Lídia de Oliveira Xavier (UNIEURO)
Luciana Rosar Fornazari Klanovicz (UNICENTRO)
Luiz Guilherme de Oliveira (UnB)
Marcel Mendes (Mackenzie)
Marcio Jose Ornat (UEPG)
Marcio Luiz Carreri (UENP)
Maurilio Rompatto (UNESPAR)
Mauro Henrique de Barros Amoroso (FEBF/UERJ)
Michel Kobelinski (UNESPAR)
Rafael Guarato dos Santos (UFG)
Rosangela Aparecida de Medeiros Hespanhol (UNESP)
Sergio Murilo Santos de Araújo (UFCG)
Simone Rocha (UnC)
Sylvio Fausto Gil filho (UFPR)
Valdemir Antoneli (UNICENTRO)
Venilson Luciano Benigno Fonseca (IFMG)
Vera Lúcia Caixeta (UFT)

Este livro passou por avaliação e aprovação às cegas de dois ou mais pareceristas *ad hoc*.

AGRADECIMENTOS

O livro "Galeria de racistas: reparação, agência e resistência" é fruto da militância, da pesquisa e dos esforços dos membros Coletivo Negro de Historiadores Tereza de Benguela e de colaboradores. Portanto, é uma obra coletiva e produzida a muitas mãos, mas temos demais companheiros e companheiras que se somaram nesse processo árduo de construção de uma obra acadêmica e política.

Dessa forma queremos agradecer a algumas pessoas que foram fundamentais para fazer dessa ideia uma realidade. Queremos agradecer a Jillian MacManemin (Diretora e fundadora do Toppled Monuments Archive) pela sua disposição e entrega em escrever a Galeria de Racistas no programa The Latinix e também por somar esforços na luta transnacional pela remoção de monumentos sensíveis. E também a Luisa Marinho doutoranda da New York University estudante colaboradora na NYU que integrou os monumentos classificados pela Galeria de Racistas e ao banco de dados da Toppled Monuments Archive.

Não poderíamos deixar de agradecer a jornalista e diretora do site antirracista Notícia Preta. Foi a partir dela que nasceu a ideia de um mapeamento dos monumentos racistas no Brasil, como ela através do Notícia Preta promove uma visibilidade da luta em defesa de políticas de reparação para o povo preto brasileiro. Nesse sentido a imprensa preta do século XXI tem sido um potente instrumento de combate às desigualdades raciais, ao racismo e na promoção de uma memória e história negra ativa e protagonista. Agradecemos ao produtor cultural Douglas Lacerda pela produção e planejamento do lançamento desta presente obra.

Por último, nós queremos fazer um caloroso agradecimento a dois ex-membros do Coletivo Negro de Historiadores Tereza de Benguela. As historiadoras Acácia Pereira, Danielle Rodrigues e Natália de Araújo que fizeram parte da pesquisa, da construção da Galeria de Racistas e demais contribuições inestimáveis. E por circunstâncias de trabalho e questões de foro pessoal não estão mais conosco, mas que sem elas esse livro não seria possível. Nosso muito obrigado a essas irmãs pretas!

E agradecemos também a muitos e muitas que apoiaram, ajudaram, incentivaram e colaboraram de diversas formas para presente obra. Todos e todas foram de imensa valia para nesse livro que sem dúvidas será inspirador de muitas lutas em busca de uma igualdade racial nesse país.

SUMÁRIO

APRESENTAÇÃO 11

PREFÁCIO 17
Patricia Elaine Pereira dos Santos

GALERIA DE RACISTAS: gênese, concepção e perspectivas 21
Camilla Fogaça Aguiar
Debora Simões de Souza
Jorge Amilcar de Castro Santana

UM ESPAÇO PURO NÃO RECONHECE A DOR HUMANA:
os lugares de memória e as lutas contra invisibilidades no Brasil 31
Camilla Fogaça Aguiar

PELO DIREITO À MEMÓRIA E À HISTÓRIA: reflexões acerca dos
monumentos escravistas no território brasileiro 51
Nathália Fernandes de Oliveira

MUSEUS: breves observações sobre os espaços excludentes 73
Cristiane Soares de Lima

RESISTÊNCIA CULTURAL E OCUPAÇÃO NEGRA NA ZONA OESTE
DO RIO DE JANEIRO: estudo de caso Ponto Chic 89
Ariane Corrêa da Silva Silvestre

AFRO-TURISMO E MONUMENTOS NUMA CIDADE NEGRA................. 107
Debora Simões de Souza

TERRITÓRIOS NEGROS: uma análise dos enfrentamentos espaciais
das lutas antirracistas 125
Simone Antunes Ferreira
Denilson Araújo de Oliveira

CONTRA O ESQUECIMENTO, A LUTA! POVOS INDÍGENAS,
HISTÓRIA E DIREITO À MEMÓRIA 151
Suelen Siqueira Julio

NEGACIONISMO E REVISIONISMO: a contestação da remoção de
monumentos escravistas 169
Jorge Amilcar de Castro Santana

ÍNDICE REMISSIVO 193

SOBRE OS AUTORES 197

APRESENTAÇÃO

O livro *Galeria de racistas: reparação, agência e resistência* foi concebido construído, produzido e organizado por membros do Coletivo Negro de Historiadores Tereza de Benguela e colaboradores. A obra reúne 8 artigos que versam sobre temáticas distintas, mas que convergem com o tema primordial da galeria que é provocar um intenso debate sobre as formas de reparação, em suas distintas áreas, para descendentes do genocídio da escravidão africana e indígena nas Américas. Assim, a obra se organiza em três eixos temáticos: "Museus, Patrimônios e Interseccionalidades"; "Territórios, Monumentos e Negritude"; e por último "História, Reparação e Narrativas hegemônicas e Contra-hegemônicas".

A primeira parte do livro intitula-se: *Museus, Patrimônios e Interseccionalidade* contém os artigos pesquisadoras Camilla Fogaça, Nathália Oliveira e Cristiane Soares que transitam por esses temas citados no título de maneira sólida e exitosa. Esse segmento é composto por artigos que destacam lutas e disputas protagonizadas por temáticas raciais e religiosas em busca de reconhecimento, memória, história, agência histórica e participação ativa na formação da identidade cultural do Brasil e também transnacional.

O artigo *Um espaço puro não reconhece a dor humana: os lugares de memória e as lutas contra invisibilidades no Brasil,* de Camilla Fogaça, abre esta seção com um tema precioso para os movimentos sociais na contemporaneidade, a luta dos povos tradicionais por reconhecimento de suas histórias e memórias em espaços públicos. A autora debate acerca de como os espaços públicos no Brasil são sobretudo arenas em que as hierarquizações racial e social são expostas e celebradas. O texto busca refletir como o espaço público no ocidente teve a sua construção associada a ações e práticas intencionais de determinados grupos sociais dominantes ao longo do tempo para impor suas identidades, memórias e construções histórias, além de ratificar sua hegemonia. No movimento de enfrentamento pela ocupação do espaço público são analisados a "Aldeia Maracanã" e o "Marco Zero da Umbanda", ambos no Estado do Rio de Janeiro, que abordam as lutas dos povos originários nos espaços que promovem exclusões e violências contra estes.

O artigo da historiadora Natália Oliveira *Pelo direito à memória e à história: reflexões acerca dos monumentos escravistas no território brasileiro*, discorre sobre os movimentos contemporâneos de luta na formação histórica e cultural no Brasil e nos Estados Unidos da América. Dessa forma a autora não apenas chama atenção para transnacionalidade da luta por direito à memória dos povos historicamente excluídos e vítimas de racismo a partir da modernidade. Como revela Nathália Oliveira, nos últimos anos em diferentes países, contextos e grupos sociais emergiram com disputas que também atravessam espaços sagrados e artefatos museológicos, como outros bens materiais e imateriais. A autora traça um paralelo entre lutas pela Memória nos Estados Unidos da América como a protagonizada pelo *Black Lives Matter* (Vidas Negras Importam) que teve início com a reivindicação do fim da violência policial contra a população negra, entretanto luta pela retirada das materializações de figuras racistas e escravocratas norte-americanas. E ela abordou o movimento Campanha Liberte Nosso Sagrado, protagonizada por lideranças religiosas de matriz africana em busca da reparação dos objetos sagrados "roubados" pelo Estado brasileiro na Primeira República (1889-1930) e Era Vargas (1930-1945). Como advoga muito bem, a autora utiliza bibliografias decoloniais para evidenciar como a independência dos países latino-americanos não rompeu com os paradigmas postos pela Modernidade e pela colonização.

Nessa seara há um importante diálogo entre os artigos de Camilla Fogaça Aguiar e Nathália Oliveira sobre a Modernidade como fundadora de uma hierarquização racial que estrutura os Estados-nações no Ocidente. As duas chegam a uma mesma conclusão: como a Modernidade fundou uma desumanização dos "outros", os não europeus, os não brancos, a partir da perversidade do racismo e é produzida até hoje, mas não livres de conflitos. As lutas dos movimentos sociais surgem como modelos que buscam romper essa desumanização marcada nos espaços e legitimadas por projetos e agentes públicos.

O artigo *Museus: breves observações dos espaços excludentes* de Cristiane Soares configura um estudo de caso intrigante, na medida em que sua análise parte da sua própria experiência como profissional atuante em museus do município do Rio de Janeiro. Dessa maneira ela produz uma autoetnografia como escolha metodológica. Como mulher preta, exercendo atividade laboral em diferentes instituições museais fluminenses, a pesquisadora se coloca como um panóptico privilegiado para na observação desses espaços culturais são palcos de racismos entre visitantes e até mesmo contra ela. Para revelar o racismo nos museus a autora retorna a gênese dos museus na Antiguidade, atravessando a Idade Média, em seguida a Modernidade até chegar aos museus no Brasil e na contemporaneidade. Esse caminho percorrido se torna eficaz na medida em que constrói sentidos que apontam como as instituições foram desde sua concepção elaboradas como espaços destinados para as classes dominantes ao longo da história.

A segunda parte da obra chama-se *Territórios, monumentos e negritude* é composto pelos artigos dos pesquisadores Ariane Correa, Denilson Araújo e Simone e Debora Simões, os quais atravessam essas searas com vigorosos estudos de casos. Essa parte que tem território como central nas abordagens traz uma interdisciplinaridade perene e salutar, pois é composto por especialistas de distintas áreas das Ciências Humanas como: Museologia, Geografia e Antropologia. Portanto, são leituras complexas e a partir de diferentes prismas e em diferentes espaços geográficos sobre territórios negros e agências negras e seus respectivos lugares.

A museóloga e historiadora Ariane Corrêa no seu artigo que integra esta obra promove uma reflexão acerca de um território negro construído a partir da na Zona Oeste da capital fluminense. O texto *Resistência, cultura e ocupação negra na zona oeste do rio de janeiro: estudo de caso Ponto Chic*, destaca o Ponto Chic, localizado no bairro de Padre Miguel, zona norte do Rio de Janeiro, como um quilombo urbano que arregimenta a população negra e suas manifestações culturais, ocupando o espaço público, a exemplo do samba, baile funk, e baile *black* e a inauguração do busto em homenagem ao líder quilombola Zumbi dos Palmares, em 2004. A pesquisadora, negra e moradora da Zona Oeste, chama a atenção para a ausência de políticas públicas e de equipamentos culturais para aquela que é a região mais populosa da cidade do Rio de Janeiro. Essa característica da região é abordada contraface com o surgimento do polo cultural e étnico do Ponto Chic formado sem apoio ou investimento do poder público por militantes e não militantes negros. O que está inteiramente conectado com demais ações protagonizadas pela agência dos movimentos negros de ocupar e fundar territórios a partir das próprias mãos. A partir desses movimentos, as mais variadas atividades culturais passaram a ser celebradas na localidade como o "Dia da Consciência Negra", 20 de novembro, que se tornou uma data festiva e de grande relevância no calendário da região, passando a reunir milhares de pessoas.

O artigo *Territórios negros: uma análise dos enfretamentos espaciais das lutas antirracistas* dos geógrafos Denilson Araújo e Simone Ferreira tem como ponto central o estudo de caso da cidade de Niterói. Os autores apontam que a constituição do 'Novo Mundo' se deu por meio da destituição das histórias dos povos originários, ao impor novos nomes aos espaços e topônimos comuns a essas populações, marginalizando os escravizados que aqui chegaram. Dessa forma a conquista ensejou nessas terras um potente processo de ocupação simbólica e epistêmica do espaço. Em contrapartida, os autores apontam as construções de africanidades e territorialidades produzidas no enfrentamento ao projeto de dominação.

Já o texto *Afro-turismo e monumentos numa cidade negra* da historiadora e antropóloga Debora Simões mergulha no estudo de caso do afroturismo na cidade de São Salvador. O texto promove a reflexão a partir de autores que trabalham com a ideia da capital baiana como "Roma Negra", um território que foi um dos epicentros da diáspora africana. A partir do conceito de "Atlântico Negro" do sociólogo inglês Paul Giroy (2011) Debora Simões debruça-se sobre o estudo de caso do Guia Negro, uma plataforma de produção, promoção e realização de afroturismo em diversas cidades brasileiras. No caso, o objeto são os três circuitos turísticos ofertados na capital baiana. A análise conta também com a entrevista do fundador do Guia Negro que disserta sobre a proposta do afroturismo e a disputa da mesma em contraface as narrativas hegemônicas, tradicionais e racistas que historicamente buscaram apagar e silenciar a agência negra no Brasil.

A segunda parte analisa territórios negros no Rio de Janeiro, Niterói e Salvador a partir de agências dos movimentos negros em diferentes áreas e campos com turismo, topomínios manifestações culturais e pela política. Diante de um contexto de uma construção histórica do espaço e do território por meio de uma hierarquização racial, marginalização dos grupos não brancos e favorecimento dos brancos. As populações negras e ameríndias não ficaram inertes a esse processo e a partir das agências negras (no que tange aos territórios negros) e de corpos que são territórios e territoralizantes como apontam Simone Ferreira e Denilson Araújo descolonizam, ocupam e fundam espaços pretos.

A terceira parte chama-se: *História, reparação e narrativas hegemônicas e contra-hegemônicas,* nela estão inseridos os artigos da pesquisadora Suelen Julio e do pesquisador Jorge Santana que contribuem com artigos que discorrem sobre a temática indígena e as lutas políticas e no campo da história, memória e narrativa na contemporaneidade em busca de políticas de reparação, memória e História. O que há de complementaridade nos textos para além de abordarem a temática dos povos originários, mas sobretudo, acerca do debate entre História e reivindicação de políticas públicas de reparação.

A pesquisadora e professora Suelen Julio inicia esse segmento com seu artigo *Contra o esquecimento, a luta! Povos indígenas, história e direito à memória.* A autora é uma exímia especialista em história dos povos originários brasileiros e logo na introdução defende que a agenda da remoção dos monumentos controversos é também uma pauta que diz respeito aos indígenas. O texto faz um importante apontamento ao lembrar que apesar de queima da estátua do sertanista Borba Gato, em 2020, ter sido realizada pelo movimento negro foi o manifesto assinado pelo indígena Olívio Jekupé, em 2015, que deu início a pauta pela remoção do famigerado monumento. Suelen Julio faz uma retrospectiva acerca da imagem dos indígenas ao longo da História do Brasil para revelar como essa iconografia construiu uma imagem dos povos originários como sujeitos passivos, "lúdicos", periféricos, secundários e espontâneos. Assim, a historiadora aponta dois caminhos para os movimentos indígenas na contemporaneidade; o primeiro acerca de enfatizar a violência e o genocídio perpetrado pela invasão europeia. Violência essa que Suelen Julio ressalta não ser circunscrita ao pretérito, mas ainda presente nos dias de hoje, vide o avanço desenvolvimentista sobre os territórios dos nativos; e a construção de uma agenda em prol da ideia essencializada de "índio" veiculada em diversas áreas como mídia, imagem e sobretudo na História, como no "Monumento ao Marechal Floriano Peixoto", localizado no Rio de Janeiro.

O artigo *Negacionismo e revisionismo: a contestação da remocado de monumentos escravagistas*, de Jorge Santana, submerge na discussão atual acerca dos movimentos sociais que defendem a remoção de monumentos "sensíveis" e os movimentos conservadores e de extrema-direita contrários a essa iniciativa. Essa luta que é política, deságua para um debate historiográfico, em que os favoráveis à remoção buscam fontes históricas e bibliográficas para sustentar que os "heróis" participaram no pretérito de ações genocidas ou diretamente da escravidão africana ou indígena. Mas, a partir do estopim da agenda política dos movimentos sociais pela remoção das estátuas de figuras com um passado ancorado e eventos históricos como a escravidão, genocídio, colonização, entre outros, setores refratários a tais iniciativas, deram início a um movimento de contraofensiva para evitar que seus "heróis" sejam retirados da cena pública ou simplesmente passem a ser vistos como algozes e não mais como "heróis nacionais". Toda essa disputa política ocorre no campo político, mas também no campo do debate historiográfico. Dessa forma, o autor traz à tona um debate contemporâneo que é político, mas transita pela História, já que tal disciplina é um platô *sine qua non* para defesa de pautas políticas. Nesse sentido, a política e a disputa por meio da História em que negacionismo e revisionismo são operados com objetivo político, seja para defender a implantação de política pública, seja para se colocar contrário a mesma. As narrativas historicamente hegemônicas das classes dominante e consequente acerca dos seus heróis recorre ao negacionismo das fontes históricas e da literatura acadêmica que apontam vestígios incontestes.

Partindo das breves apresentações sobre os capítulos que compõem esta obra, pretendemos destacar como o livro "Galeria de racistas: reparação, agência e resistência" é composto de uma diversidade ímpar e frutífera de pesquisadores contribui para reflexão acadêmica acerca dos movimentos sociais, movimentos negros e movimentos dos povos originários não apenas no Brasil como nas Américas ou Abya Yala (nome do povo Kuna para Nuesta América) como nos lembram Simone Ferreira e Denílson Araújo no capítulo 6. Como tais movimentos estão na ordem do dia e contestando em diversas arenas e áreas a cultura, o território, história, memória e o legado da colonização transmutado em legado e identidade nacionais no período pós-colonial os quais permanecem hierarquizando e excluindo setores significativos das populações nacionais.

Nesse sentido, esse livro que nasce a partir de um movimento inserido na luta por reparação histórica ou justiça de transição não se limita apenas a um material acadêmico. Citando o filósofo alemão Karl Marx "Os filósofos se limitaram a interpretar o mundo de diferentes maneiras; o que importa é transformá-lo", portanto compreendemos que a presente obra é um instrumento de inspiração para lutas sociais e raciais em busca de reconhecimento, reparação e justiça. Sem dourar a pílula do livro tem como propósito servir de um Norte, ou melhor de um Sul, fazendo alusão a obra "América Invertida" do saudoso artista uruguaio Torres Garcia, portanto: "O Sul é o meu Norte".

PREFÁCIO

Patricia Elaine Pereira dos Santos[1]

Que alegria e que honra participar dessa produção. Como professora com atuação na formação de professores e intelectual negra, entendo que o papel deste livro é perpetuar uma discussão que envolve a temática racial, mas, acima de tudo, valores civilizatórios que nos mostra outras rotas para uma história constituída por um único sentido. Ainda nos possibilita entrar no universo da estética do lugar, mas negando um perfil senso comum que atravessa um discurso pronto. Pensar as imagens e deslocamentos é também assumir que precisamos elucidar uma cidade mais diversa e menos racista.

Esta é uma produção que nasce de um coletivo de pessoas interessadas por reconhecimento de outras narrativas, de um rompimento com a histórica única, como nos sinaliza Chimamanda Ngozi Adichie, que não nos cabe mais. Esta obra viabiliza que o olhar para as imagens de pessoas seja intencionalmente a possibilidade de pensar o contorno, daqueles que identificados como heróis possa ocupar seus verdadeiros sentidos. Seria apenas uma inversão de valores? O quanto é importante dialogar em bem comum para uma sociedade historicamente racista?

Aqui cabe a reflexão sobre as ações negras, quilombolas e (afro)indígenas sejam parte do diálogo como componente das epistemologias insurgente e desobediente por si só. Não é uma forma de destoar para ser apenas diferente, ou mostrar uma proposição exótica. É pela possibilidade de não obedecer aos ritos mais normatizados. Assim, a convergência urge nas proposições que as epistemologias negras, quilombolas e indígenas produzem e têm sido cada vez mais expostas e necessárias.

São oito capítulos que precisamos nos debruçar com carinho, são oito produções que anunciam uma ação em comum: são criadoras de outros tempos, conteúdos e histórias em que a potência é a possibilidade em apresentar a arte e formas de ocupação do espaço público em multiplicidade e, nenhuma é uma coisa só. Assim, esta é uma produção que dialoga com uma extensa pesquisa sobre monumentos brasileiros que homenageiam figuras escravagistas que cometeram diversos crimes contra a humanidade.

---

1 Sou Patricia com segundo nome próprio: Elaine! ou simplesmente mãe da Ashia e Mahin as gêmeas mais animadas desse mundo; tenho doutorado em educação pela UFRJ, me descobrindo professora universitária no Departamento de educação da UERJ-FFP e coordenadora do GENTE (Grupo de Estudo, Pesquisa e Extensão Negritudes e Transgressões Epistêmicas). Vivo me intelectualizando com a periferia que ensina modos mais humanizados de sobrevivência e partilha. Estudo sobre a produção do conhecimento racial no espaço da escola e da universidade. Organizadora dos livros Mestres das Periferias (2020), GENTE: Negritudes e Transgressões Epistêmicas (2022).

O capítulo intitulado *Um espaço puro não reconhece a dor humana: os lugares de memória e as lutas contra invisibilidades no Brasil,* da Camilla Fogaça, propõe construir uma narrativa sobre a potencialidade dos monumentos e espaços de memórias, anunciando estes espaços como construção de conhecimentos, com intuito de criar novos olhares que visibilizem mais negros e indígenas. A pesquisa entende que o espaço público, a partir dos seus monumentos e lugares de memórias racistas, perpetuam uma lógica de evidenciar figuras e imagens de escravagistas e impede uma memória das populações negras e indígenas a partir das demandas cívicas deste referido grupo.

O texto de Jorge Santana, *Negacionismo é revisionismo histórico: as críticas remoções de monumentos escravistas,* indaga a ação do movimento negacionista ao negarem a escravização africana e defenderem o trabalho compulsório de africanos a partir de uma defesa em culpá-los por essa chacina. Esse argumento é formulado em sua maioria por conservadores e militares da extrema-direita. Importa sinalizar que este argumento reconhecido como civilizatório é o mesmo que questiona a remoção dos monumentos escravagistas, reconhecendo também que esta produção se alinha com um campo de disputa no campo da história sobre políticas de reparação para o povo negro.

O capítulo da autora Ariane Corrêa intitulado *Resistência cultural e ocupação negra na zona oeste do Rio de Janeiro: estudo de caso Ponto Chic* potencializa um território negro da zona oeste carioca associado ao monumento de Zumbi dos Palmares e constituindo um quilombo contemporâneo. Em paralelo, uma série de análise de notícias e legislações contribuem com a projeção da cultura negra e a relação com a história do Brasil.

O texto *Afro-turismo e Monumentos Negros Numa Cidade Negra: a atuação do Guia Negro em Salvador,* de Debora Simões, faz referência sobre Salvador e sua projeção afro-turista a partir das memórias produzidas no Guia Negro que demostra uma Roma Negra a partir de corpos e pensamentos negros e afroturismo. Nesse sentido, é uma produção que elucida a capital baiana a partir de raízes africanas e escravizadas, e que mesmo sendo o reflexo da diáspora, o território não reflete nas afrografias que deveriam se fazer presente.

O capítulo seguinte, de Suelen Siqueira Julio, intitulado *Contra o esquecimento, a luta! povos indígenas, história e direito à memória* retrata histórias e memórias dos povos originários. O texto ainda provoca as questões em torno dos movimentos escravistas que não pode estar fundamentado na experiência africana de exploração, mas também sobre os povos indígenas da terra como resgate de uma memória ancestral.

O capítulo *Museus: breves observações de espaços excludentes,* de Cristiane Soares, retrata a presença da população carioca nos museus da cidade a partir de aspectos raciais e sociais. Esse recorte é uma forma de problematizar as visibilidades dos grupos a partir de um espaço não formal de educação.

O texto de Denilson Araújo de Oliveira e Simone Antunes Ferreira nomeado de *Territórios Negros: uma análise dos enfrentaremos espaciais das lutas antirracistas* aborda a dimensão do espaço urbano e as grafias na cidade de Niterói a partir das memórias passadas e atuais da diáspora africana. É um texto que reúne intelectuais de diferentes áreas do conhecimento para pensar coletivamente sobre memória, espaço urbano e diáspora africana. Essa é uma discussão para reposicionar as negritudes possíveis, além de afirmar sentidos da própria cidade como rodas de samba, de capoeira, de jongo, festividades religiosas, terreiros, estátuas, movimentos sociais que perpetua uma diáspora africana.

O último capítulo *Pelo direito à memória e à história: reflexões acerca dos monumentos escravistas no território brasileiro,* de Nathália Fernandes, retrata algumas reflexões que envolve memória, história e monumento em território nacional marcado por personagens que escravizaram.

Ao narrar cada história aqui apontada sinto também a necessidade de expressar o quanto precisamos desvelar as outras tantas que nos sinaliza para outros tempos, o quanto "a história que a história não conta" precisa ser desbravada em seus múltiplos caminhos. Além disso, essa é uma escrita de coletivo, de pessoas dispostas a construir uma ação coletiva, dessas que o bom provérbio africano nos potencializa: "Quando as teias de aranha se juntam, elas podem amarrar um leão". Afrografias, memórias, afrofuturismo, lutas antirracistas, visibilidade, monumentos, cultura negra, resistência, afro-turismo, povos originários, africanos, diásporas, pretos e periféricos, territórios negros, desconstrução são algumas das muitas palavras que demonstra a potência de pensar outros sentidos e novas referências.

Este é um livro de contra narrativa, necessário no tempo presente que entendemos o papel das epistemologias negras e indígenas. Outras porque marca uma narrativa histórica já existente, mas não reconhecida. Outras porque necessitamos entender que a historicidade promovida não pode ser única. Vale ressaltar que as ideias expostas narram a relação dos espaços públicos e as imagens reproduzidas, mas acima de tudo aponta para uma ação antirracista tão necessária na relação cotidiana pelo país. Axé e avante!

GALERIA DE RACISTAS:
gênese, concepção e perspectivas

Camilla Fogaça Aguiar
Debora Simões de Souza
Jorge Amilcar de Castro Santana

Vamo derrubar o nome dessas ruas, dessas estátuas
Botar herói de verdade nessas praças
Movimento – BK

A presente obra é fruto de uma parceria profícua em caráter transnacional entre o Coletivo Negro de Historiadores Tereza de Benguela e duas instituições: a *Toppled Monuments Archive* (Arquivo de Monumentos Tombados) e a New York University. A Galeria de Racistas em 2021 tornou-se um dos movimentos que faz parte da *Toppled Monuments Archive*. Esta organização estadunidense realiza um trabalho de pesquisa e catalogação de movimentos que contestam monumentos "sensíveis" ao redor do planeta. A partir das similares entre os objetivos dos dois movimentos a Galeria de Racistas passou a integrar a rede internacional criada pela *Toppled Monuments Archive*.

Um segundo passo nessa parceria veio através da New York University pelo programa *The Latinx Project at NYU- Public Humanities Fellowship* (O Projeto Latino-americano na NYU – Camaradagem de Humanidades Públicas). Por intermédio da doutoranda do programa *The Latinx Projec* Luiza Marinho e Jillian MacManemin (diretora e fundadora do *Toppled Monuments Archive*) que inscreveram a Galeria de Racistas no programa, assim passamos enquanto coletivo a trabalhar diretamente com a Luiza Marinho. A principal tarefa da pesquisadora foi integrar o banco de dados da Galeria de Racistas com o da *Toppled Monuments Archive*, que reúne estátuas de diferentes países.

Parte da verba fornecida pelo *The Latinux Project* foi destinada para a pesquisadora e a outra para o coletivo que a direcionou para a produção, edição e publicação do livro, *Galeria de racistas: reparação, agência e resistência*.

Neste capítulo iremos apresentar o contexto de formação da Galeria de Racistas assim, como expor os debates públicos em torno dos quais a Galeria relaciona-se, como, identidade nacional, escravização, identidades indígenas e negras, movimentos sociais entre outros.

Não poderíamos deixar de relatar que esta obra foi pensada e gestada por autores negros e negras, tanto os membros do Coletivo Tereza de Benguela, como os colaboradores Denílson Araújo, Simone Ferreira, Patrícia Santos e Suelen

Júlio. O que queremos com um livro feito por pretos do início ao fim é pautar o protagonismo negro na academia, na intelectualidade, nas ciências e em todas áreas que historicamente nos foram negadas a partir da égide perversa do racismo em nosso país. Portanto, reafirmamos que esta é uma obra negra. Tal como escreveu e cantou em prosa e verso, o grande compositor e sambista Candeia:

Ao Povo Em Forma de Arte

Quilombo, pesquisou suas raízes
Nos momentos mais felizes
De uma raça singular, e veio
Pra mostrar esta pesquisa
Na ocasião precisa
Em forma de arte popular

A pauta política acerca da retirada dos monumentos é atual e relevante, assim como inúmeras pesquisas sobre as estátuas manchadas de sangue. Nesse sentido, esta obra contribui para a reflexão sobre a História, os monumentos e a política de reparação dos povos indígenas e negros vitimados no período da colonização e pós-colonial. Os debates construídos aqui inserem-se no conjunto de questões que perpassam pela teoria e prática. Uma vez que são discussões caras tanto aos círculos acadêmicos, nas pesquisas quanto aos movimentos sociais e políticos contemporâneos, que buscam sólidas políticas públicas de reparação.

A origem e a formação da Galeria de Racistas

A Galeria de Racistas é um projeto colaborativo constituído pelo Coletivo de Historiadores Negros Teresa de Benguela[2], a plataforma virtual antirracista Notícia Preta e um coletivo de publicitários pretos. O projeto é resultado de uma extensa pesquisa sobre monumentos brasileiros que homenageiam figuras escravagistas que cometeram diversos crimes contra a humanidade. Através do site oficial[3], o projeto expõe em galerias digitais monumentos localizados por

---

[2] O Coletivo de Historiadores Negros Tereza de Benguela nasceu em 2020 para pesquisar os monumentos em homenagem a figuras envolvidas diretamente com a escravidão indígena e negra no Brasil. O coletivo é formado por historiadores e historiadoras formados na UERJ, campus São Gonçalo e Maracanã. O nome do coletivo foi escolhido em homenagem à líder quilombola Tereza de Benguela, que viveu no século XVIII, na capitania do Mato Grosso. Tereza de Benguela fugiu da fazenda onde era escravizada para viver no Quilombo do Queriterê ou Quilombo do Piolho. Ela foi casada com José Piolho, que chefiava o Quilombo do Piolho até ser assassinado por soldados do Estado. A partir desse evento, Tereza de Benguela passou a liderar o Quilombo, ficando famosa por ser combativa e uma líder altiva. Em 1770, o Quilombo acabou sendo vitimado por incursão, Tereza foi presa e posteriormente assassinada.

[3] Galeria de Racistas. Disponível em: https://galeriaderacistas.com.br/#sobre. Acesso em: 10 set. 2022.

todo o Brasil que homenageiam personalidades da história nacional. Todavia, esses monumentos expostos na Galeria destacam personalidades que, de diferentes formas, fomentaram a manutenção e o tráfico de escravizados no país.

Nosso trabalho se entende como uma ação de reparação histórica que tem como objetivo expor para a toda a sociedade a verdadeira história dos escravagistas exaltados que apenas servem como forma de perpetuar o racismo. O projeto é defendido como uma forma de provocar na sociedade a mesma reflexão causada por outros protestos ocorridos no mundo, a partir de 2020, sob o contexto da pandemia ocasionada pelo vírus covid-19 e de importantes movimentos sociais com prerrogativas antirracistas.

Nesse contexto, a desigualdade racial recebe atenção mundial a partir do caso George Floyd, nos Estados Unidos. Em abril de 2020, na cidade de Minneapolis, o cidadão negro George Floyd foi assassinado por policiais brancos. Sem que a vítima reagisse à agressão, os policiais o estrangularam, causando sua morte. O caso viralizou em diferentes mídias digitais, revoltando parcela da população estadunidense, ocasionado estopins de manifestações contra o racismo, contra a violência policial e em defesa de justiça para negros e afro-descentes. Nos Estados Unidos, as manifestações antirracistas levaram às ruas milhões de pessoas, foram os atos contra o racismo mais potentes desde a luta pelos direitos civis, na década de 1960.

O assassinato brutal de George Floyd desencadeou a politização contra a violência policial a partir do movimento internacional *Black Lives Matter*. Ambos vão fermentar o cenário mundial com debates sobre o racismo estrutural. Em 11 de junho de 2020, durante a maior pandemia dos últimos 100 anos (covid-19), milhares de pessoas realizaram uma manifestação contra o racismo, na cidade de Bristol, no Sul da Inglaterra. O ato seguia pelas ruas gritando palavras de ordem e demandando políticas de combate à discriminação racial. Os manifestantes de maneira pré-programada, ou não, decidiram colocar abaixo, em uma ação direta, o símbolo do racismo em forma de bronze, a estátua do traficante de pessoas escravizadas Edward Colston (1636-1721)[4].

Munidos de cordas e anseios por remover a memória ufanista de um representante de um dos crimes mais bárbaros da história, a escravidão, os manifestantes derrubaram a estátua de Edward Colston do pedestal, pintaram com tinta vermelha e a jogaram nas águas geladas do porto. O ato de retirar o monumento produziu uma repercussão mundial, tanto de críticas à derrubada,

---

4 Edward Colston foi um alto funcionário da empresa Royal African Company (Companhia Real Africana), que no século XVII traficou milhares de escravizados africanos da África Ocidental para as colônias inglesas no Caribe e para as Treze Colônias da América do Norte. Tornou-se rico por fazer comércio de diversos produtos, mas entre eles o comércio de seres humanos. Disponível em: https://g1.globo.com/mundo/noticia/2020/06/07/manifestantes-derrubam-estatua-do-traficante-de-escravos-edward-colston-em-bristol-na-inglaterra.ghtml. Acesso em: 10 set. 2022.

como em defesa da ação dos manifestantes. Posicionamentos contra e a favor da derrubada da estátua de Edward Colston abriram caminho para uma série de questionamentos acerca dos monumentos em homenagem a figuras "controvérsias" (MONTERO, 2012), (MIRANDA; CORREA; ALMEIDA, 2017)[5].

Nesse cenário, o Brasil também apresentou mudanças em relação às ações de enfrentamento ao racismo. Os ventos da Europa e dos Estados Unidos da América chegaram ao Sul do Equador, provocando a luta antirracista a repensar os monumentos brasileiros em homenagem a figuras responsáveis pela escravidão em nosso país. A chegada desses ventos produziu uma série de atividades de contestação aos monumentos, como o incêndio na estátua do bandeirante Borba Gato[6], em 2021, no bairro de Santo Amaro, na cidade de São Paulo. A ação direta foi realizada pelo grupo *Revolução Periférica*, que tem como um dos seus membros, o Galo de Luta[7].

O incêndio da estátua de Borba Gato significou uma ação contundente de questionamento dos monumentos escravistas no Brasil e incentivou o debate, em âmbito nacional, sobre essa questão. Em agosto de 2021, no Rio de Janeiro, também ocorreu uma ação direta semelhante, a estátua de Pedro Álvares Cabral foi incendiada, no bairro da Glória. A ação foi realizada pelo Coletivo Uruçu Mirim, formado por indígenas. O ato fazia parte da luta contra a aprovação do projeto de lei[8] que estabelece a alteração das regras de demarcação de terras indígenas, em tramitação no Congresso Nacional e apoiado pelo atual mandatário da presidência.

---

5   O conceito de "controvérsias" é utilizado nesta pesquisa como uma categoria capaz de problematizar a visibilidade ou invisibilidade das ações coletivas que podem revelar a existência de determinadas gramáticas, moralidades e interesses que orientam as ações e as justificativas utilizadas pelos agentes diante das "controvérsias", possibilitando a legitimação de seus argumentos nas arenas públicas e viabilizando, ou não, a sua explicitação e seu reconhecimento como problema público (MONTERO, 2012), (MIRANDA; CORREA; ALMEIDA, 2017).

6   Borba Gato (1649-1718) foi um bandeirante no século XVIII responsável por expedições nas regiões de São Paulo e Minas Gerais em busca de metais preciosos ou povos indígenas para escravizá-los. As expedições chamadas de bandeiras eram violentas, em que os indígenas eram assassinados, estuprados e escravizados. Disponível em: https://galeriaderacistas.com.br/borba-gato/. Acesso em: 10 set. 2022.

7   Paulo Galo Lima, conhecido como Galo de Luta, é um motoboy e ativista de São Paulo que luta contra a exploração dos entregadores de aplicativo a partir do "Movimento de Entregadores Antifascistas" (MEAF). Após atear fogo na estátua de Borba Gato, ele e sua esposa, Géssica, se apresentaram na delegacia e foram presos e soltos dias depois. Disponível em: https://www.redebrasilatual.com.br/cidadania/2021/08/justica-revoga-prisa-paulo-galo-libertado/. Acesso em: 10 set. 2022.

8   PL 490/2007- Estabelece a alteração das regras de demarcação de terras indígenas. A demarcação deixaria de ser realizada pelo governo federal a partir de pedido da Funai e analisada por uma equipe multidisciplinar através de um processo administrativo. O PL estabelece um marco temporal em que as terras indígenas só poderão ser demarcadas, se ocupadas pelos povos originários até 1988. O projeto legislativo também passa o poder de demarcação para o Legislativo e impede a ampliação de terras indígenas já demarcadas. Todos esses pontos são considerados pelos indígenas como retrocessos e entraves à demarcação de terras indígenas.

No campo institucional, parlamentares no âmbito estadual e municipal apresentaram projetos de lei para a retirada de monumentos escravistas ou para a proibição de novos. No estado de São Paulo, a deputada estadual Érica Malunguinho (PSOL)[9] apresentou um projeto de lei que proíbe homenagens a escravocratas e a eventos históricos ligados ao exercício da prática escravista no âmbito da administração estadual direta e indireta. No Rio de Janeiro, as deputadas estaduais Dani Monteiro, Mônica Francisco e Renata Souza (PSOL)[10] apresentaram o projeto de lei para remoção de estátuas. Em outras assembleias estaduais e câmaras municipais projetos nesse sentido se espalharam pelo Brasil.

Diante do cenário de criação de projetos de leis e tendo em vista a importância dos monumentos para a construção de identidades a Galeria de Racista foi criada. Por meio das atividades de pesquisa foram catalogados quase uma centena de estátuas, hermas e bustos em homenagem a figuras envolvidas diretamente no processo de escravidão africana e indígena. Cada um dos escravistas expostos na Galeria tem uma biografia embasada em pesquisas e documentos que revelam sua participação na escravidão. É a partir da Galeria de Racistas que problematizamos parte da construção desse instrumento de contestação ao passado escravocrata e racista brasileiro.

Diante do exposto, o livro tem como um dos objetivos, não só despertar o debate sobre quem são os homenageados nos espaços públicos, mas ensejar a luta pela construção de uma cidade democrática e que contemple a diversidade racial e cultural brasileira. A Galeria de Racistas e apresente obra constituem-se, sobretudo, como instrumentos políticos na esteira de produzir uma política de justiça acerca do genocídio negro e indígena.

Uma visita guiada na Galeria de Racistas: criação, metodologia e apresentação

Como dito anteriormente, a derrubada da estátua do comerciante de escravizados em Bristol, na Inglaterra inspirou aqui no Brasil a criação da Galeria de Racistas. A ideia partiu de Thais Bernardes, jornalista e CEO do portal jornalístico *Notícia Preta*, um importante veículo da imprensa negra brasileira. A partir de sua ideia foi formado o Coletivo de Historiadores Negros Tereza de Benguela, responsável por realizar a pesquisa dos monumentos em homenagem aos escravistas e suas biografias. A construção da Galeria

---

9 É possível acessar a PL n° 404/2020 no portal da Assembleia de São Paulo. Disponível em: https://www.al.sp.gov.br/propositura/?id=1000327788. Acesso em: 10 set. 2022.

10 Disponível em: http://www3.alerj.rj.gov.br/lotus_notes/default.asp?id=156&url=L3NjcHJvMTkyMy5uc2YvMWUxYmUwZTc3OWFkYWIyNzgzMjU2NmVjMDAxOGQ4MzgvYjQwNGU0MDk5ZGQ5MGM5MDAzMjU4NTkyMDA2ZmZkZDY/T3BlbkRvY3VtZW50. Acesso em: 10 set. 2022.

de Racistas também contou com a participação de publicitários, profissionais do marketing e designer negros Diego Guerhardt, Gustavo Costa e João Santos responsáveis pela parte visual da Galeria, pela criação do nome e demais formulações criativas e artísticas. Ou seja, é um trabalho de pesquisa interdisciplinar, que atravessa distintas áreas do saber, como História, Arte, Antropologia, Museologia, Comunicação e Publicidade. É a interdisciplinaridade que produz ao projeto uma potência singular.

A ideia do próprio nome, que a princípio seria um mapeamento, foi transformado para a Galeria de Racistas, partindo do conceito que os monumentos em homenagem aos escravistas representam arte do genocídio negro e indígena. O nome Galeria de Racistas explora a concepção de que as obras de arte em homenagem a figuras envolvidas no genocídio indígena e negro através do trabalho compulsório é uma exposição do horror. É um patrimônio público, que embeleza as cidades não em denúncia ao passado trágico, mas em glorificação ufanista aos algozes do processo de morticínio de grupos sociais. Dessa maneira, o poder e as hierarquias sociais são materializados a partir desses monumentos.

O primeiro passo foi a realização de pesquisas nos sites das prefeituras, em páginas de monumentos e obras de artes. A partir desse levantamento inicial fizemos uma triagem dos monumentos que homenageavam figuras históricas e pesquisamos sobre a trajetória dos mesmos. A partir da identificação dos biografados, suas relações econômicas, sociais ou políticas, dávamos início a uma pesquisa aprofundada em documentos, dissertações e teses de doutorado. Quando essas pesquisas apontavam um envolvimento direto com a escravidão indígena e africana dentro das quatro categorias definidas como escopo do projeto, o personagem e seu respectivo monumento eram incluídos na Galeria de Racistas.

Em seguida, também pesquisávamos acerca de outros monumentos em homenagem ao personagem histórico identificado em outra cidade. A nossa pesquisa partia, portanto, do monumento para o personagem. Figuras históricas envolvidas com a escravidão têm milhares. Contudo, nossa pesquisa era sobre aqueles que foram homenageados em patrimônios no espaço público, porque compreendemos a homenagem como uma forma de eleger tal personagem como um herói, digno de figura em forma de arte nos espaços públicos.

Os personagens históricos da Galeria de Racistas estão classificados dentro do escopo de quatro categorias: (1) proprietários de pessoas escravizadas negras e indígenas; (2) figuras históricas que atuaram no comércio de pessoas escravizadas, tanto indígenas como negras; (3) teóricos e intelectuais responsáveis por produzir obras em defesa da escravidão no Brasil; (4) figuras históricas responsáveis por massacres contra escravizados, quilombolas, libertos e indígenas.

Para o leitor compreender melhor as quatro categorias definidas vamos exemplificar cada uma delas com um dos personagens identificados pela pesquisa. A primeira categoria é de figuras homenageadas em monumentos as quais foram proprietárias de escravizados. Identificamos o Joaquim da Silva Xavier, mais conhecido como Tiradentes[11] (1746-1793), pela sua atuação na Inconfidência Mineira (1789)[12]. Tiradentes era proprietário de seis escravizados africanos como apontam os documentos do julgamento o qual foi condenado à pena de morte.

Na segunda categoria, a de pessoas envolvidas com comércio de seres humanos, tem o exemplo do português Joaquim Pereira Marinho[13] (1828-1887). O comerciante chegou ao Brasil na primeira metade do século XIX, viveu e trabalhou na capital baiana. Ele atuou ativamente no tráfico de pessoas escravizadas entre os anos 1839 até 1850. Os documentos revelam que seus navios transportaram aproximadamente 11 mil escravizados africanos de África para o Brasil. Sua estátua está localizada na frente do Hospital Santa Izabel, na cidade de Salvador.

Na terceira categoria, de figuras responsáveis por produzir obras em defesa da escravidão, ou seja, produtores de uma ideologia em prol da escravidão no Brasil, está o padre lusitano Antônio Vieira[14] (1608-1690), famoso por seus sermões, entre outras obras literárias. Contudo, o sacerdote produziu em suas obras uma defesa teológica da escravidão africana, apesar de ser contrário à escravidão indígena. Segundo Antônio Vieira, a escravidão negra era um "cativeiro justo", pois a partir do trabalho árduo da escravidão os negros alcançariam a remissão dos pecados e acesso à salvação eterna.

A quarta categoria é constituída, principalmente, de militares responsáveis por massacres contra escravizados, libertos, quilombolas e indígenas. Porque compreendemos que esses episódios sangrentos fazem parte do genocídio, que tem como morticínio principal o trabalho cativo. O General David Canabarro[15] (1796-1867) era proprietário de fazendas e de escravizados, mas ganhou fama durante a Revolução Farroupilha (1835-1845), quando liderou tropas revoltosas contra as tropas imperiais. Ao final da revolta, quando estava em negociação de um acordo de paz, Canabarro e Duque de Caxias

---

11 Disponível em: https://galeriaderacistas.com.br/tiradentes-14/. Acesso em: 10 set. 2022.
12 A Inconfidência Mineira (1789) é considerada a primeira tentativa de revolta com objetivo de libertar o Brasil do domínio de Portugal. Em especial, durante o período republicano esse evento histórico foi imensamente exaltado, pois tinha como um dos objetivos um regime republicano, inspirado no modelo norte-americano. Contudo, apesar dos planos dos revoltosos defender a liberdade como um princípio, eles não eram defensores da abolição da escravidão africana. Pois assim como Tiradentes a maioria dos inconfidentes mineiros eram proprietários de escravizados.
13 Disponível em: https://galeriaderacistas.com.br/joaquim-pereira/. Acesso em: 10 set. 2022.
14 Disponível em: https://galeriaderacistas.com.br/padre-antonio-vieira/. Acesso em: 10 set. 2022.
15 Disponível em: https://galeriaderacistas.com.br/david-canabarro/. Acesso em: 10 set. 2022.

organizaram um massacre contra os escravizados que lutaram ao lado dos farroupilhas. Em 14 de novembro de 1844, ocorreu o Massacre de Porrongos, quando milhares de lanceiros negros foram enviados para uma emboscada pelo General Canabarro e foram brutalmente massacrados.

São essas as quatro categorias da Galeria de Racistas e alguns dos personagens históricos que estão no site. Cada um dos monumentos contém um texto biográfico, a relação do personagem com a escravidão africana ou indígena, a foto do monumento, o endereço do mesmo, o artista da obra, a data de construção, a bibliografia e documentos que apontam a relação do personagem com a escravidão. Dessa forma, estão expostos atualmente cerca de 80 monumentos, contudo alguns personagens são repetidos, pois foram homenageados em diversas cidades brasileiras, sendo aquele com maior número o Tiradentes.

Considerações finais

O cuidado em fazer a pesquisa não tem apenas uma busca pela objetividade científica, mas principalmente combater os argumentos críticos à remoção das estátuas. A Galeria de Racistas nos permite perceber que, como no caso do bandeirante Borba Gato, são recorrentes as argumentações na opinião pública e também por alguns jornalistas em defesa do personagem, a partir de argumentos de que não há provas, documentos e evidências de seu envolvimento com a escravidão. Portanto, de antemão, produzimos um sólido arcabouço teórico, a partir do exercício da historiografia para assentar os nossos argumentos. No site da Galeria, todos os personagens escravistas têm ao menos duas referências bibliográficas, que referendam a sua participação no sistema de trabalho compulsório.

Um caso exemplar da objetividade científica da Galeria de Racistas foi a figura de Pedro Álvares Cabral (1467-1520), concebido pelos movimentos indígenas e outros como responsável pelo início do genocídio dos povos originários. Ao pesquisarmos os documentos e a bibliografia do navegador lusitano, não encontramos evidência da sua participação direta na escravidão indígena ou africana. Portanto, ele não está incluído entre os escravistas, porém a continuidade da pesquisa pode alterar esse cenário, desde que encontremos documentação e bibliografia.

O rigor científico dos pesquisadores envolvidos na Galeria tem um segundo propósito, que também é político. A Galeria de Racistas não foi concebida apenas como um site para denunciar esses monumentos que homenageiam pessoas envolvidas nos genocídios indígenas e negro. Mas para que esse instrumento não fique restrito à denúncia e possa de fato alterar o cenário de um Brasil permeado por estátuas de figuras históricas com mãos sujas de sangue. Nesse sentido, o rigor científico tem a ver com a nossa reivindicação para com o Estado brasileiro. A pauta política é a retirada dos monumentos e a substituição por novos em homenagem a negros, negras, indígenas e demais grupos sociais historicamente excluídos.

Ao reivindicar a substituição de monumentos em celebração a figuras escravistas por pessoas que lutaram contra a escravidão, estamos disputando a memória coletiva e a construção da história nacional. Uma das acusações dos conservadores é a de que a retirada das estátuas pode significar um apagamento da história, o que contribuíra para reduzir a produção de denúncias do genocídio indígena e africano para novas gerações. Nessa proposta conservadora, a ideia é manter os personagens para que através deles se possa criticar os seus atos pretéritos. Contudo, ao fazer isto, não se questiona a ocupação dos espaços públicos por brancos, portugueses e membros das classes dominantes. Como se ignora que esses espaços afirmam uma agência histórica dessas figuras, mesmo que a abordagem seja de forma acrítica. Ao invés de fazermos as críticas a partir da exibição e celebração dos monumentos dos algozes, nós podemos fazê-las a partir dos que foram vitimados ou dos que lutaram e resistiram. Assim, diversificando os personagens representados na arte pública hegemonicamente protagonizada pela raça e classe dos dominantes e elevando àqueles que sempre tiveram alijados desses espaços de representação e memória.

REFERÊNCIAS

BRASIL. Projeto de Lei nº 409 de 2007. Regulamenta o art. 231 da Constituição Federal. Brasília, DF: **Diário Oficial da União**, 2007.

G1. **Manifestantes derrubam estátua do traficante de escravos Edward Colston em Bristol, na Inglaterra**. 7 de jun. 2020. Disponível em: https://g1.globo.com/mundo/noticia/2020/06/07/manifestantes-derrubam-estatua-do-traficante-de-escravos-edward-colston-em-bristol-na-inglaterra.ghtml. Acesso em: 10 set. 2022.

GALERIA DE RACISTAS. Tiradentes. Disponível em: https://galeriaderacistas.com.br/tiradentes-14/. Acesso em: 10 set. 2022.

GALERIA DE RACISTAS. David Canabarro. Disponível em: https://galeriaderacistas.com.br/david-canabarro/. Acesso em: 10 set. 2022.

GALERIA DE RACISTAS. Padre Antonio Vieira. Disponível em: https://galeriaderacistas.com.br/padre-antonio-vieira/. Acesso em: 10 set. 2022.

GALERIA DE RACISTAS. Joaquim Pereira. Disponível em: https://galeriaderacistas.com.br/joaquim-pereira/. Acesso em: 10 set. 2022.

MIRANDA, Ana Paula Mendes; CORRÊA, Roberta de Mello; ALMEIDA, Rosiane Rodrigues. Intolerância Religiosa: a construção de um problema público. **Revista Intolerância Religiosa**, v. 2, n. 1, p. 1-19, 2017.

MONTERO, Paula. Controvérsias religiosas e esfera pública: repensando as religiões como discurso. **Religião & Sociedade**, v. 32, n. 1, p. 167-183, 2012. Disponível em: https://doi.org/10.1590/S0100-8587201200010000. Epub, 2 ago. 2012. ISSN 1984-0438. Acesso em: 28 set. 2022

SÃO PAULO (estado). **Projeto de lei nº 404 de 2020**. Dispõe sobre a proibição de homenagens a escravocratas e eventos históricos ligados ao exercício da prática escravista. São Paulo: Assembleia Legislativa do Estado de São Paulo, 2020.

REDE BRASIL DE FATO. **Justiça revoga prisão e ativista Paulo Galo é libertado**. 11 ago. 2021. Disponível em: https://www.redebrasilatual.com.br/cidadania/2021/08/justica-revoga-prisa-paulo-galo-libertado. Acesso em: 10 set. 2022.

UM ESPAÇO PURO NÃO RECONHECE A DOR HUMANA:
os lugares de memória e as lutas contra invisibilidades no Brasil

Camilla Fogaça Aguiar[16]

> *As andanças que fiz por diferentes culturas e lugares do mundo me permitiram avaliar as garantias dadas ao integrar esse clube da humanidade. E fiquei pensando: "Por que insistimos tanto e durante tanto tempo em participar desse clube, que na maioria das vezes só limita a nossa capacidade de invenção, criação, existência e liberdade?". Será que não estamos sempre atualizando aquela nossa velha disposição para a servidão voluntária?[...] Como justificar que somos uma humanidade se mais de 70% estão totalmente alienados no mínimo exercício de ser? A modernização jogou essa gente do campo e da floresta para viver em favelas e em periferias, para virar mão de obra em centros urbanos. Essas pessoas foram arrancadas de seus coletivos, de seus lugares de origem, e jogadas nesse liquidificador chamado humanidade. Se as pessoas não tiverem vínculos profundos com sua memória ancestral, com as referências que dão sustentação a uma identidade, vão ficar loucas neste mundo maluco que compartilhamos* (KRENAK, 2020, p. 13-14).

Começamos este capítulo com trecho do livro *Ideias para adiar o fim do mundo* (2020), do líder indígena Ailton Krenak, para que, antes de aprofundarmos nos objetivos centrais aqui propostos, possamos provocar a reflexão sobre a aplicação do conceito de "humanidade" e como a ocidentalização construiu modos de limitar e excluir povos e culturas que não faziam parte do que acreditava-se ser a "civilização". Se cessarmos brevemente a correria do dia a dia e forçarmos os olhos sobre a cidade, como quem procura entender uma dinâmica e o seu papel nela, podemos encontrar nesse lugar espaços que podem evidenciar com mais clareza o jogo de hierarquização protagonizado por indivíduos que ainda são vistos como "civilizados" e "bárbaros".

Fazendo uso das lentes observadoras de Krenak, ressaltamos as análises do sociólogo Zigmund Bauman (2007) sobre esses espaços urbanos:

---

16 Doutoranda pelo Programa de Pós-Graduação em História Social vinculado à Universidade do Estado do Rio de Janeiro (PPGHS/UERJ). Financiamento FAPERJ. E-mail: camillafogaca.pesq@gmail.com. ORCID: https://orcid.org/0000-0001-5128-8428.

> Os espaços públicos são locais em que os estranhos se encontram e portanto constituem condensações e encapsulações dos traços definidores da vida urbana. É nos espaços públicos que a vida urbana, com tudo que a separa de outras formas de convívio humano, alcança sua expressão mais plena, em conjunto com suas alegrias e tristezas, premonições e esperanças mais características. São, em outras palavras, os lugares em que os modos e as formas de vida urbana satisfatória são descobertos, aprendidos e praticados em primeiro lugar (BAUMAN, 2007, p. 102-103).

No trecho acima Bauman apresenta o espaço público como lugar onde se expressam diferentes modos de vida e que corresponde a lutas diárias que nunca apontam os plenamente vitoriosos, pois são lutas contínuas de coexistências, mas que sempre será estimulado pela esperança de vitória. O sociólogo alerta que é no espaço público onde podemos encontrar com mais força a globalização, onde as multinacionais moldam os conteúdos privatizando o espaço e invisibilizando os valores públicos, por isso a necessidade de engajamento cívico nesses lugares.

Segundo Gil e Meinerz (2017), a formação histórica do espaço público brasileiro se deu através da "invisibilidade experimentada nas relações informais e íntimas do cotidiano das pessoas, reproduzindo-se em gestos diários de negativação, ridicularização e estigmatização dos grupos não brancos do país" (GIL; MEINERZ, p. 23). A lógica de distribuição da concentração político-econômica nos espaços públicos do país nos leva a observar como a concentração de renda e boa infraestrutura molda a elitização crescente de determinados espaços urbanos, enquanto os de baixa renda sofrem a periferização para áreas distantes ou insalubres. Deste modo, a potencialidade dos monumentos ou espaços de memória estaria na capacidade destes em serem lugares de construção de conhecimentos e não um "produto cultural único e acabado", criando novos olhares que não invisibilizem mais negros e indígenas (GIL; MEINERZ, 2017, p. 32).

Partindo dessas reflexões, este artigo analisa brevemente o lugar de moradia indígena Aldeia Maracanã, localizada no município do Rio de Janeiro, e o projeto político "Marco Zero Umbanda"[17], desenvolvido por um líder umbandista em São Gonçalo. Temos por objetivo provocar a reflexão acerca do espaço público urbano como lugar que concede a determinados grupos melhor incorporação na história nacional e com isso a certeza de uma visibilidade cidadã e governação, ao mesmo tempo que outros são violentamente silenciados e invisibilizados no eterno jogo de construção de seus corpos políticos.

---

17 Esta pesquisa é parte do doutorado em andamento no Programa de Pós-Graduação em História Social da UERJ, iniciado em 2020 e financiada pela FAPERJ. O projeto tem como título inicial, *União e Retórica Racial: Estratégias de Sobrevivência das Lideranças Afro-brasileiras em São Gonçalo*, e é orientado pela Profª. Dr Joana Bahia. Orcid: https://orcid.org/0000-0002-2172-5022.

A hipótese a ser testada é a de que o espaço público nacional, através dos monumentos e demais lugares de memória, perpetuam a glória dos símbolos que causaram e ainda suscitam feridas nas populações negras e indígenas do Brasil e, ao manter esses corpos inferiorizados no espaço público, a memória nacional funciona como importante impeditivo para que estes desenvolvam suas demandas cívicas.

Partindo das reflexões que se debruçam sobre a formação do espaço público e das tentativas de ocupação e reconstrução desses lugares de memória pelos que carregam as dores dos seus antepassados, concluímos que, mesmo marginalizados e correndo o risco de pagarem com violência e fortes represarias advindas do Estado, esses grupos periféricos buscam ocupar o espaço público nacional. Não obstante, a partir do movimento *Black Lives Matter*[18], em 2020, e do crescente bolsonarismo[19] no governo federal, as manifestações locais contra símbolos escravagistas ganham contornos nacionais e vultos globais.

Refletindo o "espaço público"

Ao se debruçar sobre as relações entre os corpos humanos e a cidade moderna, Richard Sennett (2010) explora a sensação de abismo presente na geografia da cidade e o despertar da consciência da carne. Partindo dessa reflexão, o título deste artigo, *Um Espaço Puro Não Reconhece a Dor Humana*, aponta para um debate acerca da ideia de um espaço puro e transparente que entorpece o corpo humano, "como um narcótico" (SENNETT, p. 254), que não reconhece a dor humana e mantém ausente a compaixão. Uma vez que os grupos organizados são desencorajados a se movimentarem, facilitando a circulação das multidões individuais, do "individualismo exemplar", o olhar de neutralidade sobre os espaços permite ao poder empoderar sem responsabilidade (SENNETT, 2010 p. 264).

Dessa forma, as sociedades sujeitas à lei civil se mostram marcadas pela ruptura ética entre carne e pedra, pois a "civilização ocidental não tem respeitado a dignidade dos corpos humanos e a sua diversidade" (SENNETT, p. 15). Para Sennett, a resistência constitui uma experiência necessária e fundamental para o corpo humano. O que o sociólogo chama de "despertar para o mundo

---

18   *Black Lives Matter* - Traduzido no Brasil como "Vidas Negras Importam" ou "Vidas Negras Contam", é um movimento ativista internacional, com origem na comunidade afro-americana. Será melhor abordado ao longo do texto. Disponível em: https://blacklivesmatter.com/. Acesso em: maio 2023

19   Entendemos por "bolsonarismo" a face brasileira de um fenômeno – neoliberal, conservador, aplicado a um contexto de tradições autoritárias- que cresceu junto a popularização de Jair Bolsonaro, mas ultrapassa a imagem do presidente devido aos seus contornos internacionais de reação às mutações promovidas pela grande revolução digital, agrupam-se em torno dos conceitos de ordem, segurança, defesa da Pátria e aversão às demandas das lutas identitárias (REIS, 2020).

em que vive", onde as pessoas precisam lidar com as dificuldades e superá-las. Assim, em uma cultura viva, a resistência aparece como experiência positiva.

Neste sentido, Zigmund Bauman (2007) e Hannah Arendt (1999) elucidam que a única maneira de darmos vida ao espaço público é através da interação, diálogo, negociação e compreensão uns com os outros para resolver questões da vida compartilhada. Hannah Arendt conceitua o espaço público como um antagonismo ao espaço privado, ou seja:

> para a interpretação de ambos os espaços, foi decisiva a oposição entre aquilo que se queria mostrar para todo o mundo e a maneira como se queria aparecer diante de todo o mundo e aquilo que só podia existir em segredo e, por conseguinte, precisava continuar a salvo (ARENDT, 1999, p. 27).

Assim como Bauman, Hannah Arendt nos ajuda a definir o espaço público como lugar onde avançam os "ávidos por façanha" para dar luz a tudo aquilo que só pode ser criado na presença dos outros. O espaço público como o lugar onde se funda a ação, a inovação, o discurso e assim consolida a "verdadeira política". Arendt (1999) presenta o conceito de política baseada na fundação da pólis grega e romana, a partir da arte de um diálogo constante e permanente que se renova e que funda a ideia de um espaço público efetivamente político.

Para Arendt, o homem político, humanizado, se constrói no espaço público onde tem liberdade de pensar e participar, diferente do homem que vive limitado ao mundo privado, numa via domesticada que não lhe garante as necessidades básicas nem gera um homem que crítica ao seu tempo. Assim, o espaço público de diálogo infinito é o lugar importante para a constituição do homem no mundo, por isso, "é mais importante lutar pelo poder de decisão e de acesso ao espaço público do que pela situação ideal da fala competente, uma vez que, para ela, a política baseia-se na pluralidade dos homens e da convivência entre diferentes" (NEVES, 2003, p. 165)

Pierre Nora (1984), por sua vez, conceitua os "lugares de memória" como instâncias que vão das mais concretas às mais abstratas, caracterizadas por uma presença esmagadora do passado, tornando-as relevantes para uma comunidade, simbolizando uma herança memorial desta. Mas, sobretudo, inscrevia significativas relações de afinidade com os personagens lembrados e celebrados, além de uma identificação e continuidade com suas existências e lutas.

Contrastando a afinidade acima defendida por Nora, Mariana Vitor Renou (2020), nos traz a necessidade que seus interlocutores tinham de reconstruir o espaço público partindo da edificação de novos monumentos, para que "os lugares de memória" respeitassem, enfim, os ancestrais dos que foram subjugados e concedessem reparações as gerações futuras.

As estátuas, monumentos e seus espaços, contudo, para meus interlocutores, além de lugares de memória, de múltiplos discursos e perspectivas, eram territórios de inscrever e vivenciar passados, trazer ancestrais, conceber e gerar temporalidades e história, recompor-se. Destruir aquela estela não era disputa de espaço, competição memorial ou cerceamento da história, como alguns os acusavam, mas, simplesmente, exigir respeito, proceder reparações e "autorreparações" (RENOU, 2020, p. 577).

Segundo Lilia Schwarcz (2018), o modo de produção defendido pelos intelectuais orgânicos das elites nacionais revela a produção de um racismo explícito que naturalizam as relações histórico-sociais, conservando as pautas ideológicas da dominação. Ao observar brevemente a ocupação do espaço público nacional, percebemos que os monumentos marcam uma visão de passado. É essencial que a cidade atual perceba que talvez as suas demandas e questões não caibam mais na hierarquia imposta no século XIX, pois o passado não é estático.

Na obra de Michael Pollak (1989), podemos empreender a relação entre memória e história como metodologia eficaz que evidencia a construção dos atores de sua própria identidade, e reequaciona as relações entre passado e presente, reconhecendo que o passado é construído segundo as necessidades do presente e chamando a atenção para os usos políticos do passado. Segundo Pollak (1989):

> O trabalho de enquadramento da memória se alimenta do material fornecido pela história. Esse material pode sem dúvida ser interpretado e combinado a um sem-número de referências associadas; guiado pela preocupação não apenas de manter as fronteiras sociais, mas também de modificá-las, esse trabalho reinterpreta incessantemente o passado em função dos combates do presente e do futuro (POLLAK, p. 9-10).

Pensando na reconstrução do espaço público nacional a partir da luta contra invisibilidade dos povos tradicionais, Ordep Serra (2005) nos apresenta os terreiros que passaram a ter seus significados históricos reconhecidos pelo Estado brasileiro, a partir da década de 1980. Esses centros de culto passaram a ser entendidos pelo Estado enquanto depositários da memória de um importante segmento da população brasileira, e se afirmou o valor do acervo de bens culturais neles encerrados: notáveis *ilê axé*[20] tornaram-se, então, objeto de iniciativas de preservação que passaram a contemplar o patrimônio formado por monumentos e símbolos do povo-de-santo (SERRA, 2005, p. 171).

É nesse sentido que os movimentos sociais de contestação podem ser entendidos na construção dialética dos espaços de memória. Os conflitos,

---

20 Denominação da casa de candomblé, geralmente seguida do nome do orixá protetor do terreiro. Casa. (CACCIATORE, 1988, p. 148).

inerentes a construção de uma certa coletividade, surgem para reestruturar o que parece estar cada vez mais cristalizado na sociedade, questionando a lógica da dominação e propondo a reestruturação da esfera pública.

Assim, os movimentos desencadeados pelo "Marco Zero Umbanda" e entorno da "Aldeia Maracanã" são destacados nessa pesquisa devido ao importante papel que ambos os povos tradicionais vêm desempenhando ao liderar as ações nos espaços públicos, na busca por visibilidade social e midiática, e na conquista de direitos políticos.

Marco Zero da Umbanda: de São Gonçalo (BR) a Seattle (EUA)

Em 2020, um candidato a vereador de São Gonçalo, região metropolitana do Rio de Janeiro, Waguinho Macumba, se torna capa do *The Seattle Times*[21], *ABC NEWS71*, como símbolo do crescimento das candidaturas afrorreligiosas no Brasil. Com o título "*Afro-Brazilian religious leaders run for Office*", a matéria do jornal online *The Seattle Times*, assinada pelo jornalista Marcelo Silva de Sousa, foi publicada em 12 de novembro de 2020, no mesmo ano do assassinato brutal de George Floyd, EUA. A matéria é lançada em meio a revolta de parcela da população estadunidense contra a violência racista policial, explosão do movimento *Black Lives Mattes*, e às vésperas das eleições municipais no Brasil.

O cidadão negro, George Floyd, foi assassinado por policiais brancos sem que reagisse a agressão. Os polícias o estrangularam, causando sua morte. O caso viralizou em diferentes mídias digitais, revoltando parcela da população estadunidense, motivando manifestações contra o racismo, contra violência policial, e em defesa de justiça para negros e afrodescendentes.

O assassinato brutal de George Floyd desencadeou a politização contra a violência policial a partir do movimento internacional *Black Lives Matter*, que fermentou o cenário mundial com debates sobre o racismo estrutural. Em 11 de junho de 2020, durante a maior pandemia dos últimos 100 anos (covid-19), milhares de pessoas realizaram uma manifestação contra o racismo, na cidade de Bristol, no Sul da Inglaterra. O ato seguia pelas ruas gritando palavras de ordem e demandando políticas de combate à discriminação racial. Os manifestantes de maneira pré-programada ou não decidiram colocar abaixo, em uma ação direta, o símbolo do racismo em forma de bronze, a estátua do traficante de pessoas escravizadas Edward Colston[22] (1636-1721).

---

21 SOUSA, Marcelo Silva De. AP PHOTOS: Afro-Brazilian religious leaders run for office. *The Seattle Times*. 12 de Nov. 2020. Disponível em: https://abcnews.go.com/International/wireStory/ap-photos-afro-brazilian-religious-leaders-run-office-74173074. Acesso em: set. 2022.

22 Edward Colston fez fortuna no final do século XVII. Estima-se que ele tenha transportado 84 mil homens, mulheres e crianças negociados como escravos na África ocidental, e que deste montante, 19 mil morreram na jornada para o Caribe e para as Américas.

Ainda em 2020:

> uma estátua de Cristóvão Colombo foi decapitada na noite do dia 9 de junho, em Boston, Estados Unidos. Nos dias seguintes, o gesto contra símbolos do colonialismo se repetiu. No dia 11 de junho, na cidade inglesa de Bristol, a estátua do traficante de escravos Edward Colston foi derrubada e jogada no principal rio da cidade. Neste mesmo dia, em Portugal, uma estátua do padre Antônio Vieira, no Largo Trindade, em Lisboa, foi também destruída. De acordo com informações do portal Público, a palavra "descoloniza" foi pintada de vermelho no movimento. Além disso, "a boca, mãos e hábito do clérigo foram tingidas de vermelho e no peito das crianças indígenas que estão representadas à sua volta foi pintado um coração"[23] (SANTANA; AGUIAR, 2022).

As contestações que acontecem na Europa e nos Estados Unidos da América chegaram ao Brasil também impactando as ações de enfretamento ao racismo e demais temáticas que tangenciam a invisibilidades dos povos tradicionais, intensificando os questionamentos sobre os monumentos nacionais que homenageiam figuras responsáveis pela escravidão em nosso país.

Neste contexto, uma série de atividades direcionadas a repensar o lugar do negro no espaço público e suas articulações políticas foram produzidas no Brasil, como a mudança nas regras do verbas do Fundo Especial de Financiamento de Campanha, Fundo Eleitoral, durante as eleições de 2020[24]. A partir dessa data, os repasses de verbas visavam a destinação proporcional dos recursos de financiamento de campanha e do tempo de propaganda eleitoral gratuita na TV e no rádio para os candidatos negros, e passou a valer nas eleições municipais.

Dessa forma, nas eleições de 2020, a proporção de candidatos negros foi a maior já registrada e, pela primeira vez, os brancos não aparecem como maioria no grupo de postulantes a cargos eletivos. De acordo com as informações do Senado Federal, 276 mil candidatos pretos ou pardos se registraram para concorrer no pleito para cargos eletivos no país, o equivalente a 49,9% dos postulantes totais (RIOS; PAZ, 2021). As novas regras sobre os repasses de verbas do Fundo Eleitoral para os candidatos negros foram apresentadas como um reconhecimento da existência do racismo estrutural no sistema eleitoral brasileiro.

---

23 Disponível em: https://www.cafehistoria.com.br/especialistas-comentam-derrubada-de-estatuas-pelo-mundo/.
24* Lei 14.291/22, que retoma a veiculação de propaganda partidária no rádio e na TV, que havia sido extinta em 2017. Os partidos deverão destinar ao menos 30% das inserções anuais à participação feminina. Sem definir percentuais, o texto também determina que cada partido assegure espaço para estimular a participação política de mulheres, negros e jovens. Disponível em: https://www.camara.leg.br/noticias/842816-nova-lei-define-regras-para-o-retorno-da-propaganda-de-partidos-politicos-no-radio-e-na-tv/. Acesso em: nov. 2022

Assim, em meio aos questionamentos raciais e acordos partidários, esses movimentos sociais vão impactar o direcionamento da campanha municipal de um candidato afrorreligioso, em São Gonçalo, Rio de Janeiro. O então candidato a vereador, Waguinho Macumba, fortaleceu o seu discurso racial, com bandeiras contra racismos e intolerâncias, sendo exemplo da luta contra o crescimento dos ataques pentecostais ao ilustrar com sua imagem, jornais internacionais como *Times*, de *Seattle*, e assim angariar publicidade para o seu principal projeto político, "Marco Zero da Umbanda", tivesse visibilidade contra os casos de intolerância religiosa no município em questão.

Se faz importante citar São Gonçalo neste breve estudo de caso porquê a cidade possui destacada concentração de residentes que se declaram evangélicos pentecostais (155.767 pessoas)[25]. Em escala regional, São Gonçalo é o segundo maior colégio eleitoral do Estado do Rio de Janeiro e os dados do Censo de 2010, destacam que, assim como acontece em escala nacional, o município também se destaca nos registros de intolerância e violências contra matrizes afrorreligiosas. Esses casos, em sua maioria, são realizados por indivíduos que se declaram evangélicos (AGUIAR, 2022).

Nesse cenário de crescimento dos racismos religiosos direcionados aos povos de terreiro, Waguinho Macumba se apresenta nas eleições municipais de 2020 como "o legítimo representante das religiões afro-brasileiras no município". O discurso de Waguinho aponta para um processo de resistência dos povos de axé. Na sua concepção, a luta dos representantes dos terreiros contra aqueles que os atacam tem que partir de uma significativa união entre as casas de santo, com projetos coletivos.

Waguinho, por sua vez, afirma que a intolerância religiosa destinada aos povos de matrizes africanas acontece desde o nascimento da umbanda e do candomblé: "o símbolo da nossa religião é resistência mesmo, a gente resiste desde que existe". Mas ele ressalta que, em São Gonçalo, os casos de intolerância vêm se intensificando a partir dos anos 1980, devido ao crescimento das igrejas pentecostais orientadas por Edir Macedo[26]. Por isso a necessidade de demarcar o espaço público com a construção do "Marco Zero" para a Umbanda.

O Marco Zero, idealizado por Waguinho e seu então coordenador de campanha, Leonardo Mattos, busca a construção de um espaço de memória da umbanda no município de São Gonçalo, no estado do Rio de Janeiro, e as

---

25 IBGE – INSTITUTO BRASILEIRO DE GEOGRAFIA E ESTATÍSTICA. *Censo Brasileiro de 2010*. Religião. Rio de Janeiro: IBGE, 2012. Disponível em: https://cidades.ibge.gov.br/brasil/rj/sao-goncalo/pesquisa/23/2 2107?detalhes=true. Acesso em: 10 ago. 2022.

26 Edir Macedo, nasceu no Estado do Rio de Janeiro e, entre suas ações, fundou a primeira Igreja Universal do Reino de Deus. A Igreja foi erguida onde funcionava uma antiga funerária, no bairro da Abolição, no Rio de Janeiro. Edir Macedo também é autor do livro, "Orixás, Caboclos e Guias: Deuses ou Demônios", 1993. Essa obra é um importante exemplo de incitação de seus fiéis iurdianos contra um inimigo declarado, os afrorreligiosos (AGUIAR, 2022, p. 58-59).

"controvérsias" (MIRANDA; CORREA; ALMEIDA, 2017) em torno dos vários segmentos dessa religiosidade na elaboração de uma identificação étnico-racial e como parte de uma estratégia de luta contra o racismo religioso, em face das adversidades resultantes das atitudes intolerantes.

O projeto tem por objetivo demarcar a Praça de Neves do município como um espaço de memória voltado à celebração do nascimento da umbanda fundada por Zélio Fernandino de Moraes[27]. A antiga Praça de Neves localiza-se exatamente ao lado da rua onde, até 2011, havia a estrutura da casa que alguns acreditam ser a origem da umbanda. O Projeto "Marco Zero da Umbanda" começou a ser idealizado em 2011, a partir da derrubada da antiga casa de Zélio, mas foi concretizado durante a semana da Umbanda, em novembro de 2019.

Para Waguinho, o projeto Marco Zero, consiste em alterar o nome da "Praça de Neves" para "Praça Zélio Fernandino de Moraes", construir no local um monumento, um busto do sacerdote que "anunciou a religião brasileira", e desenvolver ações conjuntas entre o município de São Gonçalo e Niterói, visando à consolidação do Marco Zero e ao registro da umbanda como "religião brasileira e patrimônio cultural imaterial das duas cidades", estabelecendo um calendário de eventos e ações online e presenciais.

Em 2019, o então vereador de São Gonçalo, Claudio Rocha (PSDB), abraçou o Projeto Marco Zero da Umbanda e o levou para discussão na Câmara Municipal. No mesmo ano, o Projeto foi votado em plenário, aprovado e sancionado pelo prefeito José Luiz Nanci (Cidadania). Segundo Waguinho Macumba, no dia 15 de novembro de 2019, cerca de 300 pessoas, entre elas representantes do Conselho Nacional de Umbanda, da União Espiritualista de Umbanda e Afro-brasileiro do estado do Rio de Janeiro, do Movimento Negro Unificado, do Conselho Municipal de Igualdade Racial de São Gonçalo e de diversos terreiros de umbanda e candomblé, estiveram presentes na homenagem pelos 111 anos da umbanda e inauguração da Praça Zélio Fernandino de Moraes, a Praça da Umbanda[28].

Waguinho Macumba deixa evidente em seu discurso que, a partir das etapas desse Projeto, pretende construir uma memória religiosa municipal e atrair notoriedade política vinculada à sua fé, destacando que será o candidato que vai lutar pelo reconhecimento histórico que o povo de terreiro tem não só no município, mas na formação nacional. Leonardo Mattos, um dos principais membros do núcleo e da campanha de Waguinho, afirma

---

27 Zélio Fernandino de Moraes, médium que, em 1908, teria sido orientado pelo espírito Caboclo das Setes Encruzilhadas a fundar sete tendas (terreiros), com a finalidade de propagar a umbanda. Tais tendas foram instaladas no Rio de Janeiro, entre 1930 e 1937. Como aponta Farlen Nogueira (2022), podemos encontrar divergências entre pesquisadores e religiosos sobre a sua origem da umbanda, enquanto uns relacionam o seu nascimento a Zélio Fernadino de Moraes, atribuindo-lhe o status de fundador da religião, outros discordam, evidenciando que a fundação da religião é diversa.

28 Disponível em: https://issuu.com/viviana.assuncao/docs/icapra_125_. Acesso em: 22 set. 2021.

que o Marco Zero da Umbanda é uma referência ao Marco Zero de Recife, de São Paulo e de outros lugares, sendo o início da cidade, o ponto onde a cidade foi fundada, sua origem.

Para o candidato, contudo, o Marco Zero é o início da umbanda, a origem da religião e, consequentemente, onde começaria São Gonçalo. Assim, o Projeto visa a estabelecer um espaço-tempo que demarque o início de "uma religião brasileira". Em um momento de pouco investimento estadual, alinhado ao conservadorismo do governo Bolsonaro (2019-2022), somado aos problemas administrativos do mandato de Crivella e à consequente desarticulação apontada por Átila Nunes[29] (PSD), há uma configuração bastante intolerante na cidade do Rio de Janeiro. Contudo, nesse cenário desolador, as resistências em São Gonçalo têm se intensificado após os desmontes religiosos da prefeitura de Aparecida Panisset[30] e buscado manter presença e visibilidade de suas religiosidades minoritárias no espaço público.

Outro movimento que também se configura como uma ação contundente de luta dos grupos subjugados em resistir nos contornos urbanos do país é o espaço comunitário e de referência para o movimento indígena, a Aldeia Maracanã. Localizada na zona Norte da cidade do Rio de Janeiro, a Aldeia urbana foi erguida por indígenas de diferentes etnias, em 2006, no terreno onde era abrigado o antigo Museu do Índio. Ela ganhou destaque, em 2013, quando foi alvo de disputa do governo do estado do Rio, que tinha a intenção de derrubar o prédio para construção do Complexo do Maracanã, que receberia partidas da Copa do Mundo de 2014[31].

Aldeia Maraká'nà (Maracanã): o "Acampamento Revolucionário Indígena"[32]

Na página oficial Wikifavelas[33], os indígenas residentes na Aldeia descrevem-na como uma resistência indígena no Rio de Janeiro, ao lado do Estádio

---

29 Átila Nunes (PSD) é deputado estadual pelo Rio de Janeiro. Atua contra a Intolerância Religiosa, é autor da Lei 5.931/11 que cria a Delegacia de Crimes Raciais e Delitos de Intolerância. Disponível em: https://atilanunes.com.br/.
30 Entre as suas atuações políticas, Aparecida Panisset foi prefeita do município de São Gonçalo por dois mandatos seguidos (2005-2012), e é apontada pelas lideranças religiosas locais como a figura de poder que mudou as configurações políticas e religiosas da cidade (AGUIAR, 2022).
31 PITASSE, Mariana. Saiba mais sobre a Aldeia Maracanã, alvo de ataques no Rio. Brasil de Fato, Rio de Janeiro (RJ), 9 de Janeiro de 2019. Disponível em: https://www.brasildefatorj.com.br/2019/01/09/saiba-mais-sobre-a-aldeia-maracana-alvo-de-ataques-no-rio. Acesso: maio 2023.
32 BAETA, Alenice. Aldeia Maracanã: símbolo de mística e de resistência Indígena em contexto urbano. CEDEFES. 12/11/2018. Disponível em: https://www.cedefes.org.br/aldeia-maracana-simbolo-de-mistica-e-de-resistencia-indigena-em-contexto-urbano/. Acesso em: maio 2023.
33 O projeto Wikifavelas, ou, Dicionário de Favelas, tem por objetivo favorecer a preservação da memória e identidades coletivas dos moradores das favelas, como parte do compromisso com a expansão da cidadania

do Maracanã, onde constroem suas identidades e estabelecem uma ponte entre os saberes ancestrais e a sociedade. Entre as atividades desenvolvidas pela Aldeia estão, práticas sagradas, rodas de maracá, aulas de língua, cultura, bioconstrução, plantio, tear, artes gráficas, mostras de cinema indígena, visitação regular de alunos de escolas e universidades, entre outras. No local também foi implantada a Universidade Indígena Pluriétnica Aldeia Maracanã.

Alguns pesquisadores, como a arqueóloga e historiadora, além de Membro do Centro de Documentação Eloy Ferreira da Silva (CEDEFES), Alenice Baeta (2018), apontam para ocupação do território que hoje abrange os antigos bairros Imperial de São Cristovão e Maracanã, originariamente ser de assentamentos indígenas de povos Tamoios e Temiminós. Porém, outros apontam área de ocupação dos Carijós (MENDES, 2021). Mas ambas as observações historiográficas ressaltam a presença originária indígena e que o começo da efetiva colonização desta localidade teria ocorrido somente ao longo do século XVII.

Segundo Alenice Baeta (2018), em 1862, D. Pedro II, teria construído na localidade um palacete e destinado como dote ao Duque de Saxe, oficial da Marinha austro-húngara e almirante da Armada Imperial Brasileira, por ter se casado com uma das filhas do imperador. Pouco depois de sua construção, em 1865, o imóvel foi doado pelo genro do imperador ao governo, após uma fase de constantes rebeliões populares acirradas pela crise do sistema escravagista. Segundo o termo de doação, o local deveria ser para "destinação *ad eternum* à preservação das sementes e das culturas indígenas". Este ato reconheceu que o terreno tinha a origem indígena e que este deveria ser o seu real destino.

Baeta também aponta que, em 1953, se tornou abrigo do recém-criado Museu do Índio, por solicitação do antropólogo Darcy Ribeiro, que idealizou este centro de referência da memória e da cultura indígena. Mas, em 1978, sob a ditadura militar, a sede do Museu foi transferida de forma arbitrária para uma edificação no bairro Botafogo, e o antigo palacete, repatriado por decreto, portanto, de forma autoritária e ilegítima, como patrimônio da Companhia Nacional de Abastecimento (CONAB). O prédio fica então abandonado desde 1978, porém, moradores da região relatam que o local teria sido utilizado de forma clandestina por grupos militares e paramilitares em sessões de tortura e execução de pessoas.

No início do século XXI, o território passa a ser pretendido pelo movimento indígena, denominado "Instituto Tamoio dos Povos Originários", sendo que algumas das lideranças seriam também advogados, antropólogos e historiadores, o que, segundo Baeta (2018), certamente fortaleceu a luta

e do direito à cidade e criar um espaço virtual que reúna o conhecimento sobre estes territórios de forma interdisciplinar e interinstitucional. O projeto tem apoio da Fundação Oswaldo Cruz (Fiocruz) e do Conselho Nacional de Desenvolvimento Científico e Tecnológico (CNPQ). Disponível em: https://wikifavelas.com.br/index.php/Aldeia_Maracan%C3%A3. Acesso em: maio 2023.

e a organização da retomada, sendo que a maioria de seus membros seriam indígenas moradores da região metropolitana do Rio de Janeiro, oriundos de bairros periféricos, favelas ou situações de rua (REBUZZI, 2014, p. 74).

A historiadora aponta que, com os preparativos da Copa do Mundo, de 2014, e das Olimpíadas, de 2016, começa mais um "capítulo tenebroso" de perseguição à Aldeia Maracanã e às suas lideranças por parte de empreiteiras consorciadas e dos governos federal e estadual. O terreno passa a ser requerido pelo Estado do Rio de Janeiro como espaço agregado ao projeto do "Complexo Desportivo-Empresarial do Maracanã" para a construção de um estacionamento.

Esta disputa pelo espaço onde se encontra a Aldeia Maracanã, nos lembra que os questionamentos ao pertencimento dos lugares não são tão recentes no país. Para a historiadora Karla Mendes (2021):

> O Rio de Janeiro ocupa um lugar especial na história do Brasil, mas muitos de seus residentes desconhecem a herança indígena da cidade — desde nomes de lugares icônicos como Ipanema e Maracanã, até o trabalho escravo indígena que construiu alguns de seus mais famosos monumentos.

Segundo Mendes, os indígenas costumam se deslocar para grandes cidades como o Rio em busca de oportunidades econômicas e de emprego, mas poucos grupos são realmente capazes de formar uma comunidade, pois estão distribuídos em várias áreas. Essa situação é diferente nas regiões norte e nordeste, onde bairros indígenas foram estabelecidos nas cidades. Para a historiadora, a Aldeia Maracanã é um dos símbolos da resistência indígena no Rio, uma vez que, em 2013 a ocupação ganhou manchetes internacionais quando o Governo do Estado do Rio de Janeiro tentou despejar o grupo para construir um estacionamento para a Copa do Mundo do ano seguinte, desencadeando uma batalha judicial fundiária que continua até hoje.

Assim como Mendes, o sociólogo José Carlos Matos Pereira, pesquisador do Programa de Memória dos Movimentos Sociais, da Universidade Federal do Rio de Janeiro (UFRJ), evidencia como o episódio da Aldeia Maracanã é um espelho claro da luta que os índios enfrentam no Rio:

> Eu lembro que durante, a tentativa de expulsão dos indígenas de lá, o secretário do Meio Ambiente do Rio de Janeiro dizia: lugar de indígena é na aldeia. Então, o que isso pressupõe? Pressupõe um lado, a negação da própria presença de indígenas nas cidades [...]
> Então essa negação demonstra, através das políticas urbanas, essa falta de formulação de políticas ligadas aos indígenas. Se a gente for na maioria dos planos diretores, e nas políticas municipais que orientam as políticas urbanas, nós vamos ter poucas referências aos indígenas (MENDES, 2021).

A dificuldade de desenvolver e aplicar as políticas públicas específicas para indígenas em áreas urbanas ficou evidente ao longo dos anos, quando podemos encontrar com facilidade vários episódios de ocupação e despejo e até prisão de lideranças indígenas, à exemplo da Aldeia Maracanã, onde hoje vivem cinco famílias de sete etnias.

Tereza Arapium nasceu na Aldeia Andirá, localizada na floresta amazônica e em 2013 passou a participar de movimentos sociais na cidade do Rio de Janeiro, onde concorreu como vereadora na eleição de 2020 pelo PSOL, sendo "a única candidata indígena na eleição do Rio para lutar pelos direitos dos povos originários". Apesar de não ter vencido, ela afirma ter colocado o tema urgente de que "nós existimos" como pauta permanente na cidade do Rio (MENDES, 2021). Ao refletir sobre a Aldeia Maracanã e a luta dos povos originários no Brasil, Teresa afirma:

> Tem uma missão no Rio de Janeiro que é árdua, não é fácil, que é esse reavivamento da [verdadeira] história, por causa da invisibilidade do nosso povo no Rio de Janeiro [...] Nos livros, é a história do colonizador... Eu acho injusto que essa história dos povos originários no Rio de Janeiro sejam totalmente apagada. [...]
> Ser indígena no Rio de Janeiro é a gente ser muito lutador e forte pra lutar contra o preconceito e o racismo, que isso nos atinge muito, e a invisibilidade. Como se o indígena não fizesse parte dessa cidade... Quando a gente coloca a nossa pintura, nossos grafismos, as pessoas ficam olhando de uma tal forma, admirados, como fosse uma coisa que nunca viram na vida. Você vira atração, entendeu? (MENDES, 2021).

Adolfo Vera Miri, liderança indígena da aldeia Rio Silveira, em São Sebastião, litoral norte do estado de São Paulo, em uma de suas colocações ressalta como vê os movimentos indígenas na cidade:

> Sem terra, índio não tem vida, não tem educação, não tem futuro. Índio não pensa explorar riquezas materiais: não quer explorar madeira, não faz mineração. Isso é uma ilusão do branco, que quer ficar rico. Índio apenas quer viver na terra e sobreviver da natureza. Nas ruas, estamos mostrando ao governo que estamos vivos e estamos resistindo a esse massacre e desrespeito aos direitos indígenas. Precisamos mostrar ao mundo que também temos força pra lutar (BREDA, 2013)[34].

Como podemos observar na fala das lideranças indígenas, como Tereza Arapium, Adolfo Vera Miri e Ailton Krenak, e as demais contestações aos

---

34 Disponível em: https://www.redebrasilatual.com.br/cidadania/mobilizacao-chega-a-sp-com-marcha-de-guaranis-pela-avenida-paulista-7008/. Acesso em: 14 mar. 2023.

lugares de pertencimento ressaltados nesta breve análise de caso, os grupos contestatórios não mais reconhecem a hierarquia imposta pelo passado e se tornam politicamente atuantes, protagonistas de um contexto histórico ao propor a ressignificação dos espaços públicos destinados aos valores exaltados no passado, e fazem do silenciamento imposto por esses lugares uma possibilidade não mais viável.

Considerações finais

As construções que evidenciam conflitos e problemas do presente são mais que simples monumentos, são mais profundos, e vão além do ato de "lembrar e esquecer" (POLLAK, 1989). Essas construções podem fazer determinados grupos reviverem suas dores. Assim, esse tipo de memorial, construído no presente, estão ligados a um passado que ainda não passou e que necessita ser confrontado. Ao comentar sobre as derrubadas das estátuas de escravagistas pelo mundo, Evelyn Orrico (2020) pontua posições históricas que permeiam a problemática.

Para a historiadora, o assunto apresenta três questões principais: 1º Dimensão Histórica, referente ao período histórico de que um determinado evento ocorreu; 2º Aspecto Monumental, quando a palavra monumento remete a função essencial de memória, "fazer recordar" e aí ressalta os embates entre os que se sentem oprimidos com a evocação de lembrança; e o 3º é o Aspecto Cultural, quando a discussão vai além dos aspectos de "pedra e cal", sinalizando que as obras artísticas marcam um determinado momento cultural, um período cultural, que também se manifesta no olhar de hoje.

Por fim, Orrico reconhece a situação delicada que envolve a ressignificação de determinados símbolos do passado, uma vez que, para ela, é legítimo o surgir de novas interpretações, propondo a criação de espaços para esses monumentos, resguardando-os, mas com percepções diferentes daquela que se levou a criar o monumento no passado. Orrico afirma que, "colocar as estátuas em um lugar específico também é um ato político além de pedagógico" (ORRICO, 2020).

Já Marcellino (2016), ao analisar os rituais políticos e representações do passado entre o fim do Império e início da República, afirma que as práticas memoriais e rituais de natureza política, sacralizam entidades próprias a um mundo político, simbolizando representações de poder, fixado no espaço da rua como um lugar fundamental de consagração cívica ao fornecerem modelos de imitação para ação patriótica. O que o pesquisador chama de "cultura da personalidade de matriz ibérica". Assim como Sennet, Marcelino coloca as transformações nas práticas de memória ao passado como parte das vinculações com as mudanças no regime de memória, e dentro da atual história política brasileira, atua como reinvenção dessas tradições.

Assim, ao retirar os monumentos dos espaços públicos, não estamos permitindo que o mesmo caia no esquecimento, uma vez que, em um país construído por meio da violência racial, como o Brasil, não consegue apagar tão facilmente as influências de determinados personagens. Mas ao ressignificar essas imagens, retirar desses personagens o lugar de destaque na cidade, também dará outros significados ao espaço público, reescrevendo a memória sobre esses indivíduos em lugares que cabem a devida contextualização, dando a opulência, importância, e poder que lhe cabem.

Determinados monumentos não terão mais lugar de destaque nos centros de cidades onde os resquícios da escravidão ainda pulsam veemente sobre aqueles que andam sobre tais obras. Que a ressignificação desses lugares possa educar as pessoas a fim de lhe tornarem parte de um passado de guerras, lutas e resistências. Não parece mais possível manter nas aparências a falsa separação entre a escravidão e a construção do Brasil, assim como não se faz mais viável deixar monumentos escravagistas em praça pública, demarcando poder.

A partir do movimento *Black Lives Matter* observamos que, a hegemonia branca na esfera pública transforma a presença do negro nela em uma anomalia. E, ao perceber a "racialização" do espaço público pela branquitude, que foi feito de forma tão perfeita que se tornou naturalizada, o negro busca uma memória na esfera pública que se perdeu (CARNEIRO, 2005).

A partir das reinvindicações traçadas neste breve estudo, tanto os povos negros como os indígenas evidenciam, de uma maneira geral, como construções podem legitimar certas perspectivas e discursos de determinado período, com frequência acabam tendo suas problemáticas e sentidos históricos perversos suprimidos. Por isso, os monumentos que causam dor e ofendem a autoestima devem, portanto, ser deslocados e ressignificados, viabilizando o surgimento de múltiplas memórias, histórias, passados e narrativas, no espaço urbano. "Não se trata de apagar a história, já que debates antes adormecidos são suscitados, trata-se mais de reparação e construção pública de novos projetos de futuro" (RENOU, 2020, p. 565).

ENTREVISTAS

MACHADO, Wagner. **Entrevista I** [2019]. Entrevistador: Camilla Fogaça Aguiar. São Gonçalo, 8 jun. 2019. 1 arquivo mp3 (1h:38min:51s).

MACHADO, Wagner. **Entrevista II** [2020]. Entrevistador: Camilla Fogaça Aguiar. São Gonçalo, 10 out. 2020. 1 arquivo mp3 (47min).

MACHADO, Wagner. **Entrevista III** [2020]. Entrevistador: Camilla Fogaça Aguiar. São Gonçalo, 23 de dezembro 2020. 1 arquivo mp3 (120min).

MACHADO, Wagner. **Entrevista IV** [2021]. Entrevistador: Camilla Fogaça Aguiar. São Gonçalo, 27 maio 2021. 1 arquivo mp3 (1h:07min:12s).

MACHADO, Wagner. **Entrevista V** [2021]. Entrevistador: Camilla Fogaça Aguiar. São Gonçalo, 29 out. 2021. 1 arquivo mp3 (60min).

MACHADO, Wagner. **Entrevista VI** [2022]. Entrevistador: Camilla Fogaça Aguiar. São Gonçalo, 8 fev. 2022. 1 arquivo mp3 (1h:07min:12s).

MARTINS, Pedro. **Entrevista I** [2018]. Entrevistador: Joana Bahia e Camilla Fogaça Aguiar. São Gonçalo, 2017. 1 arquivo mp3 (2h:40min).

MARTINS, Pedro. **Entrevista II** [2020]. Entrevistador: Camilla Fogaça Aguiar. São Gonçalo, 28 ago. 2020. 1 arquivo mp3 (2h:39min:4s).

MELLO, Isis. **Entrevista I** [2021]. Entrevistador: Camilla Fogaça Aguiar. São Gonçalo, 28 ago. 2021. 1 arquivo mp3 (120min).

RIBEIRO, Jair. **Entrevista I** [2021]. Entrevistador: Camilla Fogaça Aguiar. São Gonçalo, 17 set. 2021. 1 arquivo mp3 (60min).

SILVA, Silvio Henrique. **Entrevista I** [2021]. Entrevistador: Camilla Fogaça Aguiar. São Gonçalo, 17 set. 2021. 1 arquivo mp3 (60min).

Fontes on-line

Aldeia Maracanã. **Wikifavelas**. 26 de julho de 2021. Disponível em: https://wikifavelas.com.br/index.php/Aldeia_Maracan%C3%A3. Acesso em: maio 2023.

BAETA, Alenice. Aldeia Maracanã: símbolo de mística e de resistência Indígena em contexto urbano. **CEDEFES**. 12 de novembro de 2018. Disponível em: https://www.cedefes.org.br/aldeia-maracana-simbolo-de-mistica-e-de-resistencia-indigena-em-contexto-urbano/. Acesso em: maio 2023.

BREDA, Tadeu. Índios guarani vão à Avenida Paulista defender direitos ameaçados por ruralistas. **Rede Brasil Atual** (RBA). CIDADANIA. Demarcações. 02 de outubro de 2013. Disponível em: https://www.redebrasilatual.com.br/cidadania/mobilizacao-chega-a-sp-com-marcha-de-guaranis-pela-avenida-paulista-7008/. Acesso em: maio 2023.

MENDES, Karla. Indígenas no Rio lutam para reverter séculos de 'apagamento'. **Mongabay Series**: conservação na Amazônia, desmatamento ilegal na Amazônia, indígenas nas cidades. 30 de junho de 2021. Disponível em: https://brasil.mongabay.com/2021/06/indigenas-no-rio-lutam-para-reverter-seculos-de-apagamento/. Acesso em: maio 2023.

SOUSA, Marcelo Silva De. AP PHOTOS: Afro-Brazilian religious leaders run for office. The Seattle Times. 12 Nov. 2020. Disponível em: https://abcnews.go.com/International/wireStory/ap-photos-afro-brazilian-religious-leaders-run-office-74173074. Acesso em: set. 2022

REFERÊNCIAS

AGUIAR, Camilla Fogaça. **Minha cabeça me salva ou me perde**: povos de terreiro na guerra religiosa. Curitiba: Appris, 2022. 165 p. ISBN 978-65-250-3147-7.

ARENDT, Hannah. **O que é Política**? Rio de Janeiro: Editora Bertrand, 2. ed. 1999.

BAUMAN, Zygmunt. **Vida líquida**. Rio de Janeiro: Jorge Zahar. 2007.

CACCIATORE, Olga Gudolle. **Dicionário de Cultos Afro-brasileiros**. Forense Universitária, 1988

CARNEIRO, Aparecida Sueli. **A construção do outro como não-ser como fundamento do ser**. 2005. Tese (Doutorado) – Universidade de São Paulo, São Paulo, 2005. Acesso em: 15 mar. 2023.

FRIGERIO, Alejandro. La expansión de religiones afro-brasileñas en el Conosur: representaciones conflictivas de cultura, raza y nación en un contexto de integración regional. Paper apresentado no seminário **Dimensions of Integration**: NAFTA and MERCOSUR, Universidade de Nuevo México, 1998.

GIl, C. Z. de V.; MEINERZ, C. B. Educação, patrimônio cultural e relações étnico-raciais: possibilidades para a decolonização dos saberes. **Horizontes**, v. *35*, n. 1, p. 19-34, 2017. Disponível em: https://doi.org/10.24933/horizontes.v35i1.436

ISAIA, Artur Cesar. Umbanda como projeto de nomeação da realidade brasileira. **Revista Brasileira de História das Religiões**, Anpuh, ano VII, p. 115-129, 2015.

KRENAK, Ailton. **Ideias para adiar o fim do mundo**. 2. ed. São Paulo: Companhia das Letras, 2020.

MARCELLINO, Douglas Attila. Rituais políticos e representações do passado: sobre os funerais de "homens de letras" na passagem do império à república. **Tempo** (Niterói, online) | v. 22, n. 40. p. 260-282, maio-ago. 2016.

MIRANDA, Ana Paula Mendes; CORRÊA, Roberta de Mello; ALMEIDA, Rosiane Rodrigues. Intolerância Religiosa: a construção de um problema público. **Revista Intolerância Religiosa**, v. 2 n. 1, p. 1-19, 2017.

NEVES, A. V. Espaço público em Hannah Arendt e Habermas: em busca de uma reflexão. **Tematicas**, Campinas, SP, v. 11, n. 21, p. 161-177, 2003. DOI: 10.20396/tematicas.v11i21/22.13563. Disponível em: https://econtents.bc.unicamp.br/inpec/index.php/tematicas/article/view/13563. Acesso em: 15 mar. 2023.

NOGUEIRA, Farlen. **Tancredo da Silva Pinto**: a umbanda omolocô e a construção de um campo religioso umbandista no Rio de Janeiro (1950-1965). 2020. Dissertação (Mestrado) – Programa de Pós-Graduação em História Social do Território, Faculdade de Formação de Professores, Universidade do Estado do Rio de Janeiro, Rio de Janeiro, 2022.

NORA, Pierre. **Les lieux de mémoire**. Paris: Gallimard, 1984. Tome 1: La République

ORRICO, Evelyn. Especialistas comentam derrubadas de monumentos e estátuas pelo mundo. **CafeHistoria**. 2020. Disponível em: https://www.cafehistoria.com.br/especialistas-comentam-derrubada-de-estatuas-pelo-mundo/. Acesso em: nov. 2020.

POLLAK, Michael. Memória, esquecimento, silêncio. **Estudo Histórico**, Rio de Janeiro, v. 2, n. 3, 1989.

REBUZZI, D. C. Aldeia Maracanã: um movimento contra o índio arquivado. **Revista de Antropologia da UFSCAR**, v. 6, n. 2, jul./dez. 2014.

REIS, D. A. Notas para a compreensão do Bolsonarismo. **Estudos Ibero-Americanos**, v. 46, n. 1, 2020. https://doi.org/10.15448/1980-864X.2020.1.36709. Acesso em: nov. 2021.

RENOU, M. V. Derrubar e erguer estátuas e monumentos: memória, ancestrais e construção de si em Guadalupe/ Caribe. Mediações – **Revista de Ciências Sociais**, Londrina, v. 25, n. 3, p. 562–582, 2020. DOI: 10.5433/2176-6665.2020v25n3p562. Disponível em: https://ojs.uel.br/revistas/uel/index.php/mediacoes/article/view/41299. Acesso em: 15 mar. 2023.

RIOS, Flávia; PAZ, Huri. Representação Política nas cidades brasileiras: Gênero, Raça e Etnicidade nas eleições de 2020. *In*: **Cadernos Adenauer xxii** (2021), nº1 Impactos das eleições 2020 e da pandemia no Brasil. Rio de Janeiro: Fundação Konrad Adenauer, abril 2021. p. 87 a 98.

SANTANA, Jorge; AGUIAR, Camilla. Memórias em disputa no Brasil: A Galeria de Racistas. **Revista Boletim do Observatório da Diversidade Cultural**, 97, n. 2, 2022.

SCHWARCZ, de Lilia Moritz. **O espetáculo das raças**: cientistas, instituições e questão racial no Brasil – 1870-1930. São Paulo: Companhia das Letras, 2018.

SENNETT, Richard. **Carne e Pedra**. 2. ed. Rio de Janeiro: BeStBolso, 2010.

SERRA, O. Monumentos Negros: uma experiência. **Afro-Ásia**, Salvador, n. 33, 2005. DOI: 10.9771/aa.v0i33.21104. Disponível em: https://periodicos.ufba.br/index.php/afroasia/article/view/21104. Acesso em: 15 mar. 2023.

PELO DIREITO À MEMÓRIA E À HISTÓRIA:
reflexões acerca dos monumentos escravistas no território brasileiro

Nathália Fernandes de Oliveira[35]

O presente artigo busca refletir a respeito de estátuas, bustos e conjuntos arquitetônicos que ocupam o território brasileiro construídos a fim de homenagear e comemorar personalidades ou eventos históricos nacionais. Tal reflexão terá como ponto de partida os conceitos de "Monumento", "História" e "Memória" enunciados por pensadores como Jacques Le Goff e Maurice Halbwachs, considerados aqui, como os precursores de tais debates.

Partindo de tais conceitos, o artigo apresenta brevemente o contexto de surgimento do Coletivo Negro de Historiadores Tereza de Benguela – ocorrido em 2020, em meio a Pandemia – e da elaboração de seu principal projeto; a Galeria de Racistas, a fim de demarcar a importância do debate acerca dos monumentos brasileiros. Considerando o expressivo avanço das reflexões acadêmicas e das ações dos movimentos negros na luta antirracista – no Brasil e do mundo – o artigo pretende refletir a respeito do conceito de colonialidade e suas contribuições para o debate acerca dos monumentos brasileiros na direção de uma ressignificação e relaboração dos mesmos.

Seriam os monumentos documentos históricos? Quais seriam as possíveis abordagens e percepções de um historiador face a um Monumento? Esses são alguns questionamentos que norteiam as considerações feitas pelo historiador Jacques Le Goff (1990)[36]. Ao aprofundar suas reflexões, o pesquisador construiu importante aporte teórico, não apenas para a discussão a respeito do ofício de historiador e o seu trabalho com as fontes, mas, principalmente, para a discussão a respeito do conceito de Memória.

As reflexões de Le Goff foram pioneiras na historiografia e constituem importante fundamentação de quadros teóricos elaborados posteriormente.

---

35   Nathália Fernandes de Oliveira é doutoranda no Programa de Pós-Graduação em História da Universidade Federal Fluminense (UFF). Mestre em História Social, também pela Universidade Federal Fluminense (UFF). Professora de História e Sociologia da rede estadual de ensino (SEEDUC/RJ) e membro do Coletivo Negro de Historiadores Tereza de Benguela.

36   Le Goff, Jacques. "História e Memória". Campinas, SP: Editora da Unicamp, 1990, p. 535. Disponível em: https://www.ufrb.edu.br/ppgcom/images/Hist%C3%B3ria-e-Mem%C3%B3ria.pdf. Acesso em: 16 jul. 2023 às 09:09.

Em sua importante discussão a respeito do conceito de "Documento histórico", o historiador busca refletir se os monumentos podem ser enquadrados nessa classificação e se podem ser lidos pelos historiadores enquanto fontes históricas. Assim, o teórico delineia que a noção de monumento – desde seu surgimento na Antiguidade romana – estava associada ao ato de "fazer recordar", de "instruir"[37] e que, nesse sentido, o monumento também possui um sentido de "sinal do passado".

Nas palavras de Le Goff (1990), o monumento se construía nesses dois caminhos:

> [...] 1) uma obra comemorativa de arquitetura ou de escultura: arco de triunfo, coluna, troféu, pórtico, etc.; 2) um monumento funerário destinado a perpetuar a recordação de uma pessoa no domínio em que a memória é particularmente valorizada: a morte[38].

Dessa forma, na concepção do teórico, o monumento possui em si um poder de evocar o passado e perpetuá-lo, sendo um importante elemento na construção das memórias coletivas. Avançando em suas reflexões, Le Goff (1990) frisará a intencionalidade e a materialidade enquanto elementos característicos do monumento. Assim, este emerge na edificação, marcando, demarcando e delimitando um lugar, um território e, consequentemente, produzindo uma memória coletiva; um passado a ser conhecido e lembrado por todos. Nesse sentido, o teórico francês sublinha o monumento enquanto um produto da sociedade que o fabricou sendo passível de ser lido e interpretado de forma crítica e concisa pelo historiador, que deve sempre considerar o todo do qual ele faz parte. Aprofundando tal ideia, Le Goff chega a um dos cernes de sua reflexão ao pontuar a questão das disputas de poder que fazem parte da idealização, constituição e perpetuação de um monumento orientado na construção de uma memória coletiva.

O historiador aponta a própria Memória Social como lugar central de conflitos nas sociedades contemporâneas. O historiador frisa o lugar central que a Memória Social passa a possuir nas sociedades contemporâneas e enuncia a sua correlação com os processos de construção identitários – tanto individuais quanto coletivos. Nesse sentido, o direito à recordação e à manutenção das tradições também fazem parte dessa complexa trama de disputas sociais que são, em última instância, igualmente disputas de poder. Por essa razão, Le Goff (1990) afirma que a memória coletiva é tanto objeto como instrumento de poder[39].

---

37   *Ibidem*, p. 535.
38   *Ibidem*, p. 536.
39   *Ibidem*, p. 548.

Dialogando com as ideias de Le Goff pode-se destacar as reflexões de Maurice Halbwachs em sua obra "Memória Coletiva"[40]. Ao diferenciar o conceito de "História" do conceito de Memória, Halbwachs (1990) expõe o caráter contínuo, intencional e aglutinador desta última que se apresenta em oposição ao caráter mutável, fluido e relacional da primeira. Alguns pontos das considerações de Halbwachs são particularmente pertinentes a este artigo e ao trabalho do Coletivo Negro de Historiadores Tereza de Benguela. Para Halbwachs, a Memória Coletiva *"retém do passado somente, aquilo que ainda está vivo ou capaz de viver na consciência do grupo que a mantém. Por definição, ela não ultrapassa os limites desse grupo"*[41].

A partir dessa ideia do sociólogo francês, pode-se inferir o caráter fragmentário, seletivo da Memória. Outro elemento digno de atenção é a questão da sua intencionalidade. A partir das ideias de Halbwachs (1990) é possível afirmar que a Memória atua na direção de projetar um passado no presente e no futuro. É nesse sentido, inclusive, que o autor afirma – em trecho anteriormente citado – que a Memória preza por uma continuidade. Em sua análise, a Memória busca reter do passado aquilo que convém e se orienta em perpetuá-lo, para e nas futuras gerações. Além disso, o autor destaca que a Memória só pode fazer sentido dentro do contexto na qual foi construída, ou seja, dentro de sua própria comunidade. Retirada desse contexto e de seu sítio, ela se desfaz como um castelo de areia.

Avançando em suas análises, Halbwachs afirma que: *Toda memória coletiva tem por suporte um grupo limitado no espaço e no tempo*[42], concluindo que

> o grupo que vive originalmente e sobretudo para si mesmo, visa perpetuar os sentimentos e as imagens que formam a substância de seu pensamento. É então o tempo decorrido no curso do qual nada o modificou profundamente que ocupa maior espaço em sua memória[43].

Assim, Halbwachs nos atenta para o fato de que os valores e informações que se perpetuam na Memória são uma construção de um grupo social específico, ou seja, buscam perenizar o seu pensamento, sua visão de mundo e seus valores.

O sociólogo sublinha, igualmente, a multiplicidade enquanto uma das características mais importantes da Memória. Em sua análise, Halbwachs

---

40 Halbwachs, Maurice. "Memória Coletiva". São Paulo, SP: Editora Revista dos Tribunais LTDA, 1990. Disponível em: https://edisciplinas.usp.br/pluginfile.php/4005834/mod_resource/content/1/48811146-Maurice-Halbwachs-A-Memoria-Coletiva.pdf. Acesso em: 16 abr. 2023 às 08:26.
41 *Ibidem*, p. 81-82.
42 *Ibidem* p. 86.
43 *Ibidem*, p. 87.

frisa que o corpo social é composto de vários pequenos conjuntos dentro de si e que cada um deles possui uma trajetória. Na ótica do teórico, o que confere a tais grupos um sentido, ou melhor, a noção de sua própria existência enquanto grupo é a Memória:

> Mas o que nos chama atenção, é que, na memória, as similitudes passam entretanto para o primeiro plano. O grupo, no momento em que considera o seu passado, sente acertadamente que permaneceu o mesmo e toma consciência de sua identidade através do tempo[44].

Assim, para Halbwachs (1990), é a Memória que confere ao grupo um sentido de unidade, pertencimento e unicidade. Sendo assim, é a Memória que concede ao grupo uma identidade. Nesse sentido, Halbwachs destaca que a Memória é uma narrativa construída por dado grupo social sobre si mesmo e para si mesmo, pois ela pretende demonstrar como esse grupo permanece para além das transformações e da passagem de tempo. Assim, Halbwachs afirma que a Memória

> apresenta ao grupo um quadro de si mesmo que, sem dúvida, se desenrola no tempo, já que se trata de seu passado, mas tal maneira que ele se reconhece sempre dentro dessas imagens sucessivas. A memória coletiva é um quadro de analogias, e é natural que ela se convença que o grupo permanece, e permaneceu o mesmo, porque ela fixa sua atenção sobre o grupo, e o que mudou, foram as relações ou contatos do grupo com os outros[45].

Mas a importância da Memória não reside, apenas, no que tange a construção de um grupo social dos seus próprios elos de pertencimento. Para o sociólogo francês, a Memória também consiste em uma narrativa que imprime uma diferenciação e, dessa forma, uma visão que orienta como esse grupo quer ser visto e interpretado por aqueles que estão as suas margens[46]. Por outro lado, Halbwachs aponta a fragilidade dessas fronteiras entre aqueles que estão inseridos no grupo e aqueles que não fazem parte do mesmo. Isso ocorre, pois, ainda que a Memória se pretenda fixa, rígida, ela também se modifica. Ela se transforma, justamente, a partir do contato dos grupos sociais entre si[47]. Nesse sentido, Halbwachs esmiúça a máxima que também está presente no trabalho de Le Goff: a Memória é uma arena de conflitos e disputas.

Partindo dos pressupostos de Le Goff (1990) e Halbwachs (1990), pode-se revisitar a provocação feita no artigo supracitado do Coletivo Negro, mas

---

44 *Ibidem*, p. 87.
45 *Ibidem*, p. 88.
46 *Ibidem*, p. 89.
47 *Ibidem*, p. 89.

agora conduzindo-a em outro sentido: Quem são os personagens homenageados através dos monumentos brasileiros? Quais valores buscam ser construídos, edificados e perpetuados à sociedade brasileira pelas estátuas, bustos e conjuntos arquitetônicos espalhados pelas cidades do nosso País? Qual Memória Coletiva se quer construir a partir de tais monumentos? Qual passado foi escolhido para ser lembrado, homenageado e comemorado? Qual passado foi escolhido para ser esquecido? Quais foram os grupos sociais que conduziram tais escolhas? Qual relação entre passado e presente a sociedade brasileira pode construir a partir desses emblemas? Quais noções e debates acerca do passado essas esculturas fomentam em dias atuais? Essas são apenas algumas questões que podem ser aprofundadas acerca de temática tão complexa.

O uso do arcabouço teórico construído por Le Goff e Maurice Halbwachs sobre História e Memória neste artigo não é sem razão. Isso ocorre, pois, o trabalho do Coletivo parte do pressuposto de que os monumentos espalhados por todo o nosso território brasileiro possuem uma função de fundar, solidificar e perpetuar uma Memória Nacional, como bem nos informa Le Goff (1990). Já tomando de empréstimo as ideias de Halbwachs (1990), pode-se afirmar que a função destas estátuas, bustos e conjuntos arquitetônicos é apresentar uma noção de Brasil e brasileiro que será passada de geração para geração dentro do nosso próprio país, mas que também marcará a visão de outras nações a nosso respeito. Essa Memória Nacional funda, então, a nossa identidade nacional.

No entanto, ainda que essa Memória Nacional tenha sido construída com o objetivo agregador, aglutinador, ela foi elaborada pelas elites ao longo de diversos momentos diferentes de nossa história. Dessa forma, a esmagadora maioria dos monumentos que materializam e edificam o passado na paisagem urbana de nosso país buscam homenagear e comemorar personalidades ou mesmo eventos que foram considerados pelas elites como fundantes, emblemáticos e heroicos na história de nosso País. Uma breve observação já nos apresenta uma imagem naturalizada por tais monumentos sobre as personalidades importantes na nossa trajetória como Nação: a ideia de que a nossa história foi construída, majoritariamente, por homens brancos oriundos das elites.

Outras ausências pertinentes as reflexões apresentadas pelo Coletivo Negro de Historiadores Tereza de Benguela consistem nos monumentos que homenageiam personalidades ou símbolos culturais dos povos originários brasileiros e da população negra. Nesse aspecto, o que os monumentos nos apresentam é a ideia de que tais grupos sociais não participaram de momentos políticos e sociais fundamentais a nossa constituição como nação e sociedade, assim como, não possuem contribuições na nossa formação cultural. Por conseguinte, essas ausências geram um sentimento de não pertencimento e não identificação de tais estratos com seu próprio País e da própria sociedade brasileira com tais grupos. Uma noção que – além de equivocada – se apresenta enquanto profundamente problemática por enraizar no imaginário social a marginalização de negros, indígenas, mulheres. Outro aspecto que essas ausências apresentam é a noção de que tais grupos sociais não possuem um passado, não possuem uma Memória ou mesmo uma História.

Essas ideias já são, por si só, problemáticas e expressam o quanto o racismo e o pensamento colonial ainda balizam a nossa sociedade e nossas dinâmicas sociais. Mas elas se tornam profundamente perversas quando pensamos que a população brasileira é majoritariamente formada por pessoas negras e está imersa em elementos e símbolos culturais que remetem aos povos nativos e aos negros escravizados. Nesse sentido, o Brasil que as elites brasileiras vêm tentando edificar através de monumentos ao longo de toda nossa história é um Brasil branco, masculino e colonizador; o que reduz significativamente a nossa trajetória enquanto sociedade e tenta apagar a nossa diversidade enquanto população. A Memória que se pretende hegemônica – nacional – ignora outras narrativas memoriais dos grupos sociais brasileiros.

No entanto, essa não é a única problemática que emerge do debate acerca dos monumentos. Isso ocorre, pois, uma quantidade expressiva de personalidades e eventos eternizados e comemorados por essas esculturas foram personagens envolvidos de forma ativa no processo de escravização indígena e negra em terras brasileiras nos períodos colonial e imperial. Nossos monumentos comemoram como heróis da pátria, figuras escravistas e tiveram relação direta com o genocídio das populações africanas e indígenas[48]. Nesse sentido, atualmente, muitos debates giram em torno da própria existência de tais monumentos.

Assim, uma vertente de pesquisadores e integrantes de movimentos sociais demandam a construção de novos monumentos que marquem a multiplicidade da Memória Nacional e/ ou a ressignificação dos monumentos que existem hoje através, inclusive, de intervenções artísticas. Outra vertente, defende sua destruição. É no contexto desse debate que, durante a Pandemia de covid-19 – iniciada em 2020 –, nasceu o Coletivo Negro de Historiadores Tereza de Benguela e a nossa reflexão conhecida como Galeria de Racistas[49].

O contexto de construção da Galeria de Racistas e os debates antirracistas

Na época que o projeto Galeria de Racistas foi elaborado, o mundo assistia aos desdobramentos do assassinato de George Floyd ocorrido na cidade de Minneapolis, Estados Unidos. Floyd – um homem negro de cerca de 40

---

48   Coletivo Negro de Historiadores Tereza de Benguela, op. cit., p. 5.
49   O projeto Galeria de Racistas e seus resultados encontram-se disponíveis em: https://galeriaderacistas.com.br/.

anos – foi asfixiado por um policial branco até a sua morte[50]. A abordagem aconteceu em uma rua – onde várias pessoas presenciaram – e registraram, através de vídeos, a ação dos policiais envolvidos. A suspeita dos agentes era de que Floyd havia utilizado uma nota falsa para pagar alguns produtos que adquiriu em um estabelecimento comercial próximo ao local de seu assassinato. A falta de humanidade e respeito dos policiais envolvidos na abordagem e o[51] assassinato de Floyd foram o disparador de inúmeros protestos e atos nos Estados Unidos, mesmo em meio a uma pandemia.

As manifestações estavam associadas ao "Black Lives Matter"; organização criada por três mulheres negras, em 2013, nos Estados Unidos com o objetivo de denunciar e questionar as ações policiais violentas e genocidas direcionadas à população negra no país. A organização denunciava, igualmente, a inércia das autoridades públicas em relação aos agentes envolvidos nessas ações e a eloquente ausência de condenações por racismo – ou mesmo por uso abusivo da força e da autoridade – nesses casos. Diante dos acontecimentos envolvendo George Floyd e a sua imensa repercussão nos Estados Unidos, a luta de Alicia Garza, Patrisse Cullors e Opal Tometi se espalhou por todo mundo e o "Black Lives Matter" – "Vidas Negras Importam", em português – foi apropriado em diversos lugares, inclusive no Brasil, como lema de manifestações exigindo justiça a George Floyd e como uma forma de escancarar o racismo estrutural e as políticas públicas de genocídio da população negra que datam de tempos remotos e se fazem presente em diversas sociedades nos dias atuais.

Essas manifestações fomentaram importantes debates e reflexões que passavam pela percepção de que os processos de opressão, marginalização, submissão, criminalização, silenciamento, inferiorização, esvaziamento subjetivo e psíquico da população negra são um fenômeno histórico. E como fenômeno histórico, todos esses processos não são uma realidade fixa e inata aos seres humanos, mas sim, construída ao longo dos tempos. Além disso, as manifestações apresentaram o que seria – no entendimento de seus participantes – as origens e raízes desse fenômeno; a colonização que escravizou milhares de corpos negros e os desumanizou por completo. Assim, como parte dessas

---

50 Para conhecer um pouco mais sobre o evento narrado acima no texto. Disponível em: https://g1.globo.com/mundo/noticia/2020/05/27/caso-george-floyd-morte-de-homem-negro-filmado-com-policial-branco-com-joelhos-em-seu-pescoco-causa-indignacao-nos-eua.ghtml.

51 Para saber mais sobre o movimento "Black Lives Matter" e seu contexto de formação ver: Mesquita, Camilla. "O movimento Black Lives Matter: influência na política dos Estados Unidos e sua internacionalização". Conexões Internacionais. Vol. 3, nº1, 2022. Disponível em: file:///C:/Users/Junior/Downloads/14281-Texto%20do%20artigo-64698-1-10-20221209.pdf ; Júnior, Sérgio Augusto Ramos dos Santos. "Black Lives Matter? Um debate sobre igualdade racial em tempos de covid-19". Observatório Sócio-Econômico da Covid-19/FAPERS. Disponível em: https://www.osecovid19.cloud.ufsm.br/media/documents/2021/03/29/Textos_para_Discuss%C3%A3o_06_-_Black_Lives_Matter_Igualdade_Racial_em_t_JTkqpcV.pdf.

manifestações, assistimos, igualmente, a destruição, ridicularização e danificação de vários monumentos e estátuas que marcavam o passado escravista e colonizador de países como a França, Estados Unidos, Inglaterra, Portugal[52].

Para os manifestantes, a presença dessas estátuas e monumentos homenageando e comemorando essas figuras, e o passado que elas representam, é um profundo desrespeito à população negra e sua história. E pode ser apontada, igualmente, como parte do racismo estrutural que nos assombra. As reflexões de Silvio Almeida (2019) nos auxiliam na compreensão de categoria conceitual tão importante:

> [...] o racismo é uma decorrência da própria estrutura social, ou seja, do modo 'normal' com que se constituem as relações políticas, econômicas, jurídicas e até familiares, não sendo uma patologia social e nem um desarranjo institucional. O racismo é estrutural. Comportamentos individuais e processos institucionais são derivados de uma sociedade onde o racismo é regra e não exceção. O racismo é parte de um processo social que ocorre 'pelas costas dos indivíduos e lhes parece legado pela tradição'. Nesse caso, além de medidas que coíbam o racismo individual e institucionalmente, torna-se imperativo refletir sobre mudanças profundas nas relações sociais, política e econômicas[53].

A partir das ideias de Almeida, pode-se afirmar que a presença desses monumentos no espaço público brasileiro reforça alguns elementos que compõem o racismo estrutural, principalmente, o imaginário social que categoriza os colonizadores como verdadeiros heróis nacionais. Nesse imaginário, esses mesmos sujeitos sociais são identificados e aclamados como figuras com uma missão civilizadora inata e que com bravura salvaram negros e nativos de sua própria ignorância e selvageria. Além disso, esses monumentos – e a consequente ausência de personagens negras e indígenas do hall de homenageadas – consolidam no imaginário social noções de história, memória, identidade e humanidade das quais a população negra não se encontra inserida.

Se o contexto mundial favorecia o debate sobre o racismo, o Brasil – especificamente o Rio de Janeiro – era palco da Campanha "Liberte Nosso Sagrado". A Campanha "Liberte Nosso Sagrado" foi iniciada em 2017 e trazia para a nossa sociedade discussões contundentes sobre as políticas de reparação e a necessidade de que as mesmas fossem efetivadas em todas instâncias para o povo negro, inclusive no âmbito religioso. Tal Campanha possuiu forte apoio da sociedade

---

52 Uma interessante reflexão acerca desse movimento de derrubada e vandalização de monumentos pode ser encontrado em: https://www.cafehistoria.com.br/especialistas-comentam-derrubada-de-estatuas-pelo-mundo/
53 Almeida, Silvio Luiz de. "Racismo estrutural". São Paulo: Sueli Carneiro; Pólen, 2019, p. 33. Disponível em: https://blogs.uninassau.edu.br/sites/blogs.uninassau.edu.br/files/anexo/racismo_estrutural_feminismos_-_silvio_luiz_de_almeida.pdf. Acesso em: 20 abr. 2023, às 07:43.

civil e mobilizou lideranças religiosas, historiadores, antropólogos, sociólogos, museólogos, líderes dos movimentos negros, entre outros estratos sociais. A principal demanda da Campanha consistia na contestação da posse por parte do Museu da Polícia Civil do Rio de Janeiro do conjunto de objetos tombados pelo SPHAN – atual IPHAN – em 1938 conhecido como "Museu da Magia Negra".

O acervo "Museu da Magia Negra" era composto por peças, objetos, artefatos sagrados apreendidos pela Polícia Civil do Rio de Janeiro em batidas policiais a terreiros (de candomblé e umbanda) ocorridas ao longo da primeira metade do século XX. Amparada nos Códigos Penais de 1890[54] e 1940[55], a repressão policial marcou e orientou a trajetória destas religiosidades no Brasil, de forma geral, e no Rio de Janeiro, de forma específica[56]. Gerando, inclusive, uma série de estratégias de proteção e de defesa deste tipo de violência simbólica e material orquestrada pelo Estado e efetivada pela Polícia. Dentre tais estratégias pode-se frisar a interiorização dos terreiros para regiões como a Zona Oeste e Baixada Fluminense, a fim de se desvencilhar da repressão.

A campanha "Liberte Nosso Sagrado" tornava público esse passado de criminalização e repressão das religiões afro-brasileiras e colocava em discussão as contradições do estado republicano brasileiro do início do século XX. Fundamentada na produção acadêmica de áreas como a museologia, a antropologia, a história, as ciências sociais, a teologia, a Campanha demarcou a utilização do conceito de racismo religioso para classificar as ações orquestradas pela República brasileira contra o povo de santo durante suas primeiras quatro décadas, aproximadamente, através das ações policiais. O pesquisador Sidnei Nogueira nos elucida sobre o conceito de racismo religioso:

> O racismo religioso condena a origem, a existência, a relação entre uma crença e uma origem preta. O racismo não incide somente sobre pretos

---

54 BRASIL. Decreto nº 847, 11 de outubro de 1890. Disponível em: https://www.planalto.gov.br/ccivil_03/decreto/1851-1899/d847.htm. Acesso em: 20 abr. 2023, às 18:41.

55 BRASIL. Decreto-lei nº 2848, 7 de dezembro de 1940. Disponível em: http://www.planalto.gov.br/ccivil_03/decreto-lei/del2848.htm. Acesso em: 20 abr. 2023, às 18:41.

56 O Código Penal de 1890 determinava como crime contra a saúde pública: "Art. 156: exercer a medicina em qualquer dos seus ramos, a arte dentaria ou a pharmacia; praticar a homeopathia, a dosimetria, o hypnotismo ou magnetismo animal sem estar habilitado segundo as leis e seus regulamentos; [...] Art. 157: praticar o espiritismo, a magia e seus sortilégios, usar de talismans e cartomancias para despertar sentimentos de ódio ou amor, inculcar moléstias curaveis ou incuráveis, emfim, para fascinar e subjugar a credulidade pública; [...] Art. 158: ministrar, ou simplesmente prescrever, como meio curativo para uso interno e externo, e sob qualquer fórma preparada, substancia de quaisquer dos reinos da natureza, fazendo ou exercendo assim o officio do denominado curandeiro [...]". Já o Código Penal de 1940 determinava como crime contra a saúde pública o "Exercício ilegal da medicina, arte dentária ou farmacêutica", o "charlatanismo" e o "curandeirismo": "Art. 282: exercer, ainda que a título gratuito, a profissão de médico, dentista ou farmacêutico, sem autorização legal ou excedendo-lhe os limites [...]; Art. 283 inculcar ou anuncia cura por meio secreto ou infalível [...]; Art. 284: exercer o curandeirismo: I – prescrevendo, ministrando ou aplicando, habitualmente, qualquer substância; II – usando gestos, palavras ou qualquer outro meio; III – fazendo diagnósticos".

e pretas praticantes dessas religiões, mas sobre as origens da religião, sobre as práticas, sobre as crenças e sobre os rituais. Trata-se da alteridade condenada à não existência. Uma vez fora dos padrões hegemônicos, um conjunto de práticas culturais, valores civilizatórios e crenças não pode existir; ou pode, desde que a ideia de oposição semântica a uma cultura eleita com o padrão, regular e normal seja reiteradamente fortalecida[57].

Ao longo de três anos, a campanha também fez emergir as narrativas das lideranças religiosas umbandistas e candomblecistas da cidade do Rio de Janeiro a respeito das memórias da repressão. Nos relatos de Mãe Meninazinha de Oxum – Ialorixá do terreiro Ilê Omolu Oxum, localizado em Nova Iguaçu -, Mãe Beata de Iemanjá – Ialorixá do terreiro Ilê Omi oju Aro – , Mãe Flávia Pinto – Babá da Casa do Perdão[58] é evidente a dimensão da dor, do sofrimento e do trauma que as invasões policiais representaram para aqueles que vivenciaram ou que ouviram os relatos de seus antecessores. Nas falas, nas entrevistas audiovisuais e nos relatos orais, tais lideranças e filhos de santo expressaram o trauma, o sentimento de violação, o medo constante das invasões e o receio de possuir os seus bens simbólicos e sagrados ridicularizados, roubados e destruídos. Nesse sentido, as ações ligadas à campanha conectaram o passado do povo de santo a sua trajetória do presente, onde as religiões afro-brasileiras continuam sendo demonizadas, compreendidas como algo maléfico e sendo constantemente atacadas por adeptos de outras religiões.

As ações e debates fomentados pela campanha dialogavam, intimamente, com os conceitos de "reparação histórica" e de "ações afirmativas". Sendo assim, além de trazer à tona o "Museu da Magia Negra" e questionar sua existência, a campanha demandava a extinção do referido acervo e a retirada dos objetos sagrados do Museu da Polícia Civil. Em um primeiro momento, pretendia-se que tais artefatos fossem devolvidos aos seus terreiros de origem ou sucessores. No entanto, após muitos debates e reflexões em conjunto com as lideranças religiosas da Umbanda e do Candomblé, a transferência dos objetos sagrados para um espaço que oferecesse a possibilidade de que eles contassem a história das religiões afro-brasileiras e da população negra brasileira, começou a ser fortemente considerada e debatida.

---

57 Nogueira, Sidnei. Intolerância religiosa [livro eletrônico]. São Paulo: Sueli Carneiro; Pólen, 2020, p. 47. Disponível em: https://files.cercomp.ufg.br/weby/up/1154/o/Intolerancia_Religiosa_Feminismos_Plurais_Sidnei_Nogueira.pdf?1599239392. Acesso em: 22 abr. 2023 às 13:57.

58 Os relatos orais destas importantes lideranças do axé a respeito da memória da repressão e do racismo religioso podem ser assistidos no documentário "Nosso Sagrado". "Nosso Sagrado" foi produzido pela Quiprocó filmes, lançando em dezembro de 2017 e que buscava debater a respeito da repressão policial sofrida pela Umbanda e pelo Candomblé durante a Primeira República e a Era Vargas, assim como sobre a existência do "Museu da Magia Negra". O documentário está disponível em: https://www.quiprocofilmes.com.br/pt/filme/nosso-sagrado

Os protestos liderados pelo "Black Lives Matter" e a campanha "Liberte Nosso Sagrado" são destacados aqui como importantes exemplos das disputas atuais travadas no campo da Memória e da História no Brasil e no Mundo. Nesse aspecto, torna-se importante frisar que os movimentos aqui apresentados tiveram liderança e ampla participação da sociedade. O que nos faz refletir sobre o quanto suas reivindicações representam interesses populares. Conjuntamente, ambos movimentos representam as atuais demandas pela presença de vivências e narrativas negras nos espaços que simbolizam as Memórias dessas sociedades. Elas também revelam que vivenciamos um importante momento de pressão pela ruptura de antigos paradigmas e da construção de novos significados e sentidos da História expondo as conexões nas experiências negras em diferentes países do Mundo.

Pelo direito à Memória: um olhar Decolonial sobre os Monumentos

Diante de todo o debate acerca da questão racial, uma base teórica tem ganhado cada vez mais visibilidade e atenção dentro e fora do espaço acadêmico. Fundamentando uma série de reflexões a respeito das relações étnico--raciais, do racismo e solidificando ações e discursos dos movimentos sociais antirracistas, os estudos decoloniais se apresentam enquanto importante contribuição para a reflexão promovida pelo Coletivo Negro de Historiadores Tereza de Benguela acerca dos monumentos brasileiros e o artigo aqui exposto.

Apesar de diversos entre si, os estudos decoloniais possuem alguns elementos que os conectam, que os caracterizam. Eles têm como principal premissa o questionamento do conceito de modernidade – ainda compreendido nos dias de hoje enquanto sinônimo de crescimento e expansão. Dessa forma, tais reflexões buscam problematizar o contexto da conquista das Américas e do Mundo Atlântico pelas nações europeias – processo que se dá entre os séculos XV e XVI – e apresentar a modernidade enquanto fenômeno produzido pela Europa e por ela levado ao mundo. Outro ponto importante dos estudos decoloniais, no que tange a Modernidade, consiste na percepção de que esta se configura a partir de relações assimétricas de poder entre as nações europeias e os "outros", sendo os não europeus colocados sempre em uma posição de subalternização.

A Modernidade é entendida nesses estudos enquanto fenômeno que permitiu a estruturação do poder do sistema capitalista em escala global e consolidou suas dinâmicas de exploração e acumulação. Sendo assim, o que esses estudos buscam elucidar é que essa subalternização de considerável parcela da população mundial – localizada fora do território europeu – é construída e solidificada a partir de estruturas de controle não apenas do trabalho, mas, também, das intersubjetividades que tem no eurocentrismo e no ocidentalismo suas principais expressões[59].

Assim, os estudos decoloniais podem ser compreendidos enquanto um

> [...] conjunto heterogéneo de contribuiciones y esfuerzos teóricos e investigativos en torno a la colonialidad. Esto cubre tanto revisiones histigráficas, los estúdios de caso, la recuperación del pensamiento crítico latino-americano (y 'subalterno'), las formulaciones reconceptualizadoras, y las revisiones e intentos por expandir y revisar las disquisiciones teóricas. Es un espacio enunciativo (Escobar, 2005) no exento de contradicciones y conflitos cuyo punto de coincidencia es la problematización de la colonialidad en sus diferentes formas, aunada a una serie de premissas epistémicas compartidas[60].

A partir das ideias do Grupo de Estudos sobre Colonialidade – destacadas anteriormente –, pode-se inferir que os estudos decoloniais possuem como principal característica o uso do conceito de colonialidade na análise de diversos âmbitos da vida social nas Américas e no Mundo Atlântico. O conceito de Colonialidade ganhou as reflexões acadêmicas na década de 1990 através dos estudos de Aníbal Quijano (1992) sobre o conceito de Colonialidade do Poder[61]. O teórico apresenta a Colonialidade do poder enquanto matriz da Modernidade, ou seja, seu contexto de formação e desenvolvimento data do contexto da colonização e conquista das Américas entre os séculos XV e XVI.

A Colonialidade do Poder relaciona-se, dessa forma, como uma estruturação específica do poder que determinou vários âmbitos da vida social nessas sociedades colonizadas – tais como, a sexualidade, a organização coletiva, a natureza, a subjetividade, entre outros[62]. Nas palavras do teórico Ramón Grosfoguel pode-se definir a colonialidade do poder enquanto *"um processo fundamental de estruturação do sistema-mundo moderno/colonial, que articula os lugares periféricos da divisão internacional do trabalho com a hierarquia étnico racial das cidades metropolitanas globais"*[63]. No entanto, essa estruturação do poder não se localizava, apenas, nas Américas, ela se tornou elemento fundamental na elaboração de um sistema de dominação e exploração social a nível global. Por essa razão, Quijano destaca a Colonialidade do Poder

---

59 Grupo de Estudios sobre Colonialidad. Estudios Decoloniales: un panorama general. Revista KULA, nº 6, abril/2012, p. 10.
60 *Ibidem*, p. 10.
61 Para conhecer um pouco mais o contexto no qual surgiu o conceito de colonialidade do poder, ver: Ballestrin, Luciana. "América Latina e o giro decolonial". *Revista Brasileira de Ciência Polícia*, n. 11, ago/2013. Disponível em: https://www.scielo.br/j/rbcpol/a/DxkN3kQ3XdYYPbwwXH55jhv/?lang=pt. Acesso em: 23 abr. 2023 às 11:20.
62 *Ibidem*, p. 10-11.
63 Grosfoguel, Ramón. "Para descolonizar os estudos de economia política e os estudos pós-coloniais: transmodernidade, pensamento de fronteira e colonialidade global". *Revista Crítica de Ciências Sociais*, n. 80, p. 126.

enquanto "pedra fundacional do padrão de poder mundial capitalista, colonial/ moderno e eurocentrado"[64]. Por essa razão, Quijano (2007) sublinha que a Colonialidade do Poder é um elemento que transcende o seu contexto criador.

Dentro do pensamento de Quijano e dos estudos decoloniais, as raízes da Colonialidade do Poder são tão profundas que seguem vivas e latentes nas sociedades latino-americanas e atlânticas, produzindo, ainda nos dias de hoje, estruturações sociais com matriz colonial[65]. O Grupo de Estudos sobre Colonialidade frisa algumas dessas reverberações de matriz colonial nas Américas. Segundo os teóricos, a Colonialidade

> cimentó la conformación de las nuevas republicas modelando sus instituciones y reproduciendo en ese acto la dependencia histórico-estructural que arrastaban desde la colonización y el mestizaje. A través de la imposición de la reprodución, subsumida al capitalismo, de las demás formas de explotación del trabajo, se desarrolló un modelo de estratificación sócio-racial entre 'blancos' y las demás 'tipologias raciais' consideradas inferiores[66].

É nesse sentido que Quijano e outros intelectuais da "Decolonialidade" – como Maria Lugones (2014), Luciana Ballestrin (2013) e Yuderkys Espinosa-Miñoso (2014) – irão elucidar as conexões entre Colonialidade do Poder e a noção de Raça. Quijano apresenta a noção de raça enquanto um expressivo instrumento de dominação social e frisa que sua construção se dá, justamente, no contexto do colonialismo europeu, ganhando, assim, contornos mundiais. O autor defende que, ao longo do período da colonização, o conceito de raça norteará a divisão e exploração social do trabalho em caráter mundial. E que essa funcionalidade se manterá fortemente presente ainda nos dias atuais. Para os autores da decolonialidade, a ideia de raça é produto e – ao mesmo tempo – fruto do processo de dominação colonial europeia.

Por esta razão, a noção de raça estará no centro dos processos de novas construções identitárias fundando, assim, as percepções de "índio", "negro", "asiático", "branco", "mestiço", assim como as noções de "América", "Europa", "Ásia", "África" e "Oceania"[67]. De tais identidades emergirão novas relações sociais e novas formas de conflito. Para Quijano, o alcance da noção de raça é tão expressivo nesse contexto que também possuirá implicações na formação das sociedades democráticas e na formação dos Estados-nações modernos[68]. Partindo

---

64   QUIJANO, Aníbal. "O que é esta tal de raça? ". In: Santos, Renato Emerson dos (org.). Diversidade, espaço e relações étnico-raciais: o negro na geografia do Brasil. Belo Horizonte: Autêntica, 2007, p. 43.
65   Grupo de Estudios Sobre Colonialidad, op. cit., p. 11.
66   Ibidem, p. 11.
67   Quijano, op. cit., p. 43.
68   Ibidem, p. 43.

da centralidade da noção de raça, Quijano sublinha, enfim, o racismo enquanto "a mais perceptível e onipresente" expressão da Colonialidade do poder[69], mas também se pode pensá-lo como uma de suas ferramentas mais eficientes.

É nesse sentido que as sociedades latino-americanas se constituem – de forma geral – fundamentadas na desigualdade racial onde uma minoria branca se sobressaiu alijando indígenas, afrodescendentes e mestiços de postos de poder, autoridade e capital:

> [...] Estos grupos mayoritarios no tuvieron acesso al control de los medios de producción y fueron forzados a subordinar la produción de sus subjetividades a la imitación o al remedo de los modelos culturales europeos. Em otras palavras, la colonialidad, del poder ha hecho historicamente imposible una democratización rela en estas naciones. Por ende, la historia latinoamericana esta caracterizada por la parcialidad y precariedad de los Estados-Nación, así como por la conflictividad inherente a sus sociedades[70].

A questão da Colonialidade do poder – colocada por Quijano – foi diversificada por outros teóricos. Assim, ela foi pensada em outras dimensões e esferas, sendo elaborados os conceitos de Colonialidade do Saber e Colonialidade do Ser. Tais conceitos formam a tríade fundamental do pensamento decolonial e, também, são importantes conceitos para a reflexão proposta neste artigo.

A Colonialidade do saber – aprofundada pelas ideias de Edgardo Lander –

> estaria representada por el caráter eurocéntrico del conocimiento moderno y su articulación a las formas de domínio colonial / imperial. Esta categoría conceptual se refiere específicamente a las formas de control del conocimiento asociadas a la geopolítica global dispuesta por la colonialidad del poder. En este sentido el eurocentrismo funciona como um 'locus' epistémico desde el cual se erige um modelo de conocimiento que, por un lado, universaliza la experiencia local europea como modelo normativo a seguir y, por otra parte, designa seus dispositivos de conocimiento como los unicamente validos[71].

Uma das características da Colonialidade do saber consiste na valorização das Ciências e dos conhecimentos ditos científicos face uma desqualificação dos saberes de outras origens – tais como os saberes dos povos originários e os saberes de matriz negra. Tal Colonialidade também é marcada por uma fragmentação do conhecimento, o que dificulta a análise do todo de eventos, situações e processos históricos e sociais. Nesse sentido, a Colonialidade do saber também é marcada pelas hierarquizações. Assim, uma das maiores características da

---

69 *Ibidem*, p. 44.
70 Grupo de Estudios Sobre Colonialidad, op.cit., p. 11.
71 *Ibidem*, p. 12.

Colonialidade do saber é a categorização de tudo aquilo que é diferente enquanto inferior, subalterno, submisso. Em última análise, pode-se afirmar que a Colonialidade do saber promove uma desqualificação epistêmica do outro[72].

Já o conceito de "Colonialidade do Ser" foi aprofundado por Nelson Maldonado-Torres, no início dos anos 2000. Maldonado-Torres (2007) destaca que uma das características mais expressivas da Colonialidade do ser é a completa desumanização daquele que é considerado outro. E nesse caso, a noção de "outro" está intimamente associada à noção de raça. Maldonado-Torres frisa, igualmente, a relação de interligação existente entre a Colonialidade do Ser e a Colonialidade do Saber, tendo em vista que apenas a esta poderia produzir:

> una descalificación epistémica del otro. Tal descalificación representa um intento de negación ontológica. La colonialidad del ser como categoría analítica vendria a develar el 'ego conquiro' que antecede y pervive el 'ego cogito' cartesiano (Dussel, 1994), pues tras el enunciado pienso, luego soy, se esconde la validación de un único pensamiento (los otros no piensan adecuadamente o simplemente piensan) que da la cualidad de ser si los otros no piensan adecuadamente, entonces no existen o su existencia es prescindible. De esta forma, no pensar em términos modernos, se traducirá en el no-ser, en una justificación para la dominación y la explotación[73].

As ideias de María Lugones (2014) dialogam com o conceito de Colonialidade do ser exposto acima. Ao aprofundar o que Lugones chama de Colonialidade do gênero, a teórica nos expõe a dicotomia – construída pela Colonialidade – entre o humano e o não-humano, e como a esta dicotomia foi anexada a dicotomia homem e mulher. Nas palavras de Lugones, a distinção entre humano e não humano

> [...] tornou-se a marca da civilização. Só os civilizados são homens ou mulheres. Os povos indígenas das Américas e os/as africanos/as eram classificados/as como espécies não humanas como animais, incontrolavelmente sexuais e selvagens. O homem europeu burguês, colonial moderno tornou-se um sujeito agente apto a decidir, para a vida pública e o governo, um ser de civilização, heterossexual, cristão, um ser de mente e razão [...][74].

Assim, Lugones destaca que nas sociedades colonizadas, apenas os brancos europeus eram entendidos enquanto civilizados e plenamente humanos. Já os colonizados eram classificados enquanto bestiais, promíscuos, pecaminosos, sexuais, aberrações. E, por essa razão, eram condenados e colocados em uma escala hierárquica de inferioridade – ou seja, considerados como não-humanos.

---

72 *Ibidem*, p. 12
73 *Ibidem*, p. 12.
74 Lugones, Maria. *Rumo a um feminismo descolonial*. Revista de Estudos Feministas, 2014, 936 p.

Nesse sentido, Lugones (2014) destaca a brutalidade e crueldade exercida pela missão civilizatória colonial ao promover situações de profunda violência com requintes de tortura e horror aos colonizados. Tal missão agia como se o corpo do outro fosse um mero objeto que lhe pertencia[75].

Lugones sublinha, igualmente, a função ideológica do catolicismo em meio a tal missão. Para a teórica, o catolicismo surgiu como pilar dos abusos coloniais e desse processo de desumanização dos colonizados. A narrativa católica de condenação ao pecado baseada em uma visão maniqueísta do mundo, colocava os colonizados uns contra os outros. Além disso, na visão da autora, o catolicismo endossava a percepção de que estes seriam figuras malignas, relacionadas a Satanás ou até mesmo por ele possuídas[76].

Dessa forma, Lugones sublinha que

> A transformação civilizatória justificava a colonização da memória e, consequentemente, das noções de si das pessoas, da relação intersubjetiva, da sua relação com o mundo espiritual, com a terra, com o próprio tecido de sua concepção de realidade, identidade e organização social, ecológica e cosmológica. Assim, à medida que o cristianismo tornou-se o instrumento mais poderoso da missão de transformação, a normatividade que conectava gênero e civilização concentrou-se no apagamento das práticas comunitárias ecológicas, saberes de cultivo, de tecelagem, do cosmos, e não somente na mudança e no controle de práticas reprodutivas e sexuais [...][77].

Assim, Lugones nos apresenta a profundidade do processo de desumanização perpetrado pelos agentes da colonização. Tal processo não era apenas imposto a partir da violência física e do medo, em uma dinâmica que ocorria de fora (colonizador) para dentro (colonizado). Mas envolvia, principalmente, um esvaziamento, uma negação do colonizado e suas referências subjetivas e comunitárias. A questão da negação de si mesmo por parte do indivíduo negro suas reverberações também são destacadas e aprofundadas por autores como Frantz Fanon[78], Azoilda Trindade[79], Maria Aparecida Bento[80] e Nilma Lino Gomes[81].

---

75 *Ibidem*, p. 938.
76 *Ibidem*, p. 938.
77 *Ibidem*, p. 938.
78 FANON, Frantz. *Pele negra, máscaras brancas*. Salvador: EDUFBA, 2008. Disponível em: https://www.geledes.org.br/wpcontent/uploads/2014/05/Frantz_Fanon_Pele_negra_mascaras_brancas.pdf. Acesso em: 16 jul. 2023 às 18:39.
79 TRINDADE, Azoilda Loretto. "A formação da imagem da mulher negra na mídia" [Tese de Doutorado]. Rio de Janeiro: UFRJ/ECO, 2005.
80 BENTO, Maria Aparecida. Branqueamento e Branquitude no Brasil. *In*: Bento, Maria Aparecida; Carone, Iray (orgs.). *Psicologia social do racismo – estudos sobre branquitude e branqueamento no Brasil*. Petrópolis, RJ: Vozes, 2002, p. 25-58.
81 GOMES, Nilma Lino. *Alguns termos e conceitos presentes no debate sobre relações raciais no Brasil: uma breve discussão*; GOMES, Nilma Lino. O movimento negro e educação. Ressignificando e politizando a raça. Educ. Soc., Campinas, v. 33, n. 120, p. 727-744, jul./set. 2012.

Dialogando com a psicologia e bebendo da fonte dos estudos decoloniais, os trabalhos destes autores apresentam o intenso sofrimento psíquico que a Colonialidade impõe aos indivíduos negros. Dessa forma, tal literatura nos chama atenção para a urgência do rompimento com toda essa estrutura historicamente construída e tristemente solidificada em todo o mundo.

Considerações finais

Uma das contribuições mais importantes do arcabouço teórico da Colonialidade para o pensamento antirracista brasileiro da atualidade é nos apresentar a profundidade e complexidade da noção de raça em sociedades como a sociedade brasileira. O pensamento decolonial nos apresenta tal noção enquanto uma construção histórica, localizado em contexto muito específico; o período colonial. Tal pensamento também sublinha que a construção do conceito de raça – levada a cabo pelas nações europeias – guarda em si a oposição entre "europeu versus não europeu", extrapolada para a oposição "branco versus não branco".

Como nos demonstra os teóricos dos estudos decoloniais, tais estruturas e noções sociais se fazem presente de forma pungente no mundo de hoje e ainda ditam o cotidiano de nossas relações pessoais, as relações diplomáticas entre países e a economia mundial. No entanto, a Colonialidade também está presente na forma como um País olha para si mesmo, para sua própria história; relaciona-se com as estratégias escolhidas para a construção de uma Memória e uma identidade nacionais. Como destacado acima, os monumentos brasileiros expressam a visão que a elite brasileira se engaja em construir de nação e de identidade nacional. Essa visão – intimamente vinculada ao desejo de ser/se tornar europeu – demarca um passado e uma narrativa que privilegia e comemora personalidades da nossa história relacionadas ou representativas do discurso, do pensamento ou da realidade coloniais. A intenção desse estrato da nossa sociedade é consolidar no nosso imaginário uma memória branca que elege como heróis personagens que, na verdade, lideraram processos de genocídio e extermínio das populações negras e nativas das Américas.

No entanto, atualmente, essa percepção de História e Memória atrelada às elites – que se posiciona enquanto oficial e homogênea – encara um contexto de discussão e debate a respeito da questão racial no Brasil e no mundo. A onda de protestos encabeçados pelo movimento "Black Lives Matters" durante a Pandemia demonstraram de forma concisa não apenas esse novo contexto de discussão sobre o racismo, mas revelaram um momento de mobilização popular e acadêmica por políticas públicas antirracistas e de reparação histórica.

Os estudos decoloniais não se limitam a denúncia – extremamente pertinente, diga-se de passagem – das estruturas coloniais que ainda regem as sociedades americanas – e mundiais. Tais estudos frisam a necessidade de que as bases da Colonialidade sejam desconstruídas nos mais variados âmbitos de nossa vida social, para que, assim, possamos construir dinâmicas sociais que não tenham o racismo como seu principal substrato. É justamente nesse sentido que foi frisada neste artigo a campanha "Liberte Nosso Sagrado". Tal campanha representa um diálogo entre a sociedade civil e a academia no sentido de ressignificar e desconstruir o imaginário construído pela Colonialidade em relação às religiões afro-brasileiras.

Torna-se importante destacar que a campanha "Liberte Nosso Sagrado" – exposta acima – conquistou seus objetivos em finais de 2020. E, em plena Pandemia, os objetos sagrados das religiões afro-brasileiras aprendidos e aprisionados pela Polícia Civil foram finalmente libertados. Atualmente, tais peças compõem o acervo oficialmente intitulado "Nosso Sagrado". O acervo encontra-se na reserva técnica do Museu da República onde tem recebido os devidos cuidados por uma rede de pesquisadores do axé e por técnicos em restauração e preservação. O "Nosso Sagrado" tem sido organizado e elaborado através de uma proposta colaborativa, onde pesquisadores e lideranças religiosas têm pensado conjuntamente em estratégias e direcionamentos. Assim, a intenção é que alguns objetos sagrados estejam em breve compondo a exposição permanente do Museu.

Essa inserção das religiões afro-brasileiras no Brasil, apresentado por um museu que comemora uma república que atuou de maneira racista, é idealizado como uma forma de ressignificar o passado e demarcar a Memória do povo de axé. A intenção é apresentar a repressão policial enquanto uma parte do todo complexo que as religiões afro-brasileiras representam em nossa sociedade e na nossa História. Assim, o corpo de pesquisadores ligado ao "Nosso Sagrado" tem se lançando avidamente na busca por fontes históricas – tais como notícias de periódicos e processos criminais – que possam historicizar as religiões afro-brasileiras. Assim, a construção do "Nosso Sagrado" consiste em uma importante iniciativa que marca a luta da população negra para que sua história e suas raízes socioculturais sejam contadas. E contadas sem estarem associadas, apenas, ao contexto escravista.

O Coletivo Negro de Historiadores Tereza de Benguela está profundamente comprometido nesse movimento de propor um pensamento e um olhar decolonial sobre a história brasileira. Nesse sentido, a "Galeria de Racistas" emerge como um ponto de questionamento e desconstrução sobre o nosso passado e referências enquanto sociedade. Ao expor que muitos dos nossos "heróis" tiveram sangue nas mãos e, possivelmente, aterrorizaram, pilharam, escravizaram, violentaram e mataram indivíduos negros e indígenas pressionamos para que nossas narrativas não sejam omitidas e também edifiquem lugares simbólicos e comemorativos.

O historiador Jacques Le Goff (1990) nos atenta para o fato de que a Memória é um instrumento, uma ferramenta de poder. Nesse sentido, parece nítido que neste momento disputas e conflitos que envolvem a Memória estão em curso. Dessa forma, pode-se dizer que as ações e reflexões do Coletivo – principalmente através da Galeria de Racistas – assim como a constituição do acervo "Nosso Sagrado" representam uma mobilização na direção de uma ruptura com uma perspectiva excludente de História e, igualmente, de Memória. Assim como também representam iniciativas que abrem portas e possibilidades para que as memórias subalternizadas e silenciadas do povo negro sejam trazidas à tona e, consequentemente, discutidas, debatidas, conhecidas e apropriadas por nossa sociedade.

Esse movimento de enegrecer a nossa História é essencial e urgente, pois, em última instância, fortalece a diversidade social e cultural de nosso País. Mas ele também traz impactos significativos na população negra brasileira. As lutas destacadas aqui neste artigo permitem que a população negra brasileira se perceba a partir de suas próprias narrativas, suas próprias visões de mundo, percepções e saberes. Elas também permitem que a população negra brasileira conheça e aprofunde a respeito de suas origens e raízes, se familiarizando, igualmente, sobre a trajetória daqueles que vieram antes de nós, da nossa ancestralidade. Por fim, tais movimentos são fruto e reflexo de um contexto no qual a população negra brasileira vem se apropriando de sua História, vem articulando suas memórias, em um fluxo de reexistência e luta que não permite mais que sejamos alijados de nós mesmos e que nos identifiquemos com quem nos oprime.

REFERÊNCIAS

ALMEIDA, Silvio Luiz de. **Racismo estrutural**. São Paulo: Sueli Carneiro; Pólen, 2019.

BALLESTRIN, Luciana. América Latina e o giro decolonial. **Revista Brasileira de Ciência Polícia**, n. 11, ago. 2013.

BENTO, Maria Aparecida. Branqueamento e Branquitude no Brasil. *In*: BENTO, Maria Aparecida; CARONE, Iray (org.). **Psicologia social do racismo**: estudos sobre branquitude e branqueamento no Brasil. Petrópolis, RJ: Vozes, 2002.

COLETIVO NEGRO DE HISTORIADORES TEREZA DE BENGUELA. **Corpos conscientes**: Ressignificando os monumentos e fortalecendo os sentidos. Novembro, 2020.

FANON, Frantz. **Pele negra, máscaras brancas**. Salvador: EDUFBA, 2008.

GOMES, Nilma Lino. Alguns termos e conceitos presentes no debate sobre relações raciais no Brasil: uma breve discussão; GOMES, Nilma Lino. O movimento negro e educação. Ressignificando e politizando a raça. **Educ. Soc.**, Campinas, v. 33, n. 120, p. 727-744, jul./set. 2012.

GROSFOGUEL, Ramón. Para descolonizar os estudos de economia política e os estudos pós-coloniais: transmodernidade, pensamento de fronteira e colonialidade global. **Revista Crítica de Ciências Sociais**, n. 80.

GRUPO DE ESTUDIOS SOBRE COLONIALIDAD. Estudios Decoloniales: un panorama general. **Revista KULA**, n. 6, abr.2012.

HALBWACHS, Maurice. **Memória Coletiva**. São Paulo, SP: Editora Revista dos Tribunais LTDA, 1990.

LE GOFF, Jacques. **História e Memória**. Campinas, SP: Editora da Unicamp, 1990.

LUGONES, Maria. Rumo a um feminismo descolonial. **Revista de Estudos Feministas**, 2014.

NOGUEIRA, Sidnei. **Intolerância religiosa** [livro eletrônico]. São Paulo: Sueli Carneiro; Pólen, 2020.

QUIJANO, Aníbal. O que é esta tal de raça? *In*: SANTOS, Renato Emerson dos (org.). **Diversidade, espaço e relações étnico-raciais**: o negro na geografia do Brasil. Belo Horizonte: Autêntica, 2007.

TRINDADE, Azoilda Loretto. **A formação da imagem da mulher negra na mídia** [Tese de Doutorado]. Rio de Janeiro: UFRJ/ECO, 2005.

MUSEUS:
breves observações sobre os espaços excludentes

Cristiane Soares de Lima[82]

> *Eu começo com a minha vida pessoal. Eu presto atenção aos meus sentimentos físicos, pensamentos e emoções. Eu uso o que eu chamo de introspecção sociológica sistemática e recordação emocional para tentar entender uma experiência que eu vivi. Então, eu escrevo minha experiência como uma história* (BOCHNER; ELLIS, 2000).

A evolução do conceito museológico está vinculada a um processo histórico, como resultado da mentalidade de uma época; e no fim do século XIX, acompanhando os progressos das ciências em geral, e subordinando-se a elas, os Museus se especializam tomando um novo caráter, sem, contudo, deixarem de ser conservatórios das mais altas formas do patrimônio cultural da humanidade (SANTOS, 2007).

Essa breve contextualização, busca explicar a gênese das instituições museológicas na antiguidade, e de que forma ocorreu a criação dos museus no Brasil, a partir do século XIX. Assim, o objetivo principal deste artigo é, a partir do olhar direcionado para as instituições museológicas, jogar luz sobre as contradições sociais e raciais oportunamente imperceptíveis que permeiam nossa sociedade, trazendo para a discussão questões como raça, grupos sociais e as ocupações desses espaços.

Para tais análises, faremos uso da metodologia de análise conhecida como autoetnografia, além de discussões especializadas nas temáticas que envolvem lugares de memórias, espaços culturais, museus e racismos.

Sobre autoetnografia utilizamos o sociólogo Santos (2007) para definir tal conceito. Segundo o pesquisador, "autoetnografia" vem do grego: *auto* (*self* = "em si mesmo"), *ethnos* (nação = no sentido de "um povo ou grupo de pertencimento") e *grapho* (escrever = "a forma de construção da escrita"). Assim, para Santos, já na mera pesquisa da sua origem, a palavra nos remete a um tipo de fazer específico por sua forma de proceder, ou seja, refere-se à maneira de construir um relato ("escrever"), sobre um grupo de pertença ("um povo"), a partir de "si mesmo" (da ótica daquele que escreve).

---

[82] Cristiane Soares de Lima é historiadora e pedagoga e é pós-graduada em Pedagogia Empresarial (UCAM).

Santos destaca que, a grosso modo, podemos dizer que a autoetnografia é um método que se sustenta e se equilibra em um "modelo triádico" baseado em três orientações: a primeira seria uma orientação metodológica – cuja base é etnográfica e analítica; a segunda, por uma orientação cultural – cuja base é a interpretação: a) dos fatores vividos (a partir da memória), b) do aspecto relacional entre o pesquisador e os sujeitos (e objetos) da pesquisa e c) dos fenômenos sociais investigados; e por último, a orientação do conteúdo – cuja base é a autobiografia aliada a um caráter reflexivo.

Para Santos (2007), isso evidencia que a reflexividade assume um papel muito importante no modelo de investigação autoetnográfico, haja vista que a reflexividade impõe a constante conscientização, avaliação e reavaliação feita pelo pesquisador da sua própria contribuição/influência/forma da pesquisa intersubjetiva e os resultados consequentes da sua investigação.

Buscando alinhar os estudos e questionamentos que as ciências humanas nos suscitam com a minha vivencia enquanto educadora, oriunda do subúrbio carioca, periférica e negra, que tem a vida entrelaçada a esses espaços museológicos. Lugares estes que aguçou meus sentidos para perceber a ínfima, quando não nula, presença de pessoas negras desfrutando desses espaços com suas famílias. E, em contrapartida, dentro do mesmo ambiente, me deparei com a maciça presença de pessoas negras nos postos de trabalho subalternos, considerados de menor prestígio social.

Minha trajetória como educadora, começa em 2012, quando iniciei na função de monitora no Palácio Tiradentes na sede ALERJ (Assembleia Legislativa do Estado do Rio de Janeiro) e permaneci por dois anos. Posteriormente trabalhei como mediadora em exposições em outros espaços, também da cidade do Rio de Janeiro. Em 2015, atuei no Centro Cultural dos Correios e em 2016 na primeira exposição temporária do Museu do Amanhã. Nesta última, cheguei a ingressar no cargo de supervisora, também responsável pelas exposições temporárias.

Uma das minhas atribuições nessas ocupações laborais, em maior ou menor grau, era lidar diretamente com o público. O público se dividia em: grupos agendados, em sua maioria escolas públicas e privadas, ou público espontâneo em geral, visitantes cotidianos e turistas. O que afinou ainda mais meu discernimento para alguns comportamentos e agregou muito ao meu capital social.

Em meu primeiro trabalho de monitoria – ALERJ – majoritariamente recebíamos grupos de jovens e adolescentes das escolas públicas da rede estadual e da rede municipal do Rio de Janeiro, consequentemente, oriundos das classes populares e em grande maioria composta de estudantes negros. No decorrer dessa ocupação fui me apropriando e entendendo alguns aspectos acerca das ações e práticas nas instituições museais. O turismo pedagógico[83] foi um deles, possibilitando que a aprendizagem seja possível, fora do ambiente escolar tradicional.

O centro da cidade do Rio de Janeiro, por sua vez, é o lugar de maior relevância cultural por reunir uma grande gama de museus, centros culturais, teatros e lugares que contam parte da história nacional, podemos entender como fica deficitária a experimentação cultural na vida desses grupos sociais. Uma vez que a possibilidade desse contato cultural, amplia horizontes e abre novas possibilidades na construção e formação do indivíduo. Além disso, no processo de ensino-aprendizagem, os alunos muitas vezes necessitam de novas realidades de exploração (SCREMIM; JUNQUEIRA, 2012).

Em vários momentos da minha atividade laboral constatei como os museus e centros culturais exerciam uma espécie de fascínio e intimidação nos alunos por ser uma construção imponente com uma arquitetura rebuscada e cheia de significados condizentes com a época de sua construção, nas primeiras décadas do século XX, a que eles não estavam acostumados. Não foram poucas às vezes que fui perguntada por estudantes se ali havia morado reis ou rainhas.

Assim, partindo dessa metodologia de análise, buscamos corresponder a hipótese de que, mesmo com incentivos culturais, de valorização da cultura negra, leis de estímulo a incorporação das populações subalternas e dos povos tradicionais nos espaços de ensino, os importantes centros do Brasil ainda repercutem os racismos em seus espaços culturais, à exemplo da cidade do Rio de Janeiro.

Concluímos nesse primeiro contato com o trabalho que a, assim como a realidade escolar no Brasil, os espaços de memória também evidenciam o hiato sem proporções entre os alunos da rede pública e alunos das escolas particulares. Algumas dessas, formadoras de homens e mulheres com relevância e autoridade na sociedade brasileira há séculos. Afim de refletirmos sobre a construção do que entendemos como museu e como estes espaços se relacionam com o contexto social na qual estão inseridos, faz-se necessário refletir brevemente sobre sua a formação histórica.

Gênese dos museus e suas trajetórias de exclusão

Para melhor compreensão da construção do que é um museu e sua constituição ao longo do tempo, inicio o presente artigo realizando um breve retrospecto das instituições museais no Ocidente, desde sua criação até os dias

---

83 O turismo pedagógico, por envolver o indivíduo com o ambiente físico, geográfico ou ecológico, é um método facilitador para processo de ensino aprendizagem, sendo um estímulo para o aprendiz (SCREMIM; JUNQUEIRA, 2012).

atuais, o entendimento do que são, e as definições dessas instituições que se mostraram diversas ao longo do tempo.

Segundo dicionário Aurélio (FERREIRA, 2010), "museu" significa lugar destinado ao estudo, reunião e exposição de obras de arte, de peças e coleções científicas, ou de objetos antigos etc. De acordo com o senso comum, a Grécia antiga foi o local de surgimento dos *"mouseion"*. Podemos encontrar a origem etimológica da palavra Museu na cultura entendida como *"mouseion"*, que significava local de altar das musas e no decorrer do tempo passou a designar o lugar onde são guardados e expostos a artefatos de Artes e História.

A arqueóloga e professora Marlene Suano (1986), seus estudos, amplia o olhar em relação ao entendimento desses locais em outras partes do mundo, e as diferentes características que são pertinentes a essas instituições. A pesquisadora parte da origem da palavra para dar início ao fio condutor que atravessa a antiguidade e busca trazer luz aos outros povos e seus entendimentos do que eram essas instituições. Assim, é possível entendermos que há uma espécie de "espinha dorsal" comum a todos os museus.

Segundo a mitologia grega, Zeus teve ao todo 12 filhas que ficavam em um lar chamado *Mouseion,* "casa das musas". Junto com elas morava a Mnemosine, deusa da memória como também da lembrança. As musas possuíam diversos dons como a dança, música, criatividade etc. eram essas habilidades que ajudavam aos homens a esquecerem seus problemas. E nesses espaços, podiam se dedicar às artes e às ciências.

Já Mnemosine é descendente de Urano, deus do céu, e Gaia, deusa da terra. A titânia era filha de uma primeira geração divina, geração surgida no tempo original onde ficaria o pretérito mais longínquo e que teria sido a geração de todos nós. A palavra *"mnemônico"* se relaciona à memória, à lembrança: à Mnemosine. Segundo o mito, foi esta deusa quem descobriu o poder da memória, nomeando vários objetos e criando conceitos para que os mortais conversassem sem brigar e pudessem se entender. Portanto é também considerada "como aquela que tudo sabe e tudo lembra, sendo a criadora da linguagem" (SUANO, 1984).

Segundo a mitologia grega, o templo das musas era localizado sobre o Monte Hélicon, e era frequentado por poetas, filósofos, astrônomos, entre outros estudiosos em busca de inspiração. Em muitos casos, essas buscas eram seguidas de presentes para as musas, objetos de todo tipo. Era uma mistura de templo e instituição de pesquisa destinada ao conhecimento filosófico. Havia exposições de artes e objetos dentro do museu, porém eram mais com uma finalidade de agradar as divindades do que para a contemplação humana.

Entretanto, no Egito antigo, o *mouseion* indicava uma perspectiva muito mais ampla e que abarcava diversos saberes e interesses em praticamente todas as áreas da vida humana. Eram inúmeras as vertentes, desde a astronomia, passando por pedras, minérios, estátuas, obras de arte, peles de animais raros, entre outros.

> Durante a dinastia dos Ptolomeus, no Egito do século II antes de Cristo, a principal preocupação do *mouseion* de Alexandria era ensinar e discutir todo o saber enciclopédico existente na época, nos campos da religião, mitologia, astronomia, filosofia, medicina, zoologia, geografia, entre outros. O Museu possuía, além de estátuas e obras de arte, instrumentos cirúrgicos e astronômicos, peles de animais raros, presas de elefantes, pedras e minérios trazidos de terras distantes, etc. (MUSEUS EM FOCO, 2016)[84].

Os egípcios evidenciam como o colecionismo persiste como uma importante interface dos museus, e está imbricado com a história da humanidade, podendo elucidar aspectos do tempo social e do Homem que a coletou. Conta as histórias de sobrevivência e devoções. Através dos pesquisadores se consolida num importante objeto de estudo, capaz de criar uma linha de raciocínio que nos permite acompanhar a transição da materialidade dos artefatos, para os valores agregados a essas peças.

Os romanos também foram expressivos colecionadores na Antiguidade Clássica, muitas de suas coleções se formaram a partir dos espólios de guerra e suas exibições fortalecem a imagem de poder do Império Romano frente as batalhas e os inimigos derrotados. Neste contexto era permitido ao público ter acesso através da visitação tanto das coleções públicas e particulares. Com isso, outros imperadores romanos foram incentivados a fazer o mesmo, instituindo um ambiente em que o gosto por essas obras e artefatos estava atrelado a valores como: "fineza, educação e bom gosto" (SUANO, 1986).

Na Idade Média (476-1453), a Igreja católica exerce grande influência de força anímica no mundo. O Cristianismo católico conseguiu difundir a ideia de que era necessário "o despojamento pessoal, o desprendimento dos bens materiais supérfluos" (SUANO, 1986). A disseminação desses valores foi vantajosa para a instituição sob diversos pontos de vista, pois quando se tornou a autoridade espiritual mais respeitada da época, passou a ser a maior receptora dos bens – entre eles tesouros, que nesse tempo exerciam seu fascínio também pela sua intocabilidade (SUANO, 1896). O crescimento da riqueza eclesiástica, aumentou sua influência política. Os dois tornaram a Igreja uma potência capaz de atacar seus inimigos e firmar alianças.

Ao final da Idade Média, período conhecido como Baixa Idade Média, com a influência de príncipes, o processo de concentração política e a emergência do absolutismo como novo sistema político ganharam espaço os tesouros

---

84 YouTube. MUSEUS EM FOCO. No começo havia "Mouseion". 2016. Disponível em: https://medium.com/museus-e-museologia/no-come%C3%A7o-havia-mouseion-9491b931c480. Acesso em: jul. 2023.

privados (SUANO, 1986). Uma das primeiras e mais importantes que se tem notícias é a notável coleção do inglês Duque de Berry (1340-1416) distribuídas em seus dezessete castelos e compostas de tesouros, relíquias, manuscritos e pedras preciosas, entre outros. Jean de Berry que foi filho, irmão e tio de soberanos franceses, é considerado um dos maiores mecenas de sua época, conhecido como "O príncipe dos bibliófilos", e sua corte é considerada uma das mais luxuosas do século XIV.

O museólogo **Jonei Bauer** (2014) destaca que na metade do Século XVIII surgiram as primeiras coleções públicas, onde várias coleções privadas passaram às mãos dos Estados. O governo francês começou a admitir que o público visitasse uma coleção de aproximadamente 100 quadros expostos nos **Palácio de Luxemburgo**, em Paris. Gradativamente, entre os séculos XVIII e XIX os **Gabinetes de Curiosidades** foram desaparecendo, sendo substituídos por instituições oficiais e coleções privadas. Os objetos que eram considerados mais interessantes foram transferidos para museus de artes e de história natural que começavam a ser fundados, viabilizando o acesso do público às coleções, anteriormente reservadas a poucos, e marcando o surgimento dos grandes museus nacionais.

O muscu moderno adquiriu distintas funções, além de colecionar. Além de reconhecer e ordená-las, o museu moderno visava a sua classificação, manutenção e restauração. Também promovia pesquisas. Os museus modernos deixavam de ser exclusivas exposições para obras de artes, históricas ou científicas. Passaram a ser instituições que organizam exposições especiais e monográficas, além de desenvolverem atividades relacionadas com o que se expõe. Mesmo assim, durante esse período os museus ainda contavam com bibliotecas e centros de investigação (BAUER, 2014).

No final do século XX e início do século XXI, o mundo experimentou uma síndrome de museus. Museus começaram a surgir em todos os países de forma assustadora. De acordo com os dados do IBRAM, no Brasil existem por volta de 3 mil museus, com esse número sempre crescendo. Porém, mesmo que seja algo muito comum em nossa sociedade, os museus são ainda pouco compreendidos pela grande parte da população, especialmente no Brasil, e muito pouco frequentados, em comparação com os países europeus (MUSEUS EM FOCO, 2016).

Autoetnografia

No exercício desse trabalho, ao longo de todos esses anos, vivi inúmeras situações de escuta, aprendizado, trocas culturais, percepções sociais e alguns casos de racismo. Sabemos como propositalmente é difícil no Brasil tratarmos do tema ou comprovarmos juridicamente as violências raciais cotidianas.

Como diz o professor Kabengele Munanga: "o racismo no Brasil é um crime perfeito" (RAMOS; FARIA, 2009). Uma vez que aqui ninguém se assume como tal e toda uma engrenagem social que, por anos, fomentou a falácia de que vivíamos na chamada "Democracia racial" (FERREIRA, 2018). E fomos tragados por esse mito inverossímil e danoso. O que não impede que alguma das muitas facetas dele, se apresente diariamente nos grandes ou pequenos atos.

O surgimento dos museus no Brasil está atrelado à colonização. Como aponta Maria Célia Santos (2007), os museus no país foram criados a partir da chegada da família real portuguesa no início do século XIX e pouco diferiam das instituições europeias, valorizando exposições compostas por objetos de arte oriundos das classes dominantes, atendendo ao público visitante composto pela corte portuguesa. Para a Museóloga:

> Os museus que surgem no final do século XIX, como o Museu da Marinha, o Museu do Exército, o Museu Paraense Emílio Goeldi, o Museu Paranaense, o Museu Paulista e os Museus dos Institutos Geográfico e Histórico de Pernambuco e da Bahia têm suas coleções formadas por plantas e animais (preservação do exótico), e objetos de arte e históricos, funcionando como depósitos de peças que satisfaziam à curiosidade de alguns poucos visitantes da classe letrada e a um reduzido número de pesquisadores, descomprometidos com as mudanças que já começam a surgir na sociedade brasileira (SANTOS, 1994, p. 47).

Sem essas iniciativas, a grande maioria dos alunos da rede pública de ensino, principalmente os oriundos do interior, não teriam acesso a espaços culturais e museais importantes. A questão social, se evidenciava em múltiplas facetas. A maior parte dos alunos revelava nunca ter estado antes no Centro da capital fluminense.

Partindo destas reflexões peço licença para me aprofundar de forma um pouco mais autoral nas vivências, experiências e observações pessoais ao longo desses dez anos em que trabalhei em museus. Mas para isso, abro trazendo para reflexão uma visão pertinente do multiculturalista Stuart Hall (2006):

> [...] como as imagens que vemos constantemente a nossa volta nos ajudam a entender como funciona o mundo em que vivemos, como essas imagens apresentam realidades, valores, identidades, e o que podem acarretar, isto é, quem ganha e quem perde com elas, quem ascende, quem descende, quem é incluído e quem é excluído, como fica a situação particular dos negros nesse processo (HALL, 2006, p. 126).

O autor disserta sobre "a produção de uma ampla reserva de imaginários culturais". De fato, ao olharmos para a realidade brasileira, as exclusões sociais se fazem presente também nos espaços oficiais divulgadores de cultura. Há um ensaio contínuo de democracia racial, mas ao olharmos de perto e sem muito esforço, os papéis ainda são bem delimitados. O Brasil resistiu o quanto pôde a abolir a escravidão e ainda que o tenha feito a somente 135 anos, as mudanças ainda são tímidas e pouco visíveis. As reminiscências do período escravocrata, como o racismo, fazem-se presentes e os museus são espaços produção de racismo.

Ainda falando dos museus e dos lugares que ocupamos, o que sempre me chamou atenção, em momentos de descontração ou trabalho, muito antes das "ondas antirracistas" que vemos hoje, foram as políticas públicas com o critério racial, como as reservas de vagas para candidatos negros nas universidades, a partir de 2003[85]. Sempre refletia sobre o quantitativo de pessoas como eu, negras, ocupavam determinados espaço, e, quanto estavam, quais funções desempenhavam. Mas aqui, vou me ater ao campo profissional onde essa percepção se intensificou.

Embora a configuração seja, na imensa maioria dos casos, a mesma, algumas coisas chamam mais a atenção. Um dos museus que trabalhei no Rio de Janeiro, tem importante relevância histórica e conta parte considerável da História do Brasil. Mas ao que parece, a reprodução da História, não ocorria só com relação ao acervo.

Em 2016, durante o tempo em que trabalhei lá, notei que a recepção principal era toda formada por mulheres brancas. Esse museu tinha uma escada logo na entrada. Embaixo da escada, um pouco escondido, e próximo ao banheiro, havia um guarda volumes. Nele, todas as moças que trabalhavam eram negras. Essa divisão laboral calcada no critério de raça de quem recebia na porta de entrada em quem estava em outros espaços evidenciam para mim o racismo.

Em outra situação, já num grande e moderno museu da cidade, a parte administrativa, era uma sala imensa, com cerca de trinta funcionários ao menos. Quando cheguei, havia apenas uma mulher negra, sua mesa era bem no centro da sala, e aquilo sempre me chamava atenção, não tinha como não notar essa questão. Durante as exposições temporárias em que estive neste museu, acredito ter visto somente mais duas pessoas negras trabalhando nesse

---

85 O Vestibular 2004 da Universidade do Estado do Rio de Janeiro (UERJ), primeira do país a adotar um sistema de cotas, já reservava vagas para estudantes de escolas públicas fluminenses, negros e pardos. Depois da UERJ, foi a vez da Universidade de Brasília (UnB) implantar uma política de ações afirmativas para negros em seu vestibular de 2004, em meio a muita discussão e dúvidas dos próprios vestibulandos. A instituição foi a primeira federal a implantar cotas e a primeira do Brasil a utilizar o sistema de cotas raciais. Logo depois da UnB, várias outras universidades federais passaram a reservar vagas para estudantes de escolas públicas e candidatos negros, pardos e indígenas. No entanto, não existia uma padronização e cada instituição definia seu critério. Por conta disso, iniciaram discussões sobre a criação de uma lei federal de cotas. Disponível em: https://vestibular.mundoeducacao.uol.com.br/cotas/historia-sistema-cotas-no-brasil. htm#:~:text=Um%20ano%20depois%2C%20uma%20nova,foram%20substitu%C3%ADdas%20pela%20 legisla%C3%A7%C3%A3o%20vigente. Acesso em: jun. 2023

espaço específico. Em contrapartida, a área de serviços braçais, menos valorizados e mais precarizadas, como limpeza e segurança, eram majoritariamente compostas por mulheres e homens negros.

Trago essas observações que embora de cunho pessoal, mas estão ao alcance de todas as pessoas que se propuserem ao simples exercício de observação em qualquer esfera ao longo da nossa existência. Quantos professores universitários tivemos, quantos médicos negros nos consultamos durante a vida? No âmbito da mídia, nos mais de 70 anos da televisão brasileira, quantos apresentadoras em programas diários ou programas em que pessoas negras experimentam mundo viajando, trabalhando e aproveitando a vida? E um dos questionamentos que julgo mais emblemáticos, durante os mais de quinze ou vinte anos em que passamos sentados nos bancos escolares, quantos autores negros foram lidos por nós? Pessoas negras não produzem conhecimento acadêmico?

Escolhi questionamentos extremamente simples, por entender que para qualquer pessoa, de qualquer camada social e grau de instrução essa reflexão e constatação é possível. O que escancara a violenta disparidade racial, onde majoritariamente, pessoas negras ocupam profissões subalternas e de menor relevância social.

Conforme nos traz Pacheco (2015), em seu texto sobre "racismo cordial":

> A democracia racial se mitifica por exaltar a idéia de convivência harmoniosa entre os indivíduos de todas as camadas sociais e grupos étnicos, o que permite às elites dominantes dissimular as desigualdades e impedindo os membros das comunidades não-brancas de terem consciência dos sutis mecanismos de exclusão da qual são vítimas. Encobre os conflitos raciais, já que somos homogêneos enquanto identidade nacional, tirando das classes subalternas a possibilidade da tomada de consciência de suas características culturais que teriam contribuído para a construção e expressão de uma identidade própria (PACHECO, 2015).

A citação apresentada anteriormente e os relatos a seguir, são uma junção perfeita do que ocorre na sociedade. Esse fato aconteceu dentro de um espectro muito comum no Brasil. De modo sutil, onde o racismo não pode ser apontado de forma evidente.

Relato de campo

O relato a seguir, ocorreu em um museu expressivo para a cidade e que se pretende inovador. Importante pontuar que esse fato aconteceu em um domingo, e com o tempo, passei a compreender que os dias da semana tinham grandes chances de indicar o tipo de conflito que poderíamos enfrentar. Aos domingos, o público pagante em geral tinha maior poder aquisitivo. A probabilidade de famílias de baixa renda arcarem com gastos como transporte, ingresso, nesses dias, era um pouco menor.

Esta exposição em questão, estava disposta da seguinte forma. Havia uma obra no espaço, com regras estabelecidas e expostas a vista de todos, monitores no local para atender o público e sanar dúvidas e oferecendo outras atividades. Para acessar a obra, era preciso participar de um sorteio através de um *tablet* dentro da exposição e cada visitante só poderia tentar uma única vez.

Era o meu primeiro domingo da exposição, uma criança tentou o sorteio e não conseguiu, começou a chorar. O pai imediatamente, perguntou quem era o responsável a um dos monitores, e ele prontamente me chamou. Expliquei as regras e ele já me respondeu que aquilo era um absurdo e que "não se frustra uma criança". Respondi que entendia, mas que eram as regras. Durante esse diálogo, eu percebia que ele além de me ouvir muito a contragosto, não me olhava. Após esse diálogo, ele foi embora e acreditei que o assunto havia terminado.

Algumas horas depois, um funcionário da parte administrativa do museu apareceu e tocou no meu ombro, eu me virei e ao lado dele estava o pai da criança que obteve insucesso no sorteio. O funcionário, educadamente, me explica que o pai foi até a administração falar com ele que a criança não havia conseguido ir na obra e me perguntou se eu não poderia permitir que a criança fosse para que "o pai não saísse com uma impressão ruim do museu". Eu levei um tempo para processar a situação. Respondi que ia ligar para a minha coordenadora para consultá-la. Expliquei o ocorrido e ela disse que a decisão era inteiramente minha. Que as regras estavam estabelecidas e escritas para todos verem e não havia motivo para que o funcionário tivesse ido falar comigo. Me dirigi a eles mais uma vez e os comuniquei que realmente não seria possível.

O visitante irritado, mais uma vez sem me olhar, se dirigiu ao outro homem e disse que enviaria um e-mail à instituição informando o ocorrido. Esse fato me suscitou algumas reflexões e questionamentos. Para melhor desenvolvê-los, trago a socióloga Lélia Gonzalez (1982), e seus estudos diante dos arquétipos das mulheres negras no Brasil colônia e que residem no imaginário social referente às mulheres negras, onde é possível traçar um paralelo com essa situação por mim vivida.

A socióloga Lélia Gonzalez (1982) nos fala sobre três estereótipos clássicos atribuídos às mulheres negras que têm sua gênese no período colonial e na escravidão, mas que permanecem vivos na contemporaneidade. São estereótipos: a figura da mulata, da doméstica e da mãe preta. E sabemos que infelizmente ainda hoje, são imaginários muito presentes na sociedade.

Para o caso acima, destacarei a figura da "mãe preta", que segundo a autora, é aquela figura feminina negra que a sociedade branca, a classe média espera que em troca das inúmeras formas de violência e opressão a que somos submetidas, sejamos passivas e resignadas diante deste poder constituído.

Dessa forma para o visitante branco e de classe média na situação revelada eu não era uma profissional, mas principalmente, não seria eu a profissional (uma mulher negra), com a capacidade de frustrar suas expectativas, (um homem branco). Ainda que eu só estivesse seguindo as regras do espaço. Quando a fala dele não foi suficiente. Ele foi buscar validação de alguém similar a ele (outro homem branco ou mulher branca). Acreditando que este estivesse acima de mim profissionalmente e fosse capaz de me pressionar para solução que o beneficiasse.

Conflitos raciais, também são parte das instituições. Essa situação citada acima que espelha também o conflito racial, é tratada pelo pensador Silvio de Almeida (2018). Para ele, as desigualdades raciais estão presentes na nossa realidade social de forma hegemônica, onde determinados grupos raciais detentores do poder, se valem dos mecanismos institucionais para impor seus interesses políticos e econômicos. Assim, os mesmos conflitos existentes na sociedade, são travados nos ambientes institucionais.

Outro questionamento foi, se fosse um homem (negro), oriundo da classe popular com sua criança, esse funcionário, estaria preocupado com a "impressão" deste homem acerca da instituição museal? Ele deixaria seus afazeres para me fazer o mesmo pedido, da mesma forma?

> A desqualificação do outro como prática da intolerância na relação social no trabalho configura um modo de violência que intenta humilhar o sujeito e reduzi-lo a uma condição sub-humana, atacando-o em sua estética e identidade. O racismo e a violência simbólica contra os negros na esfera do trabalho levam-nos a internalizar um sentimento de inferioridade, que fortalece as situações de segregação e desigualdade laboral (ALMEIDA, 2018).

É óbvio, que em todo o desenrolar dessa história, houve racismo. A pessoa que estava supervisionando o sorteio, também era uma mulher negra, ele quis falar com alguém acima dela, que era eu. O visitante arrumou uma forma para que um outro funcionário, branco, viesse falar comigo provavelmente acreditando que ele exerceria algum tipo de pressão laboral ou mesmo assédio, onde finalmente os interesses dele pudessem ser atendidos. Lembrando mais uma vez que havia regras e que elas estavam fixadas no local, a fim de que todos pudessem ter a chance de participar de forma democrática.

Em outra situação, dentro do mesmo espaço, também em um dia de visitantes pagantes. Uma mulher branca que igualmente não aceitou o fato de sua criança não ter sido sorteada, começa a brigar, apertar insistentemente o *tablet* do sorteio e gritar dizendo que aquilo era uma "palhaçada" e que ela ia mostrar para todo mundo.

Todas as atenções se voltaram para o local. Fui conversar com ela, perguntei seu nome, tentei explicar em tom baixo e de forma moderada. Ela seguiu gritando, gesticulando de forma agressiva. Retirei o *tablet* de suas mãos, me afastei e ela saiu gritando dizendo que ia procurar os responsáveis. Em poucos minutos, fui procurada por dois funcionários do museu, um deles se apresentando como advogado, me perguntaram o que havia acontecido, pois a mulher estava na recepção bastante exaltada. Expliquei o acontecido. Eles ouviram e disseram que iriam dar a ela dois ingressos e mais algum brinde – que não me recordo – para que ela não saísse com uma "impressão ruim do museu".

Obviamente, e mais uma vez, sabemos a cor de quem reclamou e saiu com brindes, e a de quem veio falar comigo e decidiu prestigiar um comportamento arbitrário e desrespeitoso. Em resumo, todas as situações nesse sentido, comigo ou com alguém da minha equipe – majoritariamente negra – não era crível e aceitável, que a palavra final viesse de mim.

Faço aqui uma observação no mínimo intrigante, em um dos museus mais famosos na cidade do Rio de Janeiro, ao menos em dois episódios de evidente desrespeito não só aos educadores como ao local, a instituição não só acolheu, como premiou pessoas com comportamentos racistas. Uma, recebeu convites para um retorno, o outro, recebeu a atenção de um funcionário a ponto deste se dispor a sair do seu posto e tentar resolver uma questão que já estava resolvida. Onde o descompasso, era o visitante não aceitar a resposta vinda de mim ou da minha equipe. Neste caso, duas pessoas negras.

Esses acontecimentos tornaram mais robustas minha percepção ao lidar com o público. Nessas duas situações relatadas há uma atenção desmedida e cuidadosa para com visitantes brancos, mesmo que suas reclamações não tivessem nenhuma razoabilidade ou mesmo fossem justas. E em segundo há em ambos os casos uma deslegitimação dos funcionários negros, justamente por serem concebidos pelos visitantes brancos como não capazes de exercer uma função importante. É o imaginário social cunhado em racismo que estabelece que pessoas negras não são condizentes com determinadas profissões ou cargos hierárquicos.

São pontos valiosos para quem precisa analisar comportamentos, ações e práticas a partir dos marcadores de raça e classe, o qual pude realizar nos anos em que trabalhei nessas instituições. Esse período serviu para uma compreensão das ações, das falas e principalmente do que dizem os silêncios.

Considerações finais

Ao acompanharmos o surgimento e a trajetória dos museus, observamos que desde o início, estes espaços foram criados pensando em acolher e agradar as elites. Locais que possibilitaram a um grupo social, descanso imerso em grandes referências e apreciação de arte, beleza e cultura.

Ainda que mudanças de várias ordens tenham ocorrido com o avanço do tempo e das civilizações, permaneceu inalterado, por séculos, a exclusão das classes mais pobres a estes espaços. Que desde o início foi criado e pensado para apreciação exclusiva da elite.

No Brasil não foi diferente, foram as elites brasileiras que formaram o acervo do Museu Histórico Nacional (MHN) em 1922. O que legitimou esse espaço, como um narrador da história oficial. Porém, "história oficial" é sinônimo de uma construção das classes sociais que detém o poder e os meios de comunicação (PRESTES, 2010). Logo, exclui-se praticamente toda a participação e manifestações culturais populares. A primeira tentativa de incluir outras manifestações artísticas, veio com Mario de Andrade à frente do SPHAN, onde tentou abarcar as culturas populares em seu projeto de 1936, com pontos que preconizavam igual atenção tanto às manifestações eruditas, quanto às populares e imateriais da nossa cultura. No entanto, o Decreto-Lei Nº 25, de 30 de novembro de 1937 deixou esses e outros pontos importantes de fora e mais uma vez privilegiou uma visão histórica alicerçada em "grandes feitos" e "grandes figuras" (PIRES; COLOMBO JUNIOR, 2022).

Concordamos com Bauer (2014) quando este afirma que é através da história dos museus é possível de se traçar um panorama do contexto social e desenvolvimento histórico desse fenômeno. Um museu, deve, portanto, mostrar os laços históricos que unem nosso passado arqueológico com o nosso tempo. Caso contrário, dificilmente permitirá que tenhamos um conhecimento desse passado como uma forma de melhor compreender e transformar do nosso presente.

A análise que despretensiosamente se debruça este artigo também vai se apoia em Bauer quando este destaca como os museus têm uma sustentação ideológica expressada na seleção dos seus acervos, na sua estrutura institucional e na sua organização. Por outro lado, os visitantes dos museus devem ser pensados como seres ativos e interativos e que assumem uma atitude ativa perante a proposta do museu. Cada visitante interpreta a mensagem expositiva de maneira diferente, construindo sua própria visão em função das suas expectativas, interesses e competências prévias, ou seja: o visitante interpreta os conteúdos a partir da sua relação com o espaço.

REFERÊNCIAS

ALMEIDA, Silvio. **O que é racismo estrutural**? Belo Horizonte: Letramento, 2018.

ALVES, Silvio Matheus. O método da autoetnografia na pesquisa sociológica: atores, perspectivas e desafios. **PLURAL, Revista do Programa de Pós-Graduação em Sociologia da USP**, São Paulo, v. 24. n. 1, p.214-241, 2017.

BAUER, Jonei Eger. **A Construção de um Discurso Expográfico**: Museu Irmão Luiz Godofredo Gartner. UFSC: Florianópolis, SC, 2014. 117 p.

BOCHNER, Arthur; Ellis, Carolyn. Autoethnography, Personal Narrative, Reflexivity. *In*: Denzin, Norman; Lincoln, Yvonna (org.). **Handbook of qualitative research**, Thousand Oaks: Sage, 2000, p.733-768.

CREMIN, Juliane; JUNQUEIRA, Sérgio. Aprendizado diferenciado: turismo pedagógico no âmbito escola. **Caderno de Estudos e Pesquisa de Turismo**, Curitiba, v. 1, p. 26-42, jan./dez. 2012.

DANTAS, S.; FERREIRA, L.; VÉRAS, M. P. B. (2017). Um intérprete africano do Brasil: Kabengele Munanga. **Revista USP**, n. 114, p. 31-44. Disponível em: https://doi.org/10.11606/issn.2316-9036.v0i114p31-44

ELIAS, M. J. (1992). Revendo o nascimento dos museus no Brasil. **Revista do museu de arqueologia e etnologia**, n. 2, p. 139-145. Disponível em: https://doi.org/10.11606/issn.2448-1750.revmae.1992.109001

FERREIRA, Aurélio Buarque de Holanda . **Dicionário Aurelio Da Lingua Portuguesa**. Editora Positivo. Português. 5. ed. Histórica 100 Anos. RJ. ISBN: 8538541986

FERREIRA, Fernando Lana. Democracia Racial Brasileira: uma piada sem graça. **Mediações – Revista de Ciências Sociais**, v. 23, n. 1, p. 193-242, 2018.

GONZALEZ, Lélia. A mulher negra na sociedade brasileira. In: LUZ, Madel T. (org.). **O lugar da mulher**: estudos sobre a condição feminina na sociedade atual. Rio de Janeiro: Edições Graal, 1982.

GUEDES, Fernanda Cristina Cardoso. **Uma visita ao Museu Nacional**: classes populares e o consumo da cultura expresso em sites de redes sociais. 2018.

HALL, S. (2006). Identidade cultural e diáspora. **Comunicação & Cultura**, n. 1, p. 21-35, 2006. Disponível em: https://doi.org/10.34632/comunicacaoecultura.2006.10360.

MACHADO, L. M. R.; ZUBARAN, M. A. Representações racializadas de negros nos museus: o que se diz e o que se ensina. *In*: MATTOS, Jane Rocha de. **Museus e Africanidades**. Porto Alegre: EDIJUC, 137-156, 2013.

MENDONÇA, L. G. (2017). **Museus universitários e a modernidade líquida**: desafios, compromissos e tendências (um estudo sob a perspetiva da Teoria Ator-rede, Brasil e Portugal).

PACHECO, L. C. Racismo cordial – manifestação da discriminação racial à brasileira – o domínio público e o privado. **Revista de Psicologia**, v. 2, n. 1, p. 137-144, 11 dez. 2015.

SCREMIN, Juliane; JUNQUEIRA, Sérgio. Aprendizado diferenciado: turismo pedagógico no âmbito escolar. **Caderno de Estudos e Pesquisa de Turismo**, Curitiba, v. 1, p. 26-42, 2012.

PIRES, Bruno Inácio da Silva; COLOMBO JUNIOR, Pedro Donizete. A escola vai ao museu(!)(?): um olhar de coordenadores pedagógicos e da gestão educacional de Uberaba, Minas Gerais. **Acta Educ.**, Maringá, v. 44, e53678, 2022. Disponível em http://educa.fcc.org.br/scielo.php?script=sci_arttext&pid=S2178-52012022000100206&lng=pt&nrm=iso. Acesso em: 9 jul. 2023. Epub 2-Jan-2022. https://doi.org/10.4025/actascieduc.v44i1.53678.

PRESTES, A. L. **Os comunistas brasileiros (1945-1956/58)**: Luiz Carlos Prestes e a política do PCB. São Paulo: Brasiliense, 2010.

RAMOS, Camila Souza; FARIA, Glauco. Kabengele: Nosso racismo é um crime perfeito. Publicado em 19/08/2009. **Portal Geledés**. Disponível em: https://www.geledes.org.br/nosso-racismo-e-um-crime perfeito/?gclid=Cj0KCQjwtamlBhD3ARIsAARoaEwwtFjVPFrHcgZZJcANVrOqvmgn6FB_Fy5Pc6FSDfo4uz3n4xVTz-4aAipaEALw_wcB. Acesso em: jun. 2023.

SANTOS, M. C. T. M. Ação cultural e educativa dos Museus. **Universitas**, [S. l.], n. 21, p. 163, 2007. Disponível em: https://periodicos.ufba.br/index.php/universitas/article/view/61. Acesso em: 9 jul. 2023.

SANTOS, M. C. T. M. A escola e o museu no Brasil: uma história de confirmação dos interesses da classe dominante. **Cadernos de Sociomuseologia**, v. 3, n. 3, 1994.

SUANO, M. **O Que é Museu**. São Paulo: Editora Brasiliense, 1986. 97 p.

ZUBARAN, M. A.; MACHADO, L. M. R. O que se expõe e o que se ensina: representações do negro nos museus do Rio Grande do Sul. Momento – **Diálogos em Educação**, [S. l.], v. 22, n. 1, 2014. Disponível em: https://periodicos.furg.br/momento/article/view/4225. Acesso em: 17 jul. 2023.

RESISTÊNCIA CULTURAL E OCUPAÇÃO NEGRA NA ZONA OESTE DO RIO DE JANEIRO:
estudo de caso Ponto Chic

Ariane Corrêa da Silva Silvestre[86]

O espaço conhecido como Ponto Chic está localizado na rua Figueiredo Camargo, no bairro de Padre Miguel, Zona Oeste do Rio de Janeiro. É um território de boemia e de socialização conhecido de toda região. Para além disto, essa localidade se destaca pela presença massiva dos signos da cultura negra por toda sua extensão. O estilo musical presente faz referência a cultura negra: samba, pagode, charme e funk. Próximo ao Ponto Chic encontramos o Baile Funk da Vila Vintém, as Batalhas de Rap que acontecem debaixo do Viaduto de Padre Miguel e as escolas de samba Mocidade Independente de Padre Miguel e Unidos de Padre Miguel.

Pessoas pretas de todas as idades se divertem ali, ocupando majoritariamente o espaço. A estética é algo que chama muita atenção, homens e mulheres com roupas e cabelos com referência a estética afro. Esse local se apresenta não só como um espaço de lazer e boêmia, mas também como uma refabricação cultural negra no que ela chama de Atlântico negro (AZEVEDO, 2018).

Em frente a um conhecido bar o Point Chic está presente o monumento do Zumbi dos Palmares, de forma muito imponente ele olha todos os transeuntes do espaço. Olhos mais atentos observam na placa com a descrição que a iniciativa da criação desse monumento é do bar, que contou com auxílio dos moradores e comerciantes do Ponto Chic. Após a fundação, esse monumento é doado para a Prefeitura do Rio de Janeiro. Essa informação fica ainda mais instigante quando após uma pesquisa de campo se descobre que é o único monumento dessa região.

A presença deste único monumento e ele ser de iniciativa da sociedade civil indicam que este espaço é reconhecido por seus frequentadores como um espaço de resistência da cultura negra. No entanto, a ausência de iniciativas do Estado de construir locais de memória e celebração da cultura negra, também nos oferece outras perspectivas de reconhecimento do espaço.

Para além de silenciamento cultural, o Estado brasileiro produziu sistematicamente um processo de genocídio do povo preto, com chacinas, falta de

---

[86] Ariane Corrêa da Silva Silvestre é historiadora e museóloga e Assistente de Museologia no Clube de Regatas do Flamengo.

assistência médica, moradia e saneamento básico somatizado ao genocídio cultural com perseguições e encarceramento sistemático do povo preto e a criminalização da cultura negra. Essa afirmação pode ser embasada a partir da leitura das Constituições Brasileiras que, em diversos momentos, criminalizou traços culturais desse segmento, a exemplo da capoeira.

A capoeira constava no Capítulo XIII "Dos Vadios e Capoeiras" Constituição de 1890, onde no Art. 402 os exercícios de agilidade e destreza corporal, conhecido como "capoeira", poderia ser penalizada em prisão. E o pertencimento a um grupo de capoeira, era considerado como agravante para a pena (BRASIL, 1890).

Mesmo com um grande afastamento temporal, tal perseguição cultural possui a mesma essência quando observamos a Sugestão nº 17, de 2017 (BRASIL, 2017), que visava criminalizar o Funk e o Baile Funk, por motivos de saúde pública, Ações como estas sempre tiveram respaldo das elites e da mídia hegemônica, como é possível perceber na manchete de página inteira no jornal O Globo, de 22 de março de 1992, que associa os bailes funks cariocas aos "arrastões" e "a presença de gangues" "patrocinados pelo tráfico que aterrorizam toda a cidade".

A despeito de tantas perseguições o preto e sua cultura resistiram não só nos becos e vielas do subúrbio, mas também no asfalto e nos lugares de destaque. Exemplo dessa resistência é o Samba que também foi perseguido e criminalizado na Constituição de 1890 período em que as pessoas que eram flagradas com instrumentos musicais eram encarceradas com argumento de vadiagem. Fazendo um paralelo na atualidade o Samba é uma engrenagem importante para a economia brasileira que, somente no Rio de Janeiro, durante o carnaval, movimenta 3,8 bilhões de reais[87].

Compreendendo todos esses pontos de atritos e resistência observar o que significa a construção do monumento do Zumbi dos Palmares no bairro de Padre Miguel é de grande importância, haja vista o abandono sistemático do poder do Estado na Zona Oeste. Araújo e Cortado (2020) apontam que na Zona Oeste está um terço das bibliotecas e centros culturais que tinham na Zona Sul, no entanto sua população é quatro vezes maior. Evidenciando uma população carente desse aparelhamento cultural.

Possuir um espaço cultural tão consagrado e reconhecido pelos seus pares e nele construir um monumento de um grande guerreiro negro pode apontar para a necessidade de interferência do espaço urbano com os signos da memória e identidade que são sistematicamente negadas e silenciadas. Criando assim territórios de ajuda, cooperação, afetos e lazer. Analisando a partir da ótica de Nascimento (2009), espaços como este podem ser analisados

---

87   Disponível em: https://portal.fgv.br/artigos/importancia-carnaval-economia-rio-janeiro.

pela ótica do quilombismo e não pelo olhar hegemônico das elites que viam esse território como espaço de escravizados fugitivos, mas sim um espaço de busca da liberdade e articulação entre as pessoas pretas.

Perseguição e criminalização da cultura negra na História do Brasil

Desde o processo de diáspora do povo africano e ao longo período de escravização até os dias atuais o povo preto é marcado pelo genocídio do seu povo com o sistemático extermínio por parte do Estado por diversas ações e omissões. Segundo a ONU (2018), os pretos são as maiores vítimas de morte de doenças evitáveis no Brasil, não porque eles são um grupo naturalmente doente, mas sim porque são um grupo que vive com uma menor qualidade, além de viver em insalubridade, ele também trabalha, aliando a baixas condições sanitária e de assistência médica colocam a população preta em um local de vulnerabilidade. A partir desses dados é possível compreender porque Lethicia Pechim (2020) aponta que pessoas pretas foram as mais vitimadas pelo vírus covid-19 e que pessoas pretas e pardas têm maior chance de serem infectados e correm maior risco de hospitalização. Segundo a autora, essa maior mortalidade do povo preto não foi só visto no Brasil, mas também na Europa e Estados Unidos.

Chacinas protagonizadas pelo Estado são recorrentes. Um caso que chocou o Brasil e contou com a comoção internacional foi a Chacina da Candelária, onde policiais militares na madrugada de 23 de julho de 1993, exterminaram oito meninos enquanto eles dormiam em frente à Igreja da Candelária no Centro do Rio de Janeiro[88]. Após 26 anos os jornais noticiam outra chacina protagonizada pelo Estado só quem em Paraisópolis, em São Paulo, onde pelo menos 9 jovens (com idade entre 14 e 23 anos) morreram após operação da Polícia Militar (PM) durante um Baile Funk. Na versão oficial, a PM alegou não ser responsável por essas mortes, uma vez que os jovens se feriram no tumulto durante a fuga, sendo assim não foram de responsabilidade deles[89]. Essa versão foi amplamente aceita e divulgada nas mídias hegemônicas.

Outra forma de extermínio do corpo preto ocorreu a partir das elites brancas, uma sistemática busca de destruição dos traços da cultura negra, essas ações são respaldadas por diversas leis. Buscou-se a destruição de traços materiais e imateriais dessa cultura, tal atividade sistemática é compreendida como genocídico cultural. A criminalização da cultura, da sua música, dos saberes e da fé dos negros são observados em toda história e presentificada

---

88 Disponível em: https://memoriaglobo.globo.com/jornalismo/coberturas/chacina-na-candelaria/noticia/chacina-na-candelaria.ghtml. Acesso em: 9 mar. 2023.
89 Disponível: https://g1.globo.com/sp/sao-paulo/noticia/2019/12/01/veja-quem-sao-os-mortos-do-tumulto-em-baile-funk-em-paraisopolis-em-sp.ghtml. Acesso em: 9 mar. 2023.

de diversas formas. O período de captura e diáspora forçada do povo africano para as Américas e o período escravocrata[90] foram marcados por diversas violências com respaldo legal, no entanto, tais violências seguiram mesmo após a abolição (1888). Na constituição de 1890 é possível ver a criminalização da cultura, onde no Capítulo XIII fala a respeito "Dos Vadios e Capoeiras". Além de criminalizar a arte marcial, criminaliza aquilo que se chama de "vadiagem", termo genérico que poderia incluir muitas das manifestações culturais negras como a música e a dança, o que permitiu às autoridades perseguir e encarcerar sambistas até mesmo no governo Vargas.

Avançando alguns anos na linha do tempo da História do Brasil, o período da Ditadura Civil Militar Empresarial que teve início no golpe em 1º de abril de 1964 e perdurou até 15 de março 1985, quando José Sarney assumiu a presidência. Nesse período histórico diversos direitos políticos foram cassados e criminalizados[91]. Esse mesmo movimento foi observado na censura de músicas, como o samba. A perseguição e a criminalização da cultura negra segue a mesma constância onde músicas que narram o cotidiano do morro e dos guetos são censuradas com argumento de corromper a moral e os bons costumes. O samba *Me faz um dengo,* lançado em 1981 *por* Zé Catimba e Martinho da Vila é um exemplo desse processo. No dia 29 de junho de 1981 ele foi protocolado na Divisão de Censura de Diversões Públicas (DCDP)[92], órgão que fazia parte do Departamento de Polícia Federal do Ministério da Justiça. Essa música foi censurada com o argumento de que apresentava conteúdo sexual e atentado à moral brasileira.

Santos e Gino (2020) se debruçaram no parecer 46/2/81 que protocolou o pedido de censura com doze letras de samba de diferentes autores e cantores. Zé Catimba e Martinho da Vila foram os únicos que entraram com representação junto ao DCDP, solicitando a liberação do samba. O argumento da defesa para pleitear a liberação da música partiu do pressuposto que a acusação de imoralidade se pautava em uma análise preconceituosa e marginalizada das experiências sociais dos moradores do morro e dos guetos, onde encontram

---

90 O site da Justiça do Trabalho aponta que o período de escravidão no Brasil foi entre 1500 até 1888, visto logo no processo de dominação portuguesa indígenas eram escravizados para atividades de extração de pau Brasil e nos engenhos de açúcar. Essa mão de obra foi substituída paulatinamente pelos negros escavizados até 1888 com a promulgação da Lei Aurea, pelo menos na letra da lei. Disponível em: https://www.tst.jus.br/memoriaviva/-/asset_publisher/LGQDwoJD0LV2/content/ev-jt-80-02#:~:text=O%20per%C3%ADodo%20imperial%2C%20de%201822,Direito%20do%20Trabalho%20no%20Brasil. Acesso em: 7 nov. /2022

91 Em 1968, foi promulgado o Ato Constitucional 5 que suspendia direitos políticos e ampliava o poder estatal. Disponível em: http://www.planalto.gov.br/ccivil_03/ait/ait-05-68.htm#:~:text=AIT%2D05%2D68&text=ATO%20INSTITUCIONAL%20N%C2%BA%205%2C%20DE,EMC%20n%C2%BA%2011%2C%20de%201978. Acesso em: 152022

92 Departamento criado pelo Decreto nº 70.665/1972 cujo objetivo era unificar e padronizar os procedimentos de atuação para a censura em todo território brasileiro. Fonte Arquivo Nacional, disponível http://querepublicaeessa.an.gov.br/component/content/article.html?id=131 Acesso em: 16 jul. 2023

no samba a possibilidade de narrar seu cotidiano desde suas dores até seus amores. Em 18/09/1981, o DCDP autorizou a vinculação do samba, mas após a reformulação da letra da música[93].

A Constituição de 1988 é conhecida como "Constituição Cidadã", uma vez que reconhece os direitos dos segmentos minoritários (pretos e indígenas, por exemplo), mesmo com tais avanços ainda permanece a perseguição histórica. Lacerda (2010) afirma que a relação de cultura e Estado no Brasil, ainda é marcada pelo privilégio a uma noção elitista de cultura voltada para um público restrito, composto pelas elites nacionais. O funk pode ser usado como exemplo dessa afirmativa, pois presentifica o racismo e o preconceito de classe presentes na sociedade brasileiro. Essa perseguição cultural é representada agora com o argumento de pelo "bom gosto", pois não seria uma música bela ou agradável, outro argumento muito utilizado é o que ele seria um estilo musical de bandido, que incita a violência corrompe os jovens e estimula o uso de drogas.

Lopes e Facina (2012) afirmam que o funk, para a classe média e alta, é vista como alienígena na construção da identidade social, e todos os traços sociais compreendidos como traços marcantes dessa estrutura social devem ser controlados e exterminados. Durante a década de 1980 o funk carioca foi sistematicamente relacionado com violência e imoralidade, ou seja, é um espaço inimigo onde qualquer violência do Estado é legítima. Essa abordagem se potencializa quando em 1992 episódios de arrastões ocorridos na praia de Ipanema foram diretamente relacionados aos bailes funks, com a participação da mídia hegemônica fortalecendo essa perspectiva.

No jornal O Globo de 22 de março de 1992 uma matéria de página inteira intitulada "'Arrastão': o mais novo pesadelo carioca nasce nos bailes 'funk'", com frases como "bailes 'funks' e 'arrastões' como a nova parceria que aterroriza a cidade", "'Comando' patrocina festas nos morros", "gangues e bailes 'funks' ação conjugada" dão o tom de como as classes média, alta e a grande mídia associavam diretamente os bailes funks como um local da juventude perdida, sem trabalho, sem escola, com sexualidade precoce.

Avançando alguns anos no tempo é possível perceber a permanência dessa perspectiva com a Sugestão nº 17, de 2017 que propunha a criminalização do Funk. Essa sugestão de lei é originária da Ideia Legislativa nº.

---

93 Onde se lia antes da censura "[...] Então lhe lambo, lhe bolino toda / Te deixo bem doida a se desvairar / Amorzinho / Como é bom /Repousar nesse teu colo / Descansar da relação / E o carinho / Ao despertar / E depois novos afagos / Pra poder recomeçar". Lê se agora: "[...] Te dou um beijo te ouriço toda / Te deixo bem doida a se desvairar / Amorzinho / Como é bom / Repousar nesse teu colo / Descansar da relação / E o carinho / Ao despertar / E depois novos afagos".

65.513 e contou com 21.978 apoios, segue o texto do memorando que estava em tramitação no Senado:

> **TÍTULO**
> Criminalização do funk como crime de saúde pública a criança aos adolescentes e a família
> **DESCRIÇÃO**
> É fato e de conhecimento dos Brasileiros difundido inclusive por diversos veículos de comunicação de mídia e internet com conteúdos podre alertando a população o poder público do crime contra a criança,o menor adolescentes e a família. Crime de saúde pública desta "falsa cultura" denominada "funk". (sic)
> **MAIS DETALHES**
> Os chamados bailes de "pancadões" são somente um recrutamento organizado nas redes sociais por e para atender criminosos, estupradores e pedófilos a prática de crime contra a criança e o menor adolescentes ao uso, venda e consumo de álcool e drogas, agenciamento, orgia e exploração sexual, estupro e sexo grupal entre crianças e adolescente, pornografia, pedofilia, arruaça, sequestro, roubo e etc. (sic)

A Comissão dos Direitos Humanos decidiu em não transformar Sugestão em projeto de lei, uma vez que a matéria contrária à cláusula pétrea da Constituição Federal de 1988[94], no entanto, a leitura do texto anterior serve como exemplo da permanência dessa criminalização das cultura negra, vale a pena retornar com o dado que essa sugestão de lei contou com 21.978 apoios, ou seja, tal pensamento possui ressonância na sociedade brasileira.

A religiosidade do povo preto também foi e segue sendo perseguida, criminalizada e sistematicamente invisibilizada. Analisando o Código Penal de 1890 encontra-se na letra da lei essa perseguição. No capítulo III, sobre "Dos crimes contra a saúde pública", fala sobre o exercício da medicida ilegal. Analisando o artigo 157 que diz "Praticar o espiritismo, a magia e seus sortilégios, usar de talismans e cartomancias para despertar sentimentos de ódio ou amor, inculcar cura de molestias curaveis ou incuraveis, emfim, para fascinar e subjugar a credulidade pública". Artigo 158 onde relaciona as práticas religiosas à prescrição de medicação ou fórmulas preparadas dos reinos da natureza ao curandeirismo, sendo assim uma prática de medicina ilegal.

A já citada Constituição Federal de 1988 assegura a Liberdade Religiosa como um direito fundamental, no entanto essa não é uma realidade assegurada

---

94 Dispositivo constitucional que não pode ser alterado nem mesmo por Proposta de Emenda à Constituição (PEC). As cláusulas pétreas inseridas na Constituição do Brasil de 1988 estão dispostas em seu artigo 60, § 4º. São elas: a forma federativa de Estado; o voto direto, secreto, universal e periódico; a separação dos Poderes; e os direitos e garantias individuais. Fonte: Agência Senado.

para os candomblecistas, umbandistas e espíritas. Diversos casos de intolerância religiosa são noticiadas na mídia, os terreiros são alvos recorrentes. Em 2019, o terreiro de candomblé Caboclo Boiadeiro, fundada em 1975 (até então o centro mais antigo do DF) foi derrubado pelo Governo do Distrito Federal, em nota oficial o DF Legal informa que tal construção era "recente e irregular"[95].

Caso semelhante ocorreu em 2022 na região metropolitana de Belo Horizonte em maio de 2022 quando a Casa Joaquim de Oxossi foi atacada, quebrando portas, vigas e muros[96]. Em ambos os casos os pais de santo lamentam a destruição do espaço físico, mas sobretudo da destruição do Sagrado, pois quebraram iabás, imagens dos orixás, louças, sem terem nenhuma oportunidade de salvar, a máquina pública e ataques desconhecidos possuem o mesmo *modus operandi*.

Cultura negra: resistência e ocupação de espaços.

A despeito de todas as tentativas sistemáticas de extermínio físico e cultural, silenciamento, criminalização dos saberes a cultura negra não se perdeu, sendo um traço preponderante da identidade brasileira. Pensar nessa sobrevivência cultural é possivel relacionar com o que Azevedo (2018) pensa sobre a refabricação cultural negra no que ele chama de Atlântico negro, sendo feito por meio das artes, música, religião, culinária. Quando os pretos, a despeito de tantas perseguições continuam nas suas dinâmicas culturais, eles se reposicionam no mundo, a partir daí cria uma geopolítica de resistência ao genocídio cultural e físico por eles infligidos. Ou seja, para além da estética e lazer, essas atividades são a estrutura medular dos ritmos e signos negro na América.

Dizendo sobre a resistência cultural negra Azevedo (2018) destaca que não existe uma uniformidade da cultura negra nas Américas, e sim uma pluralidade e multiplicidade de signos culturais, que segundo o autor tem a África como ponto de partida e chegada. Pensar nisso é compreender as diversas formas de apresentação e as diversas reformulações das identidades negras, que mesmo tendo a espinha dorsal semelhante, possuem características e dinâmicas próprias, de cada país, estado ou região.

Azevedo (2018) fala sobre a importância da música, arte e poesia para a recriação de identidade e saberes. O apagamento da história do povo preto devido a não compreensão da riqueza histórica fora da tradição escrita e não compreensão da complexidade cultural que não se encaixava na métrica de beleza cultural ocidental. Esse autor destaca a importância da musicalidade,

---

95 Disponível em: https://g1.globo.com/df/distrito-federal/noticia/2019/05/24/casa-de-candomble-e-derrubada-pelo-governo-do-df-intolerancia-religiosa-diz-oab.ghtml. Acesso em: 7 nov. 2022.
96 Disponível em: https://g1.globo.com/mg/minas-gerais/noticia/2022/05/12/casa-de-candaomble-e-alvo-de-ataques-em-esmeraldas.ghtml. Acesso em: 7 nov. 2022.

da dança para a recriação da "África" nas Américas desses grupos pretos, mediando assim pela arte os saberes, a comunicação e os pensamentos, servindo como um discurso substituto da política e das marcas ocidentais.

Tendo como norte essa perspectiva é possível perceber a importância do corpo preto para essa resistência, muito além de sobrevivência, esse corpo aponta a resistência cultural no processo de reelaboração cultura dessa "África" tornando o universo da cultura negra a memória do corpo-música e música-corpo indissociáveis. Essa coexistência se apresenta na sua religiosidade, o contato com a ancestralidade, nas artes visuais e na comunicação. Pensar esse corpo como suporte de comunicação dessa africanidade recriada na América vai além da musicalidade, mas também nas expressões das artes no corpo como nos tecidos das roupas, das pinturas, do corte de cabelo, penteados, tatuagem, ou seja, como a moda é encarada por esse segmento social.

Azevedo (2018) destaca a importância simbólica dos tambores, que se perpetuando na memória dos ritmos cruzados africanos, tendo essa África musical e religiosa como partida e chegada. Essa memória persistiu nas ruas, esquinas, avenidas, becos, vielas, para além de sobreviver, a cultura negra ganhou espaço e saiu dos espaços marginalizados. O samba, por exemplo, é o carro chefe do Carnaval e dos desfiles das escolas de samba que é hoje responsável por arrecadar R$ 3,8 bilhões para a economia no Rio de Janeiro, a rede hoteleira nesse período aponta ocupação de mais de 90%[97].

Ao olhar para esses dados não se pode esquecer do fato de que o samba é um símbolo de resistência cultural do povo preto, pois tem a sua origem os pretos escravizados, o ritmo carregou os mesmos preconceitos raciais que os seus criadores. A Lei dos Vadios e dos Capoeiras de 1890, além da capoeira criminaliza músicos de samba, ter um pandeiro era considerado como prova de vadiagem. E ter instrumentos musicais era indícios de vadiagem e hoje nos desfiles das escolas de samba é considerado como "o maior show da terra".

Pensar na ressignificação dessa "África" no Brasil é de grande importância, haja visto que no período de tráfico negreiro para as Américas o Brasil foi o principal destino de escravizados africanos. O Cais do Valongo no Rio de Janeiro se tornou a principal entrada no território brasileiro até meados do século XIX, ou seja, tornar esse recorte mais focado no Rio de Janeiro é valioso.

Segundo o Instituto do Patrimônio Histórico e Artístico Nacional (IPHAN), o Cais do Valongo é um exemplo de espaço ressignificado pela comunidade preta, visto que ele é um importante vestígio da chegada dos africanos escravizados no Brasil. Em 2012, a partir da Articulação dos Movimentos Negros o espaço se tornou um monumento preservado e aberto

---

97 Disponível em: https://portal.fgv.br/artigos/importancia-carnaval-economia-rio-janeiro.

à visitação. A partir daí integrou o Circuito Histórico e Arqueológico da Celebração da Herança Africana, esse espaço estabeleceu marcos da cultura afro-brasileira a região portuária junto com: Jardim Suspenso do Valongo, Largo do Depósito, Pedra do Sal, Centro Cultural José Bonifácio e Cemitério dos Pretos Novos[98]. A partir de 2017, o Cais do Valongo passa a integrar a Lista do Patrimônio Mundial da Organização das Nações Unidas para a Educação, a Ciência e a Cultura (UNESCO).

Como foi dito, o Rio de Janeiro foi um destino do intenso tráfico negreiro do Brasil, assim diversos espaços são destinados para a elaboração da cultura negra pela cidade. Além do acima citado, Circuito Histórico e Arqueológico da Celebração da Herança Africana, temos o Museu da História e Cultura Brasileira (MUCAHB), Instituto dos Pretos Novos, Jongo da Serrinha, Samba da Serrinha, Tambor de Cumba, Afrolaje, O Baile Funk da Nova Holanda, as Igrejas de São Jorge (principais no Centro e Quintino). Esses espaços são exemplos de locais onde a cultura negra é celebrada e reelaborada e criada uma "África" no Atlântico no contexto contemporâneo carioca.

Ocupações culturais como essas listadas podem ser encontradas em todo Rio de Janeiro, mas o circuito Centro x Zona Sul possui mais destaque de público e mídia, deixando a periferia em segundo plano. Na Zona Norte Carioca é possível encontrar diversos pontos de reelaboração dessa "África" no Atlântico, não só nos momentos de lazer, mas também com a passagem do saber, como é possível ver nas oficinas de Charme no Espaço Cultural Rio Hip Hop Charme, do Baile Charme do Viaduto de Madureira[99], ou aulas de mestre-sala, porta-bandeira e percussão oferecidos pela Escola de Samba Império Serrano no mesmo bairro[100].

Para compreender o abandono da Zona Oeste carioca é necessário visualizar o processo histórico de ocupação desse espaço na década de 1960, quando o Governo do Estado da Guanabara promoveu a mudança dos moradores das favelas erradicadas da Zona Sul para conjuntos habitacionais dessa região.

Araújo e Cortado (2020) apontam que entre os anos de 2010 e 2020 a Zona Oeste foi a área que mais cresceu, a cidade do Rio de Janeiro como um todo cresceu 7,9%, a Zona Oeste cresceu 16,8%, respondendo por mais de 80% do crescimento total do Rio. Esse crescimento populacional não foi adequado com as interferências do Estado para dar suporte de infraestrutura e cultural para essa população, característica essa presente em toda história desse segmento social.

---

98   Disponível em: http://portal.iphan.gov.br/pagina/detalhes/1605/.
99   Informação disponível em: http://viadutodemadureira.com.br/2016/a-oficina/.
100   Informação disponível em: https://www.carnavalesco.com.br/imperio-serrano-disponibiliza-diversas-oficinas-
      -gratuitas-para-sua-comunidade/

Tal afirmativa pode ser feita quando os autores Araújo e Cortado (2020) apontam que em 2008 a Zona Oeste possuía um terço das bibliotecas e centros culturais que tinham na Zona Sul, a despeito da população ser quatro vezes maior. Essa área possui uma expressiva carência de saneamento básico, pensando no caso específico do bairro de Guaratiba, apenas 51% dos domicílios tinham acesso à rede geral de esgoto no ano de 2010, sendo que neste mesmo ano o índice era de 93,5% no conjunto da cidade. Essa falta de infraestrutura afeta diretamente diversos problemas socioambientais como graves alagamentos que tornam notícias nacionais, como foi o caso do bairro Jardim Maravilha em 2019 o mesmo ocorreu em Realengo no ano seguinte, ou seja, a ausência de aparelhamento do Estado afeta de forma contundente essa população.

Como foi já apresentado a despeito de diversas tentativas de extermínio e silenciamento do povo preto, a cultura resiste e cria raízes. Um bairro que pode servir de exemplo para essa afirmativa é Padre Miguel, bairro da Zona Oeste do Rio de Janeiro. Bairro onde fica localizado o Ponto Chic, esse espaço é populoso, a nível de exemplo, apenas na Favela Vila Vintém possui 15.298 habitantes segundo o censo do IBGE de 2010.

Nesse bairro possui uma versatilidade de espaços culturais de recriação dessa "África" no Atlântico anteriormente falada. As atividades de maior destaque são o Baile Funk da Vila Vintém, as Batalhas de rap e shows de Reggae que acontecem debaixo do Viaduto de Padre Miguel e as escolas de samba Mocidade Independente de Padre Miguel e Unido de Padre Miguel.

Todas essas atividades são amplamente vivenciadas pela comunidade do entorno, não apenas para o lazer, mas também por atividades culturais e educacionais. As escolas de samba, por exemplo, são definidas por Assis (2019) como um empreendimento cultural sem fins lucrativos, que presta serviço de resgate e preservação da identidade da comunidade. As atividades das escolas de samba estariam assim ligadas à responsabilidade social, ligada à atuação na área cultural. Com isso as escolas de Samba Mocidade Independente de Padre Miguel e Unido de Padre Miguel oferecem um suporte de grande relevância para a população do entorno, como oficinas de passista, percussão tanto quanto aula de reforço para crianças em idade escolar. Sendo polos importantes de lazer, educação e cultura dessas pessoas.

Ponto Chic e o monumento do Zumbi dos Palmares

A rua Figueiredo Camargo, Padre Miguel, é conhecida como Ponto Chic, uma rua boêmia com diversos bares que abarcam um público extenso de diferentes idades. Todos os dias da semana a rua e os bares ficam cheios, mas o carro chefe é o domingo, que ainda pela manhã já está amplamente ocupado, por pessoas na feira, almoçando ou em encontros com os amigos.

Ao caminhar pelos bares do Ponto Chic é fácil correlacionar a essa construção dessa "África" no Atlântico. Os frequentadores do espaço são majoritariamente pessoas pretas. Apesar da diversidade musical, as músicas que tocam nos espaços são predominantemente de origem negra: samba, pagode, charme, reggae e funk.

A estética dos frequentadores é um caso importante para dar atenção, como apontou Azevedo (2018) a recriação da "África" é mediada pela musicalidade, pelos corpos, pela estética e pela arte. As roupas utilizadas pelos frequentadores desse espaço possuem uma forte ligação com a estética do continente Africano, os tecidos das roupas e turbantes, os penteados usados por ambos os gêneros chamam atenção em todo percurso.

Esse espaço é reconhecido pelos seus frequentadores e pela comunidade comercial como um espaço de cultura negra, tanto que no dia 20/11/2004 foi inaugurado o monumento em homenagem ao Zumbi dos Palmares, um busto de bronze com a base revestida em granito, de autoria do artista Clécio Regis. Com iniciativa do Point Chic Charm, bar que o monumento fica em frente, foi doado para a cidade do Rio de Janeiro, ou seja, a despeito de ser um monumento de origem privada, hoje o seu status é público. Ser um monumento idealizado e produzido pelos moradores e comerciantes da região ganha maior relevância quando em uma pesquisa de campo[101] não foi encontrado nenhum outro monumento no Ponto Chic, e nas ruas na adjacência[102]. Isso pode ser apontado como característica da ausência do Estado na construção de instrumentos culturais e sociais.

Pensar sobre a construção do busto de Zumbi dos Palmares é importante para entender as relações que ali se dão. A construção de um monumento vai muito além de uma imagem, eles são objetos que marcam a existência de limites de identidade, deixando marcas e apostando nas mudanças urbanas, dos modos de pensar, a fluidez das fronteiras dos signos, do pertencimento e da memória. Barbosa (2018) defende que os monumentos são portais nas fronteiras do pertencimento e do patrimônio, com eles diversos grupos acessam de forma externa às suas concepções iniciais a partir da ressignificação. Movimento esse que promove a atualização de novas ideias de pertencimento e assim gerando novas visões. Para além de uma construção de materialidade, o monumento é a criação de discurso, história, memória, uma cristalização do tempo-espaço, que ao mesmo tempo transcende o local e o tempo de sua feitura, pois interfere em outros locais e tempos que não foram nem concebidos durante seu projeto.

---

101   Pesquisa de campo realizada no dia 27/11/2022.
102   Dentro da favela Vila Vintém foi encontrado uma estrutura de concreto com uma vitrine, dentro de uma estátua de São Jorge. Além de parecer feita por moradores devotos, é uma instalação pequena, não tendo o impacto característico de monumentos.

Monumento esse construído pela sociedade civil em uma localidade com ausência de outros monumentos corrobora com o que Barbosa (2018) diz que grupos que são colocados à margem da sociedade encontram suas vivências e suas participações sociais bem delimitadas tanto pela força do Estado, como pela pressão social das classes dominantes. Esses grupos sociais produzem novos meios de se fazerem presentes, de transitar e adentrar nos espaços. Com essas iniciativas os moradores desses locais trazem à tona aquilo que as elites e a mídia esquecem ou fazem questão de apresentar ao contrário, com isso eles afirmam que a favela e espaços populares são lugares de cultura, de memória, de poética, de trabalho.

Quando o grupo de moradores e comerciantes do Ponto Chic se articulam para construir um monumento de uma figura como Zumbi dos Palmares eles estão interferindo no cenário urbano com uma memória e identidade até então negadas. Que para além de ser um lembrete do passado, o monumento apresenta para as novas gerações um lembrete de como se portar no presente e como construir o futuro.

Chagas e Abreu (2004) apontam que essas iniciativas dos segmentos que são sistematicamente invisibilizados pelo Estado são meios de exercer o direito à memória e à escrita da sua história. Essa nova escrita sendo feita em primeira pessoa do singular, com a perspectiva de quem nasceu e cresceu experimentando essa realidade. Com o objetivo de ser uma história pouco conhecida nos espaços letrados, nos livros de história, nos museus e espaços culturais.

A construção desse monumento em homenagem à Zumbi dos Palmares está associada à uma memória até então invisibilizada ou criminalizada. Zumbi foi líder do quilombo dos Palmares entre 1678 e 1694. Esse quilombo chegou a abrigar 20 mil habitantes, Silva (2020) diz que com esses números Palmares se tornou o maior quilombo em período colonial, os primeiros registros de sua existência são de 1597.

Pensar sobre Zumbi e o Quilombo dos Palmares traz à tona diversos pontos nevrálgicos de articulação e socialização do povo preto. Abdias Nascimento (2009) trata da importância dos quilombos, uma vez que eles surgem a partir da necessidade urgente de se defender, garantir sua sobrevivência e sua existência de ser. Esse espaço representa o esforço desse africano e dos seus descendentes para resgatarem sua liberdade e dignidade, através da fuga e da articulação de uma sociedade livre.

Para Nascimento (2009), desse movimento se articula o quilombismo que se articula em comunidades e que preenche importante função social para o povo preto. No entanto, é importante ressaltar que esses espaços não eram apenas restritos a florestas inacessíveis à Coroa, eram também espaços permitidos e/ou tolerados com beneficente, esportivo, culturais, de auxílio mútuo e até mesmo a partir da irmandade religiosidade católica. Esses espaços articulam assim focos de resistência física e cultural.

O autor nos apresenta que esse espaço de quilombo não está circunscrito nessa temporalidade, não é um território do passado onde escravizados lutavam por sua liberdade, mas seguem existindo na contemporaneidade nas redes de associações, irmandades, confrarias, clubes, grêmio, centros, afoxés, escolas de samba, gafieiras. Esses territórios seriam quilombos legalizados pela elite dominante. É possível traçar um paralelo com o que diz Azevedo (2018) o quilombo é um território que recria essa "África", a despeito da temporalidade que ele se apresenta.

Em 20 de novembro de 1695, Zumbi dos Palmares foi assassinado, logo após ocorreu o desmonte do quilombo. No entanto, é importante ressaltar que isso não significou o fim da importância social desse espaço de autogestão negra, de comércio com o entorno e de grande resistência às investidas violentas da Colônia.

A data de 20 de novembro se ocupa um lugar de grande importância para o movimento negro, se tornando uma data de pensar sobre as mazelas do passado, do presente e os desafios do futuro. A Lei nº 1.926, de 1991[103] declara que esta data ficou instituída como o "Dia Estadual da Consciência Negra" e deveria a partir daquele momento constar no Calendário Oficial , promulgada pelo então governador do Rio de Janeiro Leonel Brizola (PDT). Anos depois, com a Lei nº 4.007 de 2002[104] que ficou instituído "O dia 20 de novembro, data de aniversário da morte de Zumbi dos Palmares e dia da Consciência Negra, como feriado Estadual", sendo esta promulgada pela então governadora Benedita da Silva.

A data de inauguração do busto de Zumbi dos Palmares, no dia 20 de novembro de 2004 apresenta a correlação direta de escrita dessa nova história, e demonstra a importância de ter datas como essas para trazer luz a esses debates, pensar na importância simbólica desse monumento e dessa apropriação da escrita ativa da memória de um espaço invisibilizado. Nascimento (2009) aponta Zumbi dos Palmares como fundador do quilombismo, mas é necessário colocar à luz que o quilombo não é espaço de escravos fugitivos, mas sim um espaço de reunião fraterna e livre, de solidariedade e de comunhão, tal qual os quilombos urbanos na contemporaneidade, tendo em mente a definição até aqui usada podemos chamar o território do Ponto Chic como um quilombo.

---

103 Disponível em: http://alerjln1.alerj.rj.gov.br/contlei.nsf/f25edae7e64db53b032564fe005262ef/5ca91711e76e38e80325651e0078e1eb?OpenDocument&ExpandView&ExpandSection=-6%2C-4#_Section5. Acesso em: 7 nov. 2022.

104 Disponível em: http://alerjln1.alerj.rj.gov.br/contlei.nsf/b24a2da5a077847c032564f4005d4bf2/80a541c3a5a9d63183256c7d0057bf25?OpenDocument. Acesso em: 7 nov. 2022.

No dia da inauguração, não só o bar onde foi construído o monumento, como todo o Ponto Chic ficaram em festa para esse momento. A data é de grande importância para a comunidade de Padre Miguel, mais especificamente do Ponto Chic, pois essa grande festa ocorre todos os anos, com programação o dia todo, atraindo pessoas não só do entorno de Padre Miguel, mas também de toda cidade do Rio de Janeiro e cidades vizinhas.

Segundo os organizadores, essa comemoração chega a reunir 40 mil pessoas. Apesar do tamanho e da proporção dessa festa, a mídia hegemônica não realiza uma cobertura desse evento, priorizando atividades que ocorrem no Centro e Zona Sul da Cidade, local privilegiado da cobertura, como afirma Araújo e Cortado (2020) e como foi dito anteriormente. Nessa festa é possível ver a estética africana em espaço privilegiado, a música preta tocando em todos estabelecimentos e apresentações de danças nos palcos, sempre protagonizados por pessoas pretas. A religiosidade afro-brasileira também se faz presente, nas apresentações artísticas e na decoração do próprio monumento de Zumbi dos Palmares, com diversas flores brancas que muito se assemelham aos altares do Candomblé e Umbanda. Vê-se nesse espaço um território quilombola e a recriação da África por pessoas pretas de todas as idades.

Considerações finais

O espaço conhecido como Ponto Chic, no bairro de Padre Miguel, na Zona Oeste do Rio de Janeiro, é um conhecido espaço de lazer e socialização, sobretudo de pessoas pretas de todos os gêneros e idades, com seus signos, musicalidade e religiosidade. Pensar na construção de espaços de referência e vivências de pessoas pretas é de vital importância pensar no processo de diáspora e de escravização desse povo. A população negra foi e segue sendo na contemporaneidade perseguida em uma sistemática ação de extermínios do povo preto. Ações essas com chancela do Estado, quando são instauradas diversas leis que proíbem traços culturais como dança, música, fé, do povo preto resultando em amplo encarceramento. É importante lembrar que essa perseguição não chegou ao fim após 1888 com a abolição, essas leis estão presentes em todos os períodos históricos até os dias atuais no Brasil.

A perpetuação de leis que visam o extermínio do corpo preto e da sua cultura pode ter como exemplo o período de Ditadura Civil Militar Empresarial em censura de músicas que tratavam do cotidiano dos morros e guetos, com argumento que tais músicas corrompem a moral e os bons costumes. O mesmo argumento foi utilizado em 2017 quando tramitou uma sugestão de lei que visava a proibição do funk e dos bailes funks. Mesmo que esse projeto de lei não tenha seguido os trâmites, pois corrompe os direitos constitucionais, ele serve como indício da perpetuação das ideologias de extermínio.

A despeito de séculos de perseguição sistemática, o povo preto desenvolveu formas de sobreviver, tanto sobrevivência física como cultural. Na busca da recriação da "África" no Atlântico, com a presença da culinária, estética, dança, saberes e fé. Diversos espaços que são voltados para a alimentar a memória e a identidade. Pensar em territórios de memória do povo preto é de vital importância, uma vez que nas Américas o Brasil foi o destino principal de africanos escravizados, e o Rio de Janeiro foi a principal porta de entrada dessas pessoas até meados do século.

É possível encontrar em todas as regiões da Cidade, no entanto o circuito Centro x Zona Sul é o de maior visibilidade, de público e de mídia. A Zona Oeste é o espaço mais invisibilizado dessa cobertura, no entanto esse processo de invisibilização é histórico, pois essa região é carente de pontos culturais, saneamento básico, segurança e moradia. Tendo isso em mente o bairro de Padre Miguel é um bom exemplo de recriação dessa "África", pois no mesmo bairro é possível uma versatilidade cultural, tendo como destaque baile Funk da Vila Vintém, as Batalhas de rap e shows de Reggae que acontecem debaixo do Viaduto de Padre Miguel e as escolas de samba Mocidade Independente de Padre Miguel e Unido de Padre Miguel. Ou seja, um espaço importante de socialização de pessoas pretas, com o intuito de compartilhar laços de afeto e sobrevivência, podendo compreender esse território como um quilombo urbano.

De frente ao bar Point Chic foi inaugurado um busto em homenagem a Zumbi dos Palmares, esse monumento foi produzido pelos próprios moradores e comerciantes e após isso foi doado para a Cidade do Rio de Janeiro. Esse fato é possível ser analisado como a tomada de consciência da sociedade civil daquele espaço da ausência de monumentos que transmitam a produção de memória e identidade e a necessidade de reapropriação de um espaço até então invisibilizado.

Trazer a imagem de Zumbi dos Palmares é de grande importância, pois ele e os moradores de quilombos sempre foram encarados como escravos fujões, que se escondiam nos lugares mais inóspitos para não serem encontrados. No entanto, essas pessoas encontraram nos quilombos um espaço importante de reunião fraterna e livre, de solidariedade e comunhão.

O dia 20 de novembro, feriado da Consciência Negra, em algumas cidades, é uma data de muito celebrada, toda rua é tomada por pessoas pretas de todas as idades, diversos palcos com apresentações de dança e música, e todos os bares lotados ao som de samba, pagode, charme, funk, reggae e rap. A despeito de não ter a projeção midiática que esse evento mereceria, ele é reconhecido por seus pares, vindo pessoas de diversas cidades. Nessa festa os organizadores do evento dão destaque ao monumento de Zumbi dos Palmares, com ornamentação de flores, sendo um ponto de referência nesse momento de celebração das pessoas pretas em seu quilombo.

REFERÊNCIAS

Arrastão: o mais novo pesadelo carioca nasce nos bailes 'funk'. O Globo. Rio, p. 18. 22 de mar. 1992. Disponível em: https://acervo.oglobo.globo.com/busca/?busca=baile+funk+arrast%C3%A3o. Acesso em: 22 out. 2020

ARAUJO, M.; CORTADO, T. (2020). Zona Oeste do Rio de Janeiro, fronteira dos estudos urbanos? **Dilemas – Revista de Estudos de Conflito e Controle Social**, A Lei dos Vadios e dos capoeiras, v. 13, n. 1, p. 7-30, 2020. Recuperado de https://revistas.ufrj.br/index.php/dilemas/article/view/29498/18091.

ASSIS, F. F. C. **O impacto social das escolas de samba do Rio de Janeiro através dos seus projetos sociais, o exemplo da Mocidade Independente de Padre Miguel**. USP 2019.

AZEVEDO, Amailton Magno. Samba: um ritmo negro de resistência. **Revista do Instituto de Estudos Brasileiros**, Brasil, n. 70, p. 44-58, ago. 2018

BARBOSA, A. G. Entre sentidos, monumentos como estruturas limítrofes: um olhar sobre o sangramento do Monumento às Bandeiras de Victor Brecheret. **PIXO – Revista de Arquitetura, Cidade e Contemporaneidade**, v. 2, p. 136-149, 2018.

BRASIL. **Constituição de 1890**, Capitulo XIII. Disponível em: http://www.planalto.gov.br/ccivil_03/decreto/1851-1899/d847.htm. Acesso em: 12 out. 2022

BRASIL. **Constituição de 1890**, Capitulo XIII. Disponível em: http://www.planalto.gov.br/ccivil_03/decreto/1851-1899/d847.htm. Acesso em: 12 out. 2022.

BRASIL. **Sugestão nº 17**, de 2017. Disponível em https://www25.senado.leg.br/web/atividade/materias/-/materia/129233. Acesso em: 12 out. 2022.

BRASIL. **Constituição Federal, 1988**. Disponível em: http://www.planalto.gov.br/ccivil_03/Constituicao/Constituicao.htm. Acesso em: 12 out. 2022.

BRASIL. **Ato Constitucional nº 5, 1968**. Disponível em: http://www.planalto.gov.br/ccivil_03/ait/ait-05-68.htm#:~:text=AIT%2D05%2D68&text=ATO%20INSTITUCIONAL%20N%C2%BA%205%2C%20DE,EMC%20n%C2%BA%2011%2C%20de%201978. Acesso em: 15 out. 2022.

Constituição Federal, 1890. Disponível em: http://www.planalto.gov.br/ccivil_03/decreto/1851-1899/d847.htm. Acesso em: 7 nov. 2022.

CHAGAS, M; ABREU, R. Museu da Maré: memórias e narrativas a favor da dignidade social. **MUSAS – Revista Brasileira de Museus e Museologia**, n. 3, 2007. Rio de Janeiro: Instituto do Patrimônio Histórico e Artístico Nacional, Departamento de Museus e Centros Culturais, 2004, v. il.

LACERDA, A. Democratização da cultura X democracia cultural: os Pontos de cultura enquanto política cultural de formação de público. **Anais do seminário internacional**. Políticas culturais: teoria e práxis, 2010.

LOPES, A. C.; FACINA, A.Cidade do funk: expressões da diáspora negra nas favela cariocas. **Revista do Arquivo Geral da Cidade do Rio de Janeiro**, n. 6, p. 193-206, 2012.

NASCIMENTO, Abdias. Quilombismo: um conceito emergente do processo histórico-cultural da população afro-brasileira. *In*: NASCIMENTO, E. L. (org.). **Afrocentricidade**: uma abordagem epistemológica inovadora. São Paulo: Selo Negro, 2009.

Negros têm maior incidência de problemas de saúde evitáveis no Brasil, alerta ONU. **Organização das Nações Unidas Brasil**, 2018. Disponível em: https://www.google.com/search?q=como+fazer+referencia+abnt+de+site&rlz=1C1CHBD_pt-PTBR887BR887&oq=como+fazer+referencia+abnt+de+site+&aqs=chrome..69i57j0i22i30l3.17056j0j4&sourceid=chrome&ie=UTF-8. Acesso em: 9 mar. 2023.

PECHIM, L. Negros morrem mais pela covid-19. **Faculdade de Medicina UFMG**, 2020. Disponível em: https://www.medicina.ufmg.br/negros-morrem-mais-pela-covid-19. Acesso em: 9 mar. 2023.

SANTOS, C. A. I. D.; GINO, M. Samba: resistência da cultura negra popular brasileira. **Acervo – Revista do Arquivo Nacional**, v. 33, n. 1, p. 232-245, 2020. Disponível em: http://hdl.handle.net/20.500.11959/brapci/129552. Acesso em: 12 out. 2022.

SILVA, C. V. C. Consciência negra e o legado de Zumbi dos Palmares. *In*: **Centro de Estudos sobre a proteção internacional de Minorias**, 23 de novembro de 2020. Disponível em: https://sites.usp.br/gepim/consciencia-negra-e-o-legado-de-zumbi-dos-palmares/. Acesso em: 4 dez. 2020.

AFRO-TURISMO E MONUMENTOS NUMA CIDADE NEGRA

Debora Simões de Souza[105]

São Salvador, cidade da Bahia, ou simplesmente Salvador é cercada pela Baía de Todos os Santos, primeira capital do Brasil, são tantos os títulos para denominá-la, mas aquele que nos interessa aqui, neste texto, é Meca Negra. Pode parecer óbvio, mas talvez, seja pertinente uma breve explicação. Meca foi onde o profeta Maomé nasceu e está enterrado. Maomé foi o fundador do Islamismo. A cidade situada no vale desértico da Arábia Saudita foi escolhida como capital do povo islâmico, que se encontra espalhado pelo mundo. Há uma crença amplamente difundida, de que todo muçulmano precisa visitar Meca pelo menos uma vez na vida. As peregrinações à terra santa movimentam esse imenso grupo religioso disperso pelo mundo. A Meca Negra como denominação para a capital baiana indica, ao menos, que todos os sujeitos descendentes de africanos precisam conhecer essa cidade. A unidade aqui não é apenas religiosa, mas africana e afrodiaspórica. Outra definição usada para Salvador é Roma Negra, fazendo alusão ao cristianismo. Esta religião não nasceu em Roma, mas foi durante o apogeu do Império Romano do Ocidente que ocorreu a maior expansão do cristianismo. Com o passar dos anos e longos processos entre Estado e Igreja, o Vaticano tornou-se um Estado independente e sede da Igreja Católica.

Nas duas expressões citadas anteriormente, há uma ligação direta entre Salvador e uma herança religiosa latente herdada pelos descendentes africanos que chegaram ao Brasil na condição de escravizados. Seu uso é comum nos meios de comunicação de massa, e não raro, ela dá título à editoriais de turismo produzidos por empresas públicas e privadas. Patrícia Pinho (2004) segue a ideia de Vivaldo da Costa e Lima com a intenção de descobrir a origem do termo Roma Negra. Segundo a autora, o termo possivelmente teria seu nascimento na expressão "Roma Africana", criada por Mãe Aninha primeira ialorixá do terreiro Ilê Axé Apô Afonjá. Nos anos 1940, a sacerdotisa havia narrado à antropóloga Ruth Landes que a Bahia poderia ser definida como Roma Africana tanto pelo elevado número de casas de culto das religiões afro-brasileiras tanto e sobretudo por sua "centralidade no culto transatlântico dos orixás. [...] O termo teria sido traduzido para a língua inglesa por Ruth

---

[105] Debora Simões de Souza é professora de História do IF baiano e doutora em Antropologia Social (PPGAS/UFRJ).

Landes em Cidade das Mulheres, como Negro Rome e depois re-traduzida para o português como 'Roma Negra'" (PINHO, 2004, p. 44).

O objetivo deste artigo é refletir sobre afro-turismo em Salvador tendo como base os lugares de memória elencados pela caminhada produzida pelo Guia Negro – uma plataforma de afroturismo com atuação em diferentes cidades do território nacional. Torna-se pertinente pontuar, que recorri a experiências antropológicas anteriores, uma vez que há mais de dez anos objetos de pesquisas centrados na cidade de Salvador abarcando os campos de estudo de gênero, raça, religiosidades, território, identidades culturais, entre outros. Todavia, fez-se necessário novas entrevistas, investigação e incorporação de novas bibliografias para dar conta dos fenômenos aqui analisados.

Existência e resistência: às culturas afrodiaspóricas

Salvador tem uma população majoritariamente negra, mais de 80%, de acordo com dados do Instituto Brasileiro de Geografia e Estatística (IBGE). Localiza-se nessa cidade o bairro mais negro fora do continente africano: o Bairro da Liberdade, falarei dele mais adiante. Esses são aspectos presentes hoje, mas teremos que voltar um pouco para compreender como essa cidade se constituiu como tal, ou seja, como negra por excelência.

Ao voltarmos nossos olhares para o quantitativo de africanos retirados do seu continente de origem no processo histórico da expansão europeia nas Américas. Não se trata de "descobrimento das Américas" como minha geração aprendeu nas escolas, nos livros didáticos, em relatos de viajantes, em filmes. É imperativo o abandono desse termo colonial. O verbo descobrir expressa, nesse contexto, a ideia de que antes da chegada dos comerciantes e religiosos europeus na África o povo que ali habitava não possuía história e é apenas a partir do contato com os europeus que esses povos passaram a existir, há ter história.

O tráfico de africanos pelo oceano Atlântico foi o maior deslocamento forçado de indivíduos da história da humanidade (ELTIS, 2007). Além do contingente numérico de escravizados capturados, impressiona também, a duração dessa diáspora. Se antes do final do século XV, o oceano Atlântico era esse enorme obstáculo que inviabiliza o contato sistemático entre os diferentes povos que habitavam os continentes banhados por ele, a partir daí ele transformou-se no principal caminho que construiu parte importante das histórias da África, Europa e Américas. A exploração da Europa nas Américas teve como base o comércio e o tráfico de pessoas negras. A mão de obra de africanos escravizados sustentou a exploração de produtos agrícolas[106] para a

---

106 O cultivo da cana de açúcar absorveu mais de dois terços dos escravizados africanos (ELTIS, 2007).

exportação e do ouro, eles foram trazidos nessa longa e dolorosa viagem pelas potências europeias da época. Durante vários séculos, a comercialização de africanos foi a principal razão e talvez única, para o contato entre europeus e africanos. Além das atividades agrícolas, foi a mão de obra de escravizados e escravizadas que sustentaram, por séculos, as atividades citadinas.

A exploração colonial dos portugueses no Brasil[107] (que não tinha esse nome ainda) começou pela Bahia, por volta do ano de 1530. As primeiras embarcações portuguesas chegaram na região sul da Bahia. Já a cidade de Salvador foi fundada em 1549, tornando-se a primeira capital e a mais antiga cidade do país. Entre os séculos XVI e XVIII, foi a cidade mais importante do território. A cidade formou-se ao redor da Baía de Todos os Santos e por muitos anos teve o porto mais movimentado do país, com um intenso fluxo de atividades comerciais. Sua localização facilitava a exportação dos produtos agrícolas para outros países. Em 1763, a cidade perdeu para o Rio de Janeiro o cargo de capital nacional (SANTOS; MILTON, 2008).

Os casarões, os sobrados e as suntuosas igrejas marcam a paisagem da cidade, heranças do passado colonial e imperial. O Estado, a Igreja e a nobreza marcaram com suas riquezas e poder a fisionomia arquitetônica da cidade, determinando construir, ao longo de séculos, monumentos que indicam o faustoso passado colonial. Ainda hoje essas edificações se mantêm como referência nacional para o turismo focado em patrimônio histórico e urbanístico, sendo alvo de constantes propagandas do Governo do Estado da Bahia. Risério (2004) denomina essa marca como um legado do "urbanismo barroco"[108]. Em sua fundação a cidade foi dividida em duas áreas: a baixa e a alta, categorias que operam até os dias de hoje. Originalmente, na parte baixa, concentravam-se as construções ligadas ao comércio, sobretudo dos produtos agrícolas vindos do Recôncavo, enquanto na parte alta construções do Estado, da Igreja e das famílias mais influentes, ricas e brancas (MATTOSO, 1992).

Outra característica de Salvador é relevante para os argumentos apresentados aqui: a cidade abrigou o segundo maior porto de desembarque de africanos nas Américas no período da comercialização de sujeitos escravizados, conforme exposto no site do Projeto Salvador Escravagista[109], vinculada

---

107 Que já foi chamada de diversos nomes pelos portugueses, como, Terra de Santa Cruz.
108 No século XVII, Salvador abrigou o urbanismo barroco, conforme definido por Antonio Risério (2004) a cidade possuía uma "fisionomia francamente medieval, feito de ruas tortuosas e ladeiras íngremes, a linguagem da arquitetura e dos espetáculos barrocos" (RISÉRIO, 2004, p. 111). O urbanismo urbano se expandiu do século XVII a meados do XVIII, favoreceu um prolongamento em escala do Renascimento, porém, ao mesmo tempo em que se distanciava das normas duras e proporções fixas, conservou a perspectiva como componente principal na formação espacial e do destaque das grandes ruas e monumentos (GOITIA, 2003).
109 O Projeto Salvador Escravista centra-se na concepção de uso público dos espaços citadinos a partir de dois marcos: o elevado número de africanos que chegaram na cidade na condição de escravizados e as homenagens públicas aos sujeitos que participaram ativamente (e consequente violentamente) do comércio

a Universidade Federal da Bahia. Na página eletrônica do projeto, outra cifra, de acordo com dados recentes: navios negreiros da Bahia carregaram cerca de um milhão, trezentos e cinquenta mil pessoas que, aprisionadas e escravizadas, vivenciaram a dolorosa travessia do oceano Atlântico. Até 1790, Salvador tinha o principal porto negreiro das Américas, marca superada pelo Rio de Janeiro no século XIX (ELTI; RICHARDSON, 2010). Além de ter recebido muitos escravizados, Salvador também enviou essa mão de obra, principalmente para o Rio de Janeiro (O'MALLEY; BORUCKI, 2017).

O elevado número de africanos que aportaram em Salvador no violento processo de exploração colonial juntamente com a resistência dos negros africanos e dos nascidos no Brasil resultaram em heranças culturais que podem ser vistas e sentidas sob um olhar, corpo e mente atentos, ao circularem pela cidade de Salvador. A relação entre as antigas escravas de ganho, negras livres e libertas que trabalhavam com venda ambulante no século XIX, em Salvador. Para Cecília Moreira Soares (1996), no trabalho sobre as relações comerciais realizadas no século XIX, nas ruas de Salvador, informa que tal mercado era fundamentado no sistema de ganho, sendo a partir desse sistema que "a mulher negra ocupou lugar destacado no mercado de trabalho urbano" (SOARES, 1996, p. 57). Segundo a tabela apresentada por Soares sobre o censo da freguesia de Santana, em Salvador, no ano de 1849, as africanas libertas totalizavam 198 dentre as que desempenhavam diferentes funções, sendo que a maioria se concentrava no pequeno comércio, contabilizando "71% das africanas libertas que negociam, proporção que sobe para 79%, se acrescentarmos aquelas que declararam vagamente viverem do ganho" (SOARES, 1996, p. 59).

Já mencionei a importância do oceano no processo de escravização e exploração europeia. Além do mar gostaria de destacar outro elemento que simboliza e materializa o processo de retirada forçada de um povo de seu continente de origem e a criação de novas formas de ser e existir nas Américas, o Novo Mundo: o navio negreiro. Aqui, as formulações sobre as culturas forjadas a partir da diáspora africana de Paul Gilroy (2001) auxiliam para compreendermos as dinâmicas e as consequências culturais dos contatos dos diferentes povos no mundo colonial e na colonialidade.

Gilroy (2001) concentra-se nas interações e ligações construídas por causa e a partir da diáspora africana como se elas colaborassem no processo de formação de uma rede comunicativa, que ultrapassa as fronteiras étnicas do Estado Nacional, possibilitando aos povos da diáspora a estabelecer trocas culturais, interagir, conversar e criar. O autor se distancia das formulações

---

e tráfico de negros. Nesse sentido, o projeto discute e problematiza as construções de memórias sobre a escravização e o uso público do passado por meio de homenagens públicas, principalmente estátuas e nomes de ruas que valorizam escravagistas. Ao fazer isso também denunciam como essa memória é forjada. Para conhecer o projeto acesse: https://www.salvadorescravista.com/

que entendem a cultura como algo relacionado a um território e formula sua concepção de cultura como algo desterritorializado, criada na interação a partir dos fluxos e contatos dos diferentes povos. Sendo assim, "sob a chave da diáspora nós poderemos então ver não a raça, e sim formas geopolíticas e geoculturais de vida que são resultantes da interação entre sistemas comunicativos e contextos que elas não só incorporam, mas também modificam e transcendem" (GILROY, 2001, p. 25).

O autor recorre às imagens do mar e do navio, aos caminhos do oceano passando por diversas páginas do livro, ele as utiliza no sentido poético, porém, principalmente heurístico. O oceano expressa ideia de movimento, fluxo, mistura relacionando-se, assim, com a perspectiva analítica que situa o mundo do Atlântico Negro num fluxo interativo que passa pelo local e pelo global. O navio ganha assim, uma importância histórica, pois ele exerce a função de principal canal de comunicação pan-africana. Ele é um elemento central no modelo interpretativo de Gilroy (2001, p. 38) que o define como "um sistema vivo, microcultural e micropolítico em movimento que coloca em circulação, ideias, ativistas, artefatos culturais e políticos".

Os africanos escravizados e seus descendentes construíram a cidade de Salvador. Essa construção congrega tempos diferentes: passado, presente e futuro. Além do quantitativo numérico na capital baiana, que explica, ao menos em parte, a presença negra nas ruas, ocorreu uma forte resistência dessa população. A Revolta dos Malês (1835) é um acontecimento histórico que exibe e exemplifica essa resistência. Ela ocorreu em Salvador na madrugada do dia 25 de janeiro de 1835 articulada por africanos islamizados, em síntese a principal reivindicação dos envolvidos era o fim da escravidão de africanos, a revolta foi fortemente reprimida pelas forças governamentais que também foram facilitadas por uma denúncia de que o levante aconteceria. As lutas, perseguições, prisões e mortes tomaram diversos pontos da cidade, no final do dia, as forças governamentais já tinham contido o movimento, mas não conseguiram conter as ideias espalhadas pelos revoltosos. Entre os senhores de escravizados circulava o medo de um novo levante.

As notícias sobre a Revolta dos Malês circularam pelo país, em diversos jornais da capital do império era possível saber o que havia acontecido em 25 de janeiro de 1835 em Salvador. O pavor de insurreições de escravizados não foi inaugurado com a Revolta dos Malês esse sentimento coletivo já havia se espalhado com a eclosão, em 1791, da Revolução da Ilha de São Domingos e da vitória dos negros sob a dominação colonial francesa e sua expulsão, em 1804, do que passou a ser o Haiti.

A Revolta dos Malês, foi a mais conhecida insurreição dessa época na Bahia, porém longe de ter sido a única, no decorrer da primeira metade do século XIX[110], outros movimentos ora mais semelhantes ora mais diferentes ocorreram na antiga capital do país. Como nos lembra João José Reis (2014), às insurreições de escravizados na Bahia, até a década de 1820, tinham entre os envolvidos mais os escravizados denominados de haussás que foram gradativamente substituídos pelos nagôs, africanos que compartilham a língua iorubá, incluindo assim, os malês (nagôs islamizados).

Além da circulação de princípios revolucionários que foram nutrindo o pavor da elite econômica e política, que ocorressem novas revoltas havia um outro fator: o elevado números de escravizados, tanto africanos como os nascidos no Brasil. No ano da Revolta dos Malês, Salvador tinha uma população média de 65.500, desse conjunto cerca de 42% eram escravizados, no qual 63% eram africanos (REIS, 1996).

Salvador epicentro do turismo de raízes

A experiência da escravização une todos os descendentes de africanos dispersos pelo mundo. Se encontrar com o outro é também se encontrar com a gente, enquanto povo negro. O passado que compartilhamos, que é de dor e de resistência, entre outros aspectos, nos liga. Essa ligação ancestral foi alicerçada a partir da retirada forçada de africanos de seu continente e a viagem transatlântica para servirem de mão de obra escrava para comerciantes europeus. A construção dessa identidade foi forjada nas trocas, encontros, alianças e fluxos que tiveram como primeiro cenário o navio negreiro. A dor, o sofrimento, a exploração física e psicológica estão presentes na construção da cultura do atlântico negro, das culturas no plural, é mais coerente.

A formação das culturas negras diaspóricas é um movimento de ligação, mas só de fato foi necessária porque antes, na retirada forçada dos africanos das suas terras, ocorreu uma ruptura indesejada e violentamente forçada pelos europeus. Famílias foram separadas, identidades foram roubadas, linhagens reais foram desfeitas, até o nome o que há de mais pessoal, aquilo que nos torna sujeito na coletividade foi retirado com o batismo de africanos nas Américas. Grada Kilomba (2019) denomina esse processo de trama colonial, porque foi um desmantelamento que afetou drasticamente tanto aqueles que ficaram na África quanto aqueles que foram capturados, vendidos, transportados e forçados a trabalharem em terras distantes. O continente africano foi o único que seu povo foi negociado: separado, escravizado, coletivamente privado de direitos básicos, tudo em prol do crescimento das economias europeias.

---

110 No final do século XVIII, em 1798, outro movimento contestatório ocorreu na Bahia, foi a denominada Conspiração dos Alfaiates, a maioria dos que participaram eram homens pardos e livres e libertos, sobretudo artesãos e soldados, teve também a participação de alguns negros escravizados dentre as suas exigências estava o fim da escravidão (REIS, 1996).

A África e sua população foram divididos. É esse passado de ruptura que liga negros e negras no mundo todo. O afroturismo pode ser compreendido como um processo de reconstrução dessa história de fragmentação de um povo. Essa perspectiva sobre a experiência turística é uma alternativa ao turismo feito por brancos e para brancos. No afroturismo há inclusão e valorização à cultura negra dos espaços visitados, há, também, a construção de uma rede de empreendedores negros que visa o fortalecimento desses, assim, como a criação de uma experiencia cujo o pertencimento étnico seja o centro. No momento que um indivíduo busca visitar lugares significativos para a memória coletiva forjada com a experiência da escravização, locais onde chegou e resistiu um enorme contingente de africanos, como Salvador, esse movimento "parece ser um processo de reparação pelo qual o indivíduo recria uma conexão que fora quebrada" (KILOMBA, 2019, p. 207). Dito de outra forma, essa viagem parece ser um "ritual coletivo destinado a reparar a experiência histórica de ruptura e fragmentação" (KILOMBA, 2019, p. 207).

É certo que o turismo de raízes não se limita a "regressar" a África. Em vez disso, muitos turistas de raízes encontram locais significativos de memória em seus próprios quintais ou através do Atlântico negro em lugares como Salvador da Bahia, Brasil, onde as tradições africanas sobreviveram entre grandes populações negras. O afroturismo é uma espécie de turismo de raízes, que consiste em viagens ou passeios centrados em certa identidade (FINLEY, 2006). Ao analisar um projeto de turismo de raízes em Gana Cheryl Finley (2006) afirma que os sujeitos que procuram esse tipo de experiência buscam um tipo de "retorno" simbólico a uma terra ancestral muitas vezes tornada visível pela memória racial da África como um lugar familiar, o continente africano como lugar de nascimento de povo cuja principal característica comum é ter passado pelo sofrimento da escravização. Sabe-se que o turismo de raízes não se limita a "regressar" a África, ou mesmo a lugares específicos desse continente. Em vez disso, diversos turistas de raízes acham locais significativos de memória em seus próprios países ou cidades do Atlântico Negro, como é caso analisado aqui, a cidade de Salvador. Esses locais são definidos por Cheryl Finley (2006) como espaços em que as tradições africanas sobreviveram entre grandes populações negras e existem monumentos físicos que expressam as culturas dessa população.

Culturas, no entanto, construídas e reconstruídas nas trocas, nos contatos e nos fluxos pelo Atlântico Negro. Os conceitos de cultura e de identidade são empregados aqui não com fixos, estáticos ou até mesmo essencializados qualquer essência étnica ou geográfica, mas sim, conceitos mutáveis e em constante criação e recriação pelos grupos sociais. A própria ideia de África também é carregada de complexidade, não estamos usando com um continente estático, mantido num passado cristalizado. Pelo contrário, devo acentuar as várias Áfricas dentro da África com suas diversidades sociais e políticas, além do mais, estamos diante de visões do continente africano construídas no passado, mas ainda presentes na atualidade. Notando também, que a ideia sobre um lugar, nesse caso, aqui de um continente, só pode ser construída a partir da interação com outros grupos distantes antes da Exploração Europeia e depois em contato por causa dessa mesma exploração. Nesse sentido, é tão importante pensar em culturas diaspóricas e não africana, americana ou brasileira. Faz sentido refletir sobre as atualizações do passado no presente.

Sobre o turismo de raízes e as posições de Salvador e do Recôncavo Baiano nesse panorama Patrícia Pinho (2004) mostra que desde a década 1970, há um movimento de estadunidenses negros que viajam para à Bahia na busca de experiências para se reconectarem com suas heranças africanas presentes nessa parte do Brasil.

> O que começou como uma viagem informal de um grupo de amigos se transformou ao longo das últimas décadas em um mercado estruturado e organizado que inclui agências de turismo do Brasil e dos EUA. Eu chamo este fenômeno de "turismo de raízes" porque é desenvolvido por pessoas que viajam para encontrar suas "raízes africanas", estejam estas localizadas no continente africano ou em países da diáspora com significativas populações negras. Os turistas de raízes afro-americanos buscam conhecer culturas negras diaspóricas e estabelecer uma conexão com povos afrodescendentes de outras partes da diáspora (PINHO, 2004, p. 47-48).

Jocélio Teles dos Santos (2005) investigou outra faceta desse mesmo processo analisado por Patrícia Pinho (2004) se por um lado a autora estava interessada nas atividades turísticas em locais e realizadas por pessoas negras, por outro o autor concentrava-se nas políticas públicas culturais. Porém, ambos concentrados na construção da Bahia como centro que aglutina uma herança africana.

> Perseguindo a forma como essa cultura atravessa a elaboração dessas políticas oficiais, elegi o estado da Bahia como o ponto focal da análise para entender o processo político da construção de imagens de uma 'Bahia negra', que hoje parece definir 'naturalmente' a identidade do estado. O processo de construção e consolidação dessas imagens vai se firmando, paulatinamente, entre o final da década de 50 e o início da Nova República, num contexto marcado por fortes tensões e ambiguidades nas relações entre as elites políticas e os próprios grupos e entidades negras, como os terreiros de candomblé e suas lideranças, e outras entidades culturais e políticas, como o Olodum, o Ilê Aiyê, o Filhos de Gandhy e o MNU" (SANTOS; JOCÉLIO, 2005, p. 22).

A expressiva presença de corpos negros na capital baiana que circulam todos os dias é resultado tanto do elevado contingente de africanos que aqui aportaram durante o tráfico de escravizados quanto a resistência dessa mesma população. Existir nesse sentido está relacionado com resistir. Assim, por meio de diferentes maneiras os negros africanos e afro brasileiros se organizaram, historicamente, na luta por direitos e contra os sistemas de opressão. As irmandades religiosas de negros, grupos de ajuda mutua, conjunto organizado de trabalhadores, terreiros de candomblé para citar algumas das formas de organização construídas por essa população. Compreende o afroturismo produzido por empresas como o Guia Negro que enfatiza o protagonismo negro na história do Brasil uma atualização dessas organizações negras, uma vez que, por meio do acesso dos conhecimentos históricos é possível se conhecer e reconhecer geográfica e historicamente contribuindo, assim, para o fortalecimento das identidades negras.

O Guia Negro: uma experiência identitária

Como citei nas páginas anteriores a ideia desenvolvida aqui é analisar a presença ou ausência de monumentos negros na cidade de Salvador, mais especificamente, no Centro Histórico dessa cidade. A direção escolhida para empreender essa tarefa foi seguir o Guia Negro e as suas ações no desenvolvimento do turismo de raízes. Nesta parte do texto, apresentarei o trabalho desenvolvido pela a empresa em Salvador em diálogo com o objetivo do artigo.

O Guia Negro[111] foi fundado em 2018 pelo jornalista e produtor de conteúdo digital Guilherme Soares Dias e uma rede de apoiadores e militantes do movimento negro. De acordo com as informações da página eletrônica, o Guia Negro é "uma plataforma de afroturismo, que realiza experiências turísticas em diversas cidades e faz produção independente de conteúdo sobre viagens, cultura negra, afroturismo e *black business*".

O desejo e os esforços para criar a plataforma nasceu após o Guilherme fazer uma viagem pelo mundo, como ele me explicou em entrevista[112]. Essa viagem começou em 2016 e em meados de 2017, quase no final da jornada, Guilherme notou que ele acabou fazendo aquele mesmo circuito turismo com as narrativas brancas. Motivado por essa constatação, ele passou um tempo trabalhando com turismo centrado nos povos originários no Deserto do Atacama, no Chile. Ao retornar ao Brasil e em diálogo com amigos e parceiros de trabalho decidiu criar o Guia Negro, nesse primeiro momento,

---

111 Página eletrônica do Guia Negro: https://guianegro.com.br/.
112 A entrevista ocorreu de maneira remota no dia 13 de fevereiro de 2023, foi gravada e posteriormente transcrita.

seriam caminhadas guiadas contando a história da cidade de São Paulo numa perspectiva afrocentrada.

A singularidade do Guia Negro é produzir narrativas descentralizadas da história branca contada na maioria dos circuitos de turismo no Brasil. Nesse sentido, o Guia coloca em ação uma das sugestões de Stuart Hall (2009) que nos orienta a "reconsiderar as possibilidades de escrever relatos não centrados na Europa sobre como as culturas dissidentes da modernidade do Atlântico negro têm desenvolvido e modificado este mundo fragmentado, contribuindo amplamente para a saúde de nosso planeta e para suas aspirações democráticas" (HALL, 2009, p. 16).

O Guia Negro promove experiências turísticas centradas na cultura negra em diversas cidades do Brasil, entre elas, São Paulo, Olinda, João Pessoa, Brasília, São Luís e Rio de Janeiro. Os percursos das visitas são autorais e modificados com o passar do tempo. Há uma preocupação de construir conexões afrocentradas com o território e com os sujeitos, nesse sentido, construiu-se uma rede de empreendedores negros que de certa forma, são inseridos na experiência.

Para além das experiências turísticas em várias cidades do país, o Guia Negro fornece consultorias, produção de conteúdo digital sobre viagens, cultura negra, afroturismo, eventos negros e *black business*. São os embaixadores do afroturismo visando proporcionar uma experiência turística inclusiva.

A plataforma de turismo promove em Salvador caminhadas em três lugares diferentes: Pelourinho, bairros do Subúrbio Rodoviário e o Curuzu. Sobre a seleção desse último bairro Guilherme reafirma sua importância por ser um bairro cuja a população é majoritariamente negra, nele encontramos terreiros de candomblés importantes e a sede do primeiro bloco afro do Brasil o Ilê Aiyê[113], por essas especificidades a visita ao local pode ser compreendida como uma experiência única. O jornalista e viajante também destacou uma vista ampla e linda da cidade que é possível experienciar do Curuzu. A depender da narrativa construída sobre este bairro soteropolitano, ele poderá ser comparado à cidade de Soweto[114] em Joanesburgo, na África do Sul. Ele ainda complementa a ideia "todo mundo vai para Joanesburgo conhece o Soweto todo mundo que vai para Salvador deveria ir para o Curuzu.

---

113   Fundado em 1974, o Ilê Aiyê é o bloco afro mais antigo do Brasil, tem sua origem e história relacionadas ao terreiro Ilê Axé Jitolu. Mãe Hilda, foi líder da casa por muitos anos, sucedida por Mãe Hildelice dos Santos que atualmente se encontra na frente deste terreiro. Um ano após seu nascimento, o bloco desfilou pelas ruas de Salvador e segue levando uma multidão que sai todos os anos da ladeira do Curuzu da frente da frente da casa religiosa é após um ritual que lota a ladeira. Na ocasião são realizadas homenagens a Oxalá e a Obaluaê, com pipoca e milho branco.

114   Soweto era um bairro de Joanesburgo, porém se expandiu tanto que conquistou a emancipação.

Soweto é considerado o epicentro da resistência negra contra o regime de segregação racial que vigorou na África do Sul entre os anos de 1948 a 1994 período no qual essa região abrigou forte resistência contra as medidas de exclusão, violência e perseguição realizadas pelo Estado contra a população negra. O sistema da era *apartheid* pautado determinadas leis, entre elas:

> [...] a lei da proibição de casamentos mistos (1949); a lei da imoralidade (1950); a lei de registro populacional (1950); a lei de agrupamentos urbanos (1950); a lei dos nativos (1952); a lei de reserva de benefícios sociais separados (1953). Essas e muitas outras leis davam um caráter legal a esse sistema exploratório. Uma dessas leis foi a Lei de Educação Bantu (1953). É preciso observar atentamente que cada uma dessas leis deu ao sistema do apartheid um alicerce sólido para sua consolidação e ao mesmo tempo tornaram 'legitima' toda e qualquer espécie de violência empregada para a manutenção desse sistema. A separação entre brancos e negros na África do Sul tornou-se institucional, e a sociedade passou a ser dividida em brancos, negros, mestiços e indianos (SILVA JÚNIOR, 2016, p. 8).

Na década de 1970, essas manifestações se intensificaram. Um marco importante nesse processo de luta política foi a resposta da população ao Decreto Médio Afrikaans. Por meio dessa lei, o ensino do africâner se tornava obrigatório nas escolas. A língua africâner era um símbolo da exploração colonial e sua obrigatoriedade nas escolas por medida do governo representava mais uma faceta da colonização inglesa no país e das medidas segregacionistas do governo sul africano.

Em junho de 1976, eclodiu o que ficou conhecido como levante de Soweto, um protesto organizado por estuantes e que foi violentamente reprimido pelas forças policiais. Fonseca- Statter (2011) aponta que o protesto que teve início em Soweto se espalhou por todo o país, contou com a participação de diversos grupos organizados na luta contra o regime dentre esses grupos, estava o Movimento de Consciência Negra fundado na passagem do ano de 1969 para 1970 pelo ativista anti-apartheid Steve Biko[115] (SILVA JUNIOR, 2016). Grupos mais antigos também participaram dos diversos protestos, dentre eles o Congresso Nacional Africano fundando em 1912 que era um partido político constituído somente por negros e que contava com a participação de Nelson Mandela como

---

115   Steve Biko fez parte da resistência organizada contra o sistema do apartheid. Sua inserção na luta ocorreu quando o mesmo cursava faculdade de Medicina em Port Elizabeth, como destacou José Nilton da Silva Junior. O ativista negro juntamente com seus companheiros de militância convertera o significado de "negro", de uma cor e categoria estatal, numa experiência. Muito famosa ficou sua expressão: "Black is beautifull". E, desse modo contribuiu para que a política deixasse de ser algo dos políticos, como nos anos anteriores, e passasse a ser algo que toda pessoa experimenta. Aí se insere o movimento Black Consciousness, e nesse tom se seguiram também outras manifestações (SILVA JUNIOR, 2016, p. 26).

um dos integrantes. Contudo, na década de 1960 no contexto da Guerra Fria foi posto em clandestinidade a partir da lei de Supressão do Comunismo por meio desse instrumento legal todo organização classificada como comunista pelo go1verno sul africano era perseguida. Outro grupo que sistematizou críticas ao apartheid e tomou as ruas nos protestos foi o denominado Congresso Pan-Africanos criado em Soweto em 1958 (SILVA JUNIOR, 2016).

O levante que começou em 1976 durou praticamente um ano e se espalhou por toda África do Sul com diferentes formatos, sobretudo, greves, protestos e enfrentamentos com a polícia. A revolta iniciada em Soweto teve repercussão internacional transformando num símbolo internacional da luta contra o apartheid (FONTELLA; ROSA; RICHTER, 2013). Conforme sistematizou José Nilton Junior (2022) em seu livro sobre a trajetória do militante sul africano Steve Biko o *apartheid* teve início com a vitória do Partido Nacional nas eleições gerais da África do Sul, na ocasião apenas os brancos foram autorizados a votar.

> Quando o primeiro-ministro Hendrik Verwoerd subiu ao poder, todas as orientações de segregação racial estavam presentes no programa de governo [...]. Todo esse regime tinha um aparato legal, ou seja, houve um sistema de leis que corroboravam com todo esse processo e dava-lhe um caráter disciplinador, ordenador (SILVA JUNIOR, 2016, p. 7).

Traçamos aqui um paralelo entre o bairro do Curuzu (Brasil) com a cidade de Soweto (África do Sul) tendo em vista a potência de luta e por possuírem territórios existenciais da resistência negra. Talvez o maior exemplo no caso brasileiro é a sede do bloco afro Ilê Aiyê ressaltando sua criação na luta contra o racismo na sociedade brasileira e da valorização da identidade negra, tanto africana quanto afro-brasileira.

Nas palavras de Guilherme, jornalista apresentado anterior, o Curuzu tem "uma negritude, uma cultura muito própria, uma vivência" e por isso os *tours* nesse bairro atrai um público que cria conexão com o espaço voltando lá para novas visitas, para consumir um produto ou um serviço.

No trecho a seguir extraído do site do Guia é possível conhecer sua atuação nas diferentes cidades brasileiras.

> O Guia Negro e a Black Bird Viagem se uniram em 2021 e juntas promovem experiências de afroturismo, além de inspirar viagens mais diversas. Como embaixadores do afroturismo, buscamos trazer um olhar inclusivo para o mercado de turismo brasileiro.
> Idealizamos e promovemos roteiros especiais como a Caminhada São Paulo Negra e de outros *walking* tours baseados na cultura e história

negra, como a Caminhada Bixiga Negra, Caminhada Barra Funda Negra, Tour de Moda Afro, Caminhada Heroínas Negras e Grajaú por Nóis, em São Paulo.

Na Bahia, desenvolvemos a Caminhada Salvador Negra, que ocorre no Pelourinho; a Suburbana Tour; Nordeste Tour; Passar uma tarde em Itapuã; Curuzu-Liberdade Tour; Caminhada Boipeba Roots[116].

Especificamente sobre a paisagem cultural de Salvador, Guilherme pontuou o legado deixado pelos africanos e seus impactos: "há uma herança africana presente na cidade toda, na roupa, na comida, religião, é a cidade que conseguiu guardar a cultura africana". Salvador possui uma relação visual e sensorial com as heranças vindas do continente africano, na verdade, uma cultura criada em diáspora experienciada e consequentemente transformada na atualidade.

Se por um lado a capital baiana pode assegurar uma experiência turista negra por meio da culinária, religiosidade, sons, cores, por outro lado carece de monumentos em homenagem a essa mesma negritude. Além da quantidade reduzida de estátuas que valorizam sujeitos negros as existentes são pequenas ou se perdem na paisagem urbana. Ao refletir sobre esse processo de invisibilidade urbanística de esculturas negras em comparação, por exemplo, de estátuas de agentes colaboradores e incentivadores da escravização percebemos uma valorização desses últimos. Guilherme cita a estátua de Borba Gato (homem branco e bandeirante paulista, que atuou como juiz) ao comparar seu tamanho e sua presença no cotidiano paulista com estátuas de representantes das culturas afro-brasileiras. Nas palavras de Guilherme:

> A gente não tem nenhuma estátua da cultura negra com essa proporção, no Brasil, estou falando do Brasil. Isso é muito interessante porque quando a gente fala de afroturismo a gente quer ir também em estátuas, a gente quer ir em lugares que são referências, por exemplo, eu sonho em ir no Senegal para tirar uma foto no monumento da Renascença Africana, que é um monumento super gigante, super bonito, que eu vejo em fotos, vejo as pessoas produzindo conteúdo lá e que me desperta esse desejo de ir para o Senegal para conhecer, na África do Sul a gente tem várias estátuas, principalmente do Mandela que são grandes, que são muito bonitas e que são muito *instangramaveis*. E no Brasil a gente tem pequenas estátuas, essa estátua do Zumbi ela é muito pequena, a praça chama praça da Sé, ela está no meio de vários vendedores ambulantes e acaba se perdendo na paisagem, já aconteceu da gente fazer a caminhada com pessoas de Salvador e elas falarem 'nossa eu já passei aqui e nunca tinha visto esse zumbi', isso é muito frequente e faz parte dessa invisibilidade mesmo.

---

116 No *site* do Guia Negro é possível conhecer o perfil profissional de toda a equipe assim como as várias experiências, denominadas caminhadas realizadas nas diferentes cidades brasileiras. Ver: https://guianegro.com.br/. Acesso em: abr. 2023.

O pesquisador Jorge Santana, em seu capítulo[117] neste livro, analisa a polêmica da possível retirada da estátua deste bandeirante a partir, principalmente, das disputas de narrativas.

A caminha promovida pelo Guia Negro no centro histórico de Salvador, assim, como outras realizadas pela mesma empresa, possui um percurso autoral e que sofre modificações com o passar do tempo. Contudo, uma parada que permanece e possivelmente permanecerá ocorre na Praça da Sé, mais especificamente na estátua de Zumbi de Palmares. O elevador Lacerda, que liga a Cidade Baixa a Cidade Alta, é o ponto inicial do percurso. Este privilegia tanto elementos da cultura material quanto da imaterial. Um importante exemplo da cultura material é estátua do líder do quilombo dos Palmares a parada realizada ali é acompanhada de uma explicação da história do herói negro, da importância do maior quilombo das Américas enfatizando a construção de Zumbi como símbolo da resistência negra. Sobre a cultura imaterial recebem destaque os saberes relacionados ao ofício das baianas de acarajé e as religiosidades afro-brasileiras.

Ocupar o espaço público com monumentos representativos para a história da população negra pode impulsionar a criação de espaços significativos para a população representada pelo monumento. Ariane Corrêa (2003) em seu artigo nesta obra analisa a repercussão da inauguração da estatua de Zumbi na zona oeste do Rio de Janeiro. A autora destaca a construção de um território negro e a escultura integra o conjunto de elementos representativos para a história da população negra no Brasil.

Considerações finais

O aforturismo faz parte do que entendemos de forma mais ampla os movimentos negros, uma vez que, opera no combate do racismo e na valorização das identidades negras. Lembrando que a prática turística numa perspectiva afrocentrada acontece em rede com empreendedores negros e negras no sentido de fazer circular e aumentar o capital de empreendimentos negros.

Ao longo deste texto foi discutida a importância de divulgar as marcas negras deixadas nas cidades, de luta e de resistência. Ao promover um convite de olharmos para o passado escravista do nosso país nos possibilitou olharmos para o presente, para as características que a população negra imprimiu e imprime nas nossas cidades.

A atuação do Guia Negro extrapola a concepção de empresa de turismo. Já que sua atuação também abrange produção de conteúdo, em diferentes

---

[117] Jorge Santana (2023) também apresenta o contexto internacional que se relaciona com o início das discussões sobre a retirada da estátua de Borba Gato e de outros sujeitos que de alguma forma participaram e se beneficiaram com o violento sistema escravista.

formatos, sobretudo na elaboração e divulgação de textos escritos e podcast. Aqui concentrei nas falas do Guilherme um dos fundadores, mas há uma equipe que coletivamente promove experiências afro diaspóricas em diversas cidades do Brasil.

O Guia Negro compõe o grupo de empreendimentos negros que formam uma rede cujo objetivo principal é fortalecer esse conjunto da população. O Guia promove momentos de construção de conhecimento ao convidarem pesquisadores para participarem dos *tours* além da interação e do compartilhamento entre os turistas. Vimos aqui, como que ocupar as cidades com corpos negros dinâmicos e estátuas representativas dessa população pode fortalecer as identidades negras, com esse fortalecimento é possível lutar contra o racismo.

REFERÊNCIAS

ELTIS, David; RICHARDSON, David. **Atlas of the Transatlantic Slave Trade**. New Haven & Londres: Yale University Press, 2010.

FINLEY, Ghana Cheryl Of Golden Anniversaries and Bicentennials: The Convergence of Memory, Tourism and National History. **Journeys**, v. 7, ed. 2, 2006.

FONTELLA Leandro Goya; ROSA, Taís Hemann da; RICHTER, Daniela. Muito além da copa do mundo de 2010: população sul-africana negra vs apartheid na África do Sul. **Disciplinarum Scientia**. Série: Ciências Humanas, Santa Maria, v. 14, n. 1, p. 15-36, 2013.

GOMES, Nilma Lino. **O movimento negro educador**: Saberes construídos na luta por emancipação. Petrópolis, RJ: vozes, 2017.

HALL, Stuart. **Da diáspora**: identidades e mediações culturais. Organizadores Liv Sovik; Trad. de Adelaine La Guardia Resende *et al.*, Atualizada. Belo Horizonte: Editora UFMG, 2009.

KILOMBA, Grada. **Memórias da plantação**: Episódios de racismo cotidiano. Tradução de Jess Oliveira. Rio de Janeira: Cobogó, 2019.

FONSECA-STATTER, Guilherme da. **A África do Sul e o Sistema-Mundo**: da Guerra dos Bôeres à globalização. Lisboa: *Gerpress*, 2011.

GILROY, Paul. **O Atlântico Negro**. Modernidade e dupla consciência, São Paulo, Rio de Janeiro, 34/Universidade Cândido Mendes/Centro de Estudos Afro-Asiáticos, 2001.

GOITIA, F. C. **Breve história do urbanismo**. 5. ed. Lisboa: Presença, 2003.

MATTOSO, Kátia. **Bahia, século XIX**: uma Província no Império. Rio de Janeiro: Nova Fronteira, 1992.

O'MALLEY, Gregory E.; BORUCKI, Alex. Patterns in the intercolonial slave trade across the Americas before the nineteenth century. **Revista Tempo**, n. 23, 2017.

PINHO, Patrícia de Santana. **Reinvenções da África na Bahia**. São Paulo: Annablume, 2004.

REIS, João José. Quilombos e revoltas escravas no Brasil. **Revista USP**, São Paulo, n. 28, p. 14-39, 1996.

SANTOS, Jocélio Teles dos. **O poder da cultura e a cultura no poder**: A disputa simbólica da herança cultural negra no Brasil. Salvador: Edufba, 2005.

SANTOS, Milton. **O Centro da Cidade do Salvador**: Estudo de Geografia Urbana. Salvador: Edufba, 2008.

SILVA JÚNIOR, José Nilton da. **Steve Biko e o Movimento Consciência Negra**: trajetória e atuação de um jovem líder negro na África do Sul (1969 – 1977). Dissertação (Mestrado em História Social) – Instituto de História, Universidade Federal do Rio de Janeiro, 2016.

SOARES. Cecília Moreira. As Ganhadeiras: mulher e resistência negra em Salvador no século XIX. **Revista Afro-Ásia**. Salvador: CEAO, n. 17, p. 57-71, 1996.

TERRITÓRIOS NEGROS:
uma análise dos enfrentamentos espaciais das lutas antirracistas

Simone Antunes Ferreira[118]
Denilson Araújo de Oliveira[119]

Estima-se que para o "Novo Mundo" entre o século XVI e XIX entre 10 a 13 milhões de pessoas foram violentamente retiradas dos seus territórios na África, racializados, desumanizados, escravizados e levados para o trabalho forçado do outro lado do Atlântico[120]. Aproximadamente 4,8 milhões de pessoas escravizadas na África desembarcaram no Brasil[121]. É sabido que esse número era muito maior devido: 1 – à maquiagem de dados no contexto da proibição internacional do tráfico de escravizados a partir de 1850; 2 – os barcos que naufragaram fruto de revoltas dos escravizados; 3 – intempéries da natureza que provocavam naufrágios; e 4 – navios afundados para receber o seguro. Assim, a diáspora africana expressa histórias ainda a serem contadas que foram silenciadas pelo eurocentrismo. O projeto colonial mudou radicalmente o destino de milhares de seres humanos e seus espaços nos dois lados do Atlântico. Vemos repercussões até os nossos dias.

A invasão colonial reconfigurou o "Novo Mundo", a chamada América. Aliás, "Novo Mundo" e América são, em si, expressões carregadas de exercício do poder racial da branquitude de uma ocupação simbólica e epistêmica do espaço (MENESES, 2021). Através da destituição das histórias pretéritas e atribuição de novos nomes dos lugares pelos colonizadores, os topônimos dos povos originários foram sendo apagados e os topônimos dados pelos povos escravizados da África foram estigmatizados e destituídos de valor. Muitos desses topônimos silenciados pelo projeto colonial tinham uma relação direta com a diáspora silenciada de povos da África que articulavam com povos do outro lado do Atlântico acerca de 5.000 anos (NASCIMENTO, 1981). Os vínculos

---

118 Professora do Instituto de Educação Professor Ismael Coutinho – RJ. Mestre em Geografia pela UFF/Niterói. Especialista em Ensino de História e Cultura Africana pelo IFRJ/SG. Integrante do NEGRA (Núcleo de Estudo e Pesquisa em Geografia Regional da África e da Diáspora). E-mail: profgeo.simoneaf@gmail.com. ORICID: https://orcid.org/0009-0001-2961-751X.
119 Professor do Departamento e do Programa de Pós-Graduação em Geografia FFP-UERJ e Professor do Programa de Pós-Graduação em Cultura e Territorialidades – UFF. Coordenador do NEGRA (Núcleo de Estudo e Pesquisa em Geografia Regional da África e da Diáspora). Integrante do Instituto Búzios e do PROAFRO. E-mail: araujo.denilson@gmail.com. ORCID: http://orcid.org/0000-0003-1726-7767.
120 Estimativas (slavevoyages.org)
121 *Idem.*

entre os dois lados do Atlântico não começam com a escravidão racial a partir do século XV, como muitos apressadamente esperam. A invisibilidade produzida pelo eurocentrismo nega os espaços históricos enquanto espaços narrativos (MBEMBE, 2013) da diáspora. Estudos de arqueologia, antropologia e etnologia tem provado que existia, muito antes da invasão de Colombo, trocas culturais, políticas, econômicas, sociais e epistêmicas do que hoje se chama África e América (Abya Yala, como o povo kuna chama essa região até os dias de hoje) (NASCIMENTO, 1981; PORTO-GONÇALVES, 2009). Traços, símbolos, técnicas artísticas e funerárias, obras de artes, estátuas de pedra, deidades, sofisticadíssimos conhecimentos em Astronomia, Geometria, Matemática, etc. que se revelam nas famosas pirâmides-escadas presente dos dois lados do Atlântico como as pirâmides Maias, Astecas, as pirâmides no norte do Peru e as pirâmides egípcias e do Sudão são testemunhos visíveis da presença africana ativa em Abya Yala muito antes da invasão europeia a quase 5.000 anos atrás (*Ibidem*). O eurocentrismo busca de todas as formas apagar as agências "africanas".

A nova configuração regional construída a partir de 1492 com a criação do sistema-mundo moderno-colonial e o eurocentramento de mundo (HAESBAERT; PORTO-GONÇALVES, 2006) é uma política deliberada de extermínio de territórios (terricídio) dos povos originários, edificação de narrativas históricas glorificando os colonizadores e apagamento das territorialidades que estão sendo reescritas com a diáspora dos povos escravizados neste período. Contudo, a diversidade de povos e nações que se inscreveram em Abya Yala trazendo outros modos de ser-estar no mundo se hibridizam de forma extremamente complexa com os povos originários.

Lélia Gonzalez (1988) afirma que esse processo criou a Améfrica. Isso revela que a cultura negra, nascida na diáspora, é uma cultura de encruzilhada (MARTINS, 1997) dos distintos povos da África e de Abya Yala. O projeto colonial buscará usurpar e/ou exterminar esses encontros diversos de trajetórias colonizando o espaço e seus topónimos. Santos (2009, p.70) afirma que "as toponímias são expressão da existência de disputas pela apropriação, portanto, de relações de poder que conformam as histórias dos territórios e dos lugares". Os povos escravizados em diáspora não trouxeram apenas seus corpos para o trabalho, mas também, suas cosmogonias, suas expressões e culturas etnobotânicas, suas tradições médicas, suas escritas, suas línguas, suas tradições orais, suas epistemes e seus valores civilizatórios (TRINDADE, 2005), suas formas de organização e simbolização do real. Apesar da exploração e espoliação, os escravizados com seu impulso de vida, o brilho de seu espírito, trouxeram

> [...] com eles, sua cultura, seus saberes e conhecimentos técnicos também fizeram deles uma força de caráter civilizatório. Os africanos ensinaram aos habitantes do território brasileiro e das Américas escravistas muitas

coisas fundamentais para a sobrevivência e o crescimento do chamado "Novo Mundo". [...] Foram artífices, construtores, cirurgiões-barbeiros, cozinheiras. Foram agricultores que trouxeram plantas novas, que serviram e servem como alimento e remédio, e também introduziram diferentes técnicas de cultivo. Entre esses escrav[izad]os havia artistas e músicos com novos instrumentos, ritmos e movimentos que encheram nossa terra de cores e sons – que hoje são tão nossos, tão brasileiros. E suas línguas modificaram o português, fizeram dele a língua nacional, levando-o pelo território, introduzindo palavras e tonalidades. E também trouxeram novas maneiras de se comportar nas relações familiares, de se relacionar com o sagrado, novos modos de celebrar e de se ligar aos antepassados, ou seja, posturas diante da vida e da morte (LIMA, 2006, p. 45) .

Suas técnicas de metalurgia, mineração, pecuária e agricultura em ambiente tropical/equatorial, foram usurpadas e se tornaram centrais no projeto colonial (OLIVEIRA, 2016). Mundos plurais da África (as africanidades[122]) se reterritorializaram em Abya Yala. As africanidades revelam tanto um projeto de construção de um outro Brasil pelos povos em diáspora quanto contra-dispositivos que permitem a criação de territórios/territorialidades como forma de r-existência. As africanidades que tiveram maior permanência se estabeleceram por dribles[123], discursos ocultos (SCOTT, 2004) e contornamentos à estrutura de dominação racial, pois criaram não apenas formas visíveis e pulsantes, mas também formas dissimuladas e ocultas para serem percebidas apenas pelos grupos subalternizados[124].

---

122 "A expressão africanidades brasileiras refese às raízes da cultura brasileira que têm origem africana. Dizendo de outra forma, queremos nos reportar ao modo de ser, de viver, de organizar suas lutas, próprio dos negros brasileiros e, de outro lado, às marcas da cultura africana que, independentemente da origem étnica de cada brasileiro, fazem parte do seu dia-a-dia" (SILVA, 2003, p. 26).

123 Nogueira (2015) afirma que o drible no futebol brasileiro foi recriado pelos negros para fugir das agressões que o sistema racista e elitista do futebol havia criado que não permitia negros no futebol. A arte do samba e da capoeira foi transmutada pelos negros no futebol para fugir das agressões dos brancos. Assim, Nogueira (*idem*) aponta que a afroperspectiva permitiu a negro criar o chamado futebol arte e contornar as contenções criadas sobre os negros pelo sistema racista.
O drible e a ginga se constituíram como arte da resistência ao projeto da branquitude em diferentes contextos e âmbitos da vida social negra.

124 No Passeio Público da área central da cidade do Rio de Janeiro, expressão do projeto de branqueamento da paisagem e do território, engendrado no final do século XIX e início do século XX com a transposição de paisagens derivadas do mundo tido como civilizado francês para o Rio de Janeiro moderno e republicano, existe uma expressão de uma africanidade, um baobá.
Waldman (2012) aponta que os baobás ou baobab são árvores emblemáticas de várias regiões da África. Seu porte imponente, podendo chegar até a 30m de altura, sua longevidade que pode durar milênios e uma enorme capacidade de resistir a longos períodos de seca (por ser um grande reservatório de água, segundo estudos mais de 120 mil litros de água) expressa um dos principais símbolos das sociedades tradicionais africanas, especialmente na percepção da diáspora. No Senegal é uma árvore sagrada. Marcada em vários provérbios, lendas e histórias do continente, os atuais estudos afirmam a existência de oito espécies, todas

> É sabido que, para ser duradoura, qualquer dominação se inscreve não apenas no corpo dos seus submissos, mas também deixará marcas no espaço que eles habitam, assim como traços indeléveis no seu imaginário. Deve involucrar o subjugado e mantê-lo num estado mais ou menos permanente de transe, de intoxicação e de convulsão – incapaz de refletir, com toda a clareza, por si só (MBEMBE, 2014, p. 218).

As africanidades são marcas espaciais de enfrentamento ao projeto de dominação racial inscrito na produção social do espaço (OLIVEIRA, 2016). Contudo, o eurocentrismo foi se constituindo como usina de produção de realidade em que o negro e seus territórios/territorialidades não teriam valor, importância e crédito (FANON, 2008). Logo, as africanidades são marcas também de resistências e r-existências de transmissão de heranças, inscrições, trajetórias, memórias e projetos no sistema de objetos nos sistemas de ações (CORRÊA, 2016; SANTOS, 2002). Essas africanidades inscritas nos corpos e territórios são alvos de constantes desmerecimentos. Elas não são vistas em si. São postas como aquilo que está em busca de reconhecimento da branquitude, pois estão dominadas por *estados mórbidos psicogênicos* (FANON, 2008). São alvos constantes de capturas para demonstrar sua fraqueza epistemológica e ontológica diante a branquitude. Isso revela um *poder tipicamente funerário* (MBEMBE, 2014, p. 220) que busca instituir um culto aos espíritos da dominação. Os símbolos da branquitude no espaço público em forma de bustos, estátuas, estruturas arquitetônicas e toponímias tem uma dimensão pedagógica de poder.

> A presença destes mortos funestos no espaço público tem por objetivo fazer com que o princípio assassínio e de crueldade que personificaram continue a assombrar a memória dos ex-colonizados, sature o seu imaginário e os seus espaços de vida, provocando-lhes assim um estranho eclipse da consciência e impedindo-os, *ipso facto*, de pensar com clareza. O papel das estátuas e monumentos coloniais é, portanto, o de fazer ressurgir no presente mortos que, quando vivos, terão atormentado, muitas vezes em combate, a vida dos Negros. Essas estátuas funcionam como ritos de evocação de defuntos, aos olhos dos quais a humanidade negra não contou – razão pela qual não tinha quaisquer escrúpulos em verter o seu sangue por nada (MBEMBE, 2014, p. 221).

---

pertencentes ao gênero Adansônia. Das oito espécies, seis são de Madagascar, uma domina as extensões subsaarianas do continente e a outra não tem origem africana.

A cultura étnico-botânica africana se (re)inscreveu na diáspora se hibridizando com a cultura dos povos originários e produziu socialmente a natureza tanto novas espécies de plantas usadas quanto a sacralização da natureza com as cosmopercepções e deidades africanas.

A ocupação epistêmica do espaço com o projeto colonial pressupõe que tudo que não é europeu (e seus descendentes) são espaços vazios e sem história (MENESES, 2021). Parafraseando Benjamin (1986), os monumentos de civilização como os bustos, estátuas, toponímias definidas pelo colonizador são, em verdade, monumentos de barbárie. Eles buscaram impor uma forma única de perceber, vivenciar e refletir sobre o espaço. Amílcar Cabral na luta contra o colonialismo português em Guiné Bissau e Cabo Verde em seus discursos dizia que era necessário a reafricanização dos espíritos para poder emancipar (SPAREMBERGER, 2011). Reafricanizar coloca em cheque as posições estéticas, éticas e políticas destinadas aos negros e suas formas espaciais criadas pelo eurocentrismo (*Idem*). Reafricanizar passa a significar um aprofundamento da consciência política e a reinscrição das agências negras (*Ibidem*, ASANTE, 2009). Desta forma, reafricanizar-se constitui um contra-dispositivos aos processos de branqueamento da paisagem, do território (SANTOS, 2009; OLIVEIRA, 2014) e da região.

A diáspora africana revela uma transmutação de trajetórias que se desreterritorializam em sistemas abertos aos outros grupos racializados e subalternizados. Desta forma, reafricanizar não significa constituir lutas nos moldes (apesar de muitos grupos, de forma polêmica tentarem) essencialistas[125]. A reafricanização é aqui amefricanizada (GONZALEZ, 1988), isto é, envolve uma cultura de encruzilhada (MARTINS, 1997) com distintas expressões dos povos originários interseccionada com os povos da diáspora.

Criou-se um mundo *amefricano*, como afirma Lélia Gonzalez (1988), ou seja, as disputas, apropriações e negociações criadas com a multiplicidade de povos das 'Áfricas' com os povos originários no enfrentamento aos colonizadores. Esse processo de des-reontologização significa a construção de lutas frente à desumanização na diáspora. Partimos da proposta de

---

[125] As africanidades inscritas na diáspora trazem *estilos de existências* que revelam políticas com os corpos que remetem a uma ancestralidade africana. São corporeidades dissonantes que reconstrói memórias, tradições e a historicidades dos objetos técnicos (indumentária e adornos) produzindo tanto um *essencialismo estratégico* (SPIVAK, 2010) quanto símbolos inscritos na paisagem de elementos *afros*. Na história da luta antirracista brasileira as africanidades se constituíram como formas de resistências que viviam no limite driblando e produzindo contornamentos aos imaginários racistas do colonialismo/colonialidade (NOGUEIRA, 2015). Não só transitaram entre diferentes territórios, mas também, eram performáticas e produziam discursos ocultos como arte da resistência (SCOTT, 2004). Os códigos ocultos, aproveitavam-se do anonimato para dirimir ações fora do alcance da dominação racial, isto é, mecanismos ocultos que dissimulam seus propósitos e ao mesmo tempo, fazem críticas à dominação em contextos que são impossíveis para qualquer ataque frontal (Idem). Ressaltando que "o drible é um modo de encontrar saídas, alternativas para a interdição de espaço" (NOGUEIRA, 2015). Os *dribles* se constituíram como mecanismos corporificados de contornar e desafiar a insubordinação gestando uma *infrapolítica dos desvalidos ou dos grupos subordinados* (SCOTT, 2004). Scott (*Idem*) entende a *infrapolítica dos desvalidos ou dos grupos subordinados* como uma pluralidade de resistências e rexistências que se utilizam de formas discretas de expressão que estão fora da compreensão da lógica eurocêntrica. Em geral atuam na longa duração. As africanidades se constituíram historicamente a partir de dribles e negociações de sentido para a sua sobrevivência e reprodução.

Lao-Montes (2007) que afirma que a diáspora africana deve ser entendida como categoria-chave geo-histórica que: 1 – significa um processo de longa duração no qual se constituíram expressões culturais, correntes intelectuais, sujeitos históricos e movimentos sociais; 2 – expressa uma condição moderno-colonial tanto de opressão (socioeconômica, cultural, política, existencial e epistêmica) quanto de agentes históricos e de autodesenvolvimento dos sujeitos da África moderna; 3 – uma categoria descolonizadora que afirma e articula ações dos sujeitos, povos e movimentos da diáspora africana. Assim, a luta do movimento negro no Brasil envolve tanto modos de subjetivação contra-hegemônicos quanto a criação de espaço de vida (biopólis) (ALVES, 2020).

O debate da questão racial numa sociedade em diáspora significa que não resolvemos os problemas do nosso passado. Assim, o racismo age violentando as vidas, os territórios, as territorialidades e os patrimônios negros. Coloca-se, como diz o teólogo evangélico antirracista Ronilso Pacheco (2016) uma necessidade "de uma espécie de 'imperativo' ético gerado a partir da memória" (PACHECO, 2016, 106) pois "a memória grita pela interpretação do que houve outrora" (*Idem*, 107).

> Uma ética da memória buscaria não a imposição, mas a construção de um presente comum, que torna a afirmação de sua lembrança a negação da repetição dos seus excessos – que alienou sujeitos, que subjugou identidades, que destruiu histórias, que negou existências, que perseguiu diferentes, que invisibilizou pobres, que excluiu estranhos, que suprimiu direitos, que calou com morte (PACHECO, 2016, p. 107).

Colocar no centro do debate das africanidades[126] significa o enfrentamento da dominação nas suas inscrições espaciais. O movimento negro e as lutas antirracista pelo mundo ao politizar as espacialidades da diáspora africana e as inscritas pela dominação racial reafirmando sua historicidade, *corporifica significados de territórios, toponímias* dando novos *rumos* da

---

[126] "O tema das africanidades tem se tornado uma das principais bandeiras da luta política do movimento negro brasileiro nas últimas décadas. As africanidades apontam a reconstrução da diáspora africana em novos mundos. Um processo de dispersão de pessoas e vivências de uma região que passaram a ser experimentadas numa nova realidade [...].
Pensar em africanidades no Brasil é pensar as Áfricas que nos formaram enquanto sociedade, nação e território. As africanidades revelam marcas das distintas "matrizes africanas" na memória da formação brasileira que aqui se territorializaram e se reinventaram. Logo, as africanidades não são dadas, elas são (re)construções de discursos explícitos e ocultos de uma multiplicidade de povos que aqui se estabeleceram, de forma tensa e contraditória. Assim, o debate das africanidades tem promovido um alargamento acerca da leitura do passado, do presente e da reinvenção de suas existências (como os quilombos) e os múltiplos processos de resistências. [...] Pela sua pluralidade, as africanidades envolvem um múltiplo panorama: palavras, topônimos, princípios cosmogônicos, plantas, árvores, músicas, danças, símbolos, sistemas filosóficos, religiosidades, entre outros" (OLIVEIRA, 2016, s/p).

identidade em política (MIGNOLO, 2008). Mbembe (2014), estudando o contexto pós-independência africano, aponta que esta preocupação com o *nome próprio* não se produz sem ambiguidades, pois caminha em direção ao perigoso discurso da busca da autenticidade. Ou seja, a afirmação das *formas simbólicas espaciais da diáspora* tem uma forte conotação política que convocam outras matrizes de racionalidade na leitura de nosso território e das múltiplas territorialidades.

Territórios negros: entre fluxos e fixos

Os territórios negros nascem na diáspora com um lugar de encruzilhadas de distintas trajetórias negras em busca por liberdade. São lugares carregados de força vital (axé) que são, muitas vezes mobilizados, para enfrentar o luto colonial que a escravidão impediu. Eles expressam o recorte espacial com e a partir dos corpos em diáspora. Logo, são territórios corporificados que apresentam uma solidariedade horizontal (o entorno imediato) e/ou solidariedade vertical (os vínculos Atlânticos da diáspora)[127]. A análise do cotidiano tende a nos revelar de que maneira a população negra produzia/produz e se apropriava/apropria e usava/usa esses espaços criando uma multiplicidade de territorialidades e territórios. É através das relações com o lugar que as experiências se manifestam, reinventando sentidos e significados múltiplos. No livro *Cidades negras cidades: africanos, crioulos e espaços urbanos no Brasil escravista do século XIX*, Gomes, Farias, Soares, Araújo e Moreira (2006) apresentam um espaço urbano sendo usado por e a partir de critérios raciais, ressaltando o protagonismo negro.

> [...] as cidades negras não eram só em números. Tinham suas próprias identidades, reinventadas cotidianamente. Africanos e crioulos não eram necessariamente uma multidão ou massa escrav[izad]a nos centros urbanos. Os recém-chegados produziam identidades diversas, articulando as denominações do tráfico, aquelas senhorias e a sua própria invenção em determinados cenários (MOREIRA *et al.*, 2006, p. 13).

A dominação eurocêntrica produziu um silêncio consciente dos agenciamentos negros/diaspóricos (ASANTE, 2009). Assim, as marcas produzidas por essas experiências são lidas, pelos autores acima, através do cotidiano da mobilidade urbana (ou a busca por certa liberdade) nas fugas e formação de

---

[127] Essas formas de solidariedade afirma as históricas articulações e negociações dos territórios negros com seu entorno imediato (as populações originárias) e aliados políticos contextuais. Mas também, elas apontam para a ruptura da ausência cartográfica localizando quais as trajetórias dos fluxos das nações em diáspora (SOARES, 2022).

quilombos, cartas de alforria, chafarizes (com um dos múltiplos lugares de encontro), casas de zungu/angu/batuque/fazer dinheiro/de comércio, portos, irmandades religiosas, parentescos, tabernas, maltas de capoeira, corte de cabelo, culinária, entre outras práticas sociais e culturais que reinventavam, e ainda reinventam o espaço urbano na tentativa (muitas vezes com êxito) de subverter a lógica de controle social criando territórios/territorialidades fixas e/ou esporádicas. A esses fatos cotidianos associamos a noção de elementos fixos e fluxos que constituem o espaço (SANTOS, 2002) e nos mostram como a diáspora veio se consolidando e delineando os territórios negros.

Partindo da interpretação espacial de Milton Santos, podemos identificar a paisagem como base material/simbólica desse acúmulo de tempos, grafados por relações humanas e naturais que reconfiguram ações e objetos, de acordo com interesses. O autor nos alerta que o mesmo resulta da geografização de um conjunto de variáveis, de uma interação localizada, e não dos efeitos de uma variável isolada. Para uma análise sobre organização espacial, Santos (2002) elucida como as categorias inseparáveis forma, função, estrutura e processo são necessárias para explicar como o espaço social está estruturado, como o ser humano organiza a sua sociedade, e como a concepção e a apropriação e o uso que faz do espaço sofrem mudanças, eventuais ou perenes.

Os testemunhos do trabalho humano e da apropriação da natureza, numa formação de base colonial como a nossa, contém tempos em que a raça era explicitamente usada para escravizar, definir o destino de vida ou morte das pessoas racializadas na organização do espaço. Heranças desse tempo colonial se entrelaçam com os tempos do neoliberalismo que continua desumanizando e destituindo de importância social os corpos e os territórios negros e diaspóricos.

Grafar a terra, isto é, a geo-grafia se constitui como atitude política para garantir as existências dos grupos racializados e subalternizados (GONÇALVES, 2001). Assim, falar em geo-afrografias significa que essas ações criam territórios fixos e fluxos que se retroalimentam. Elas têm diferentes dimensões (econômicas, políticas, culturais etc.) e escalas (do corpo, ao local, regional etc.). Santos (1978) afirma que os fixos são objetos geográficos [ligados a diáspora e/ou a luta antirracista] que tem uma permanência considerável.

A forma de apropriação material e simbólica desses objetos não só cria territórios negros, mas também, dá outra espessura ao espaço. Logo os fixos apresentam formas definidas e são localizáveis (*Idem*). Já os fluxos informam a diversidade de movimento entre os fixos (*Ibidem*). Itinerários afro-referenciados que buscam dar outro sentido às trajetórias negras na apropriação e uso do espaço.

Os fixos e os fluxos reconfiguram a estrutura espacial pois ela foi hegemonizada pelo projeto da branquitude descorporificado que se definiu pelo primado da razão. Ambos, fixos e fluxos, carregam movimentos disruptivos e de resistência à branquitude. Daí a polêmica gerada quando os geossímbolos

(BONNEMAISON, 2002) da dominação no espaço público são destruídos e destronados (vide a polêmica no caso da queima da estátua de Borba Gato, na cidade de São Paulo em julho de 2021, um bandeirante responsável pela invasão dos territórios e escravização de povos originários e da África).

As geo-afrografias dos fixos criam formas espaciais corporificadas explícitas e/ou ocultas que comunicam um projeto outro. As funções desses territórios tencionam a dominação racial. Já as geoafrografias dos fluxos se constituem em eventos corporificados, instante do tempo dando no espaço com um conteúdo que apropria material e simbolicamente o espaço com atores sintagmático (aqueles que tem um projeto) com um conteúdo negro e antirracista (RAFFESTIN, 1993; SANTOS, 1978; SANTOS, 2002). Os fluxos são materiais, imateriais e de energia. A sua localização pode, quando muito, apenas ser indicada por onde passam (SANTOS, 1978). Os fluxos produzem eventos. A fluidez desses eventos antirracistas envolve disputa dos fixos. E os fixos fixados com um conteúdo negro e antirracista são alvos de terricídio constante (vide os quilombos e terreiros das religiões de matriz afro).

> Os fixos, em algumas palavras, constituem os objetos geográficos que permanecem por um tempo considerável: são os pontos de apoio sobre o qual se ancora a vida de uma sociedade, o seu cotidiano, o seu trabalho. Tangíveis no espaço, e imóveis no lugar, os fixos são sempre localizáveis, apresentam formas bem definidas. Podemos apontá-los no mapa (já com relação aos fluxos, pode-se, quando muito, apenas indicar por onde passam). Além disso, criados por ações humanas e produtos de intencionalidades, os fixos desempenham funções. Foram criados, e são mantidos, por alguma razão (Santos 2008, 102). Quando perdem as funções que lhes davam vida, pode ocorrer que se convertam em ruínas (BARROS, 2019, p. 497).

Os territórios e territorialidades negras compreendidos como fixos e fluxos são frutos de energias e intencionalidades. Logo, os sistemas de objetos transmutados e/ou (re)criados em diáspora não são apenas técnico, mas também estético. O uso e apropriação envolvem o tempo (dia ou noite; dias da semana) em um tempo espiralar onde não há separação entre sagrado, profano, natureza e cultura, mente e corpo, razão e emoção (MARTINS, 1997) ou seja, um tempo in-corporado que subverta as cronologias. Remonta-se aos que aqui estão, aos que já se foram e os que estão por vir (ASANTE, 2009). Os territórios negros são assim a afirmação da possibilidade de materialização de outros sentidos[128] de mundo.

---

128 "Lembremos que na língua portuguesa a palavra sentido tem pelos menos 3 acepções. A primeira ligada a um atributo de entendimento (os significados sociais constituídos até então); um atributo de orientação (os rumos, as metas e os objetivos); e um atributo corpóreo (os 5 sentidos utilizados na apreensão e apropriação do mundo). Estas três acepções serão aqui utilizadas de forma concomitante" (OLIVEIRA, 2011, p. 39).

Consideramos pertinente à nossa análise de operacionalizar as categorias do espaço de Milton Santos (forma, função, processo e estrutura) e os significados, uma categoria acrescida por Roberto Lobato Corrêa (2009) da seguinte maneira: classificação da diversidade pela ideia de raça/racismo como uma estrutura; a bionecropolítica que define quem racialmente vive e morre como processo – responsável por criar a psicosfera racializada; a infraestrutura (arranjos espaciais racializados) como forma para delimitar/materializar as relações de poder no/com e a partir do espaço, e o exercício do poder sob determinados grupos e corpos racializados como função (FERREIRA, 2021). E as conceituações e nomeações como os significados produzidos como projetos de poder.

No entanto, também ressaltamos que a leitura antirracista dessas categorias também é possível, principalmente quando trazemos os valores civilizatórios afro-brasileiros, evidenciados por Trindade (2005), tais como: Oralidade, Ancestralidade, Memória, Musicalidade, Corporeidade, Comunitarismo, Energia Vital, Religiosidade e Ludicidade. Esses valores civilizatórios instauraram uma tecnosfera e uma psicosfera (SANTOS, 2002). Por *tecnosfera* será compreendido como modos de fazer e ser-estar corporificado no mundo reconfigurado na diáspora. Já por *psicosfera* compreendemos os sistemas de crenças, valores, ideias, paixões que fornecem regras de reprodução do território (SANTOS, 2002) que tem a performance do corpo territorial e territorializante como elemento central.

Ler e interpretar como se territorializa a atuação do movimento negro no espaço nos possibilita refletir sobre como a partir de valores civilizatórios africanos (função) reproduzidos em diáspora; o antirracismo (estrutura) se inscreve no espaço através de consciência racial e formação política (processo) e cria ou recria formas que legitimam e garantem a manutenção e difusão da cultura e direitos do povo negro.

O espaço se configurou/configura a partir de arranjos espaciais que regulavam/viabilizam (ou não) a presença e circulação da população negra, de suas práticas cotidianas e manifestações culturais. A necessidade de se manter fixo ou presente/visível no território como forma de sobrevivência, resistência ou r-existência nos faz entender a dinâmica espacial criada pela população negra desde a época Colonial até os dias atuais.

É por meio da forma e da função que os elementos fixos se materializam no espaço e dão condições para que elementos fluxos surjam, eventualmente ou esporadicamente, dependendo do processo e até que ponto podem alterar/resignificar ou não as estruturas. Nesse sentido, interpretamos que o racismo produziu uma cidade e o antirracismo se apropriou e passou a usar e resignificar a favor de sua luta.

Geoafrografagens em Niterói

Afirmamos que todas as formas de garantir que um projeto tenha duração é inscreverse sócio-espacialmente. Os projetos de dominação estabelecem essa forma de ação para garantir perenidade. Podemos categorizar esses projetos inscritos nas toponímias (nomes dos lugares), nos agentes e nas agências produtoras do espaço, na criação dos sistemas de objetos (bustos, estátuas, prédios etc.), nas normatizações de como o espaço será usado e apropriado, entre outras. São inúmeras as formas de como o espaço será construído, interpretado e representado.

Desta forma, o racismo, nas diferentes formações sócioespaciais se regionalizou de forma muito própria em cada lugar ao longo do tempo. Logo, a relação espaço/poder/raça/resistência/r-existência são imanentes na produção social. Isso nos demanda veredas geopolíticas para o debate. A geopolítica do racismo não inscreve apenas na definição de importância dos espaços da branquitude, mas também, que espaços da negritude serão estudados e quais serão postos à margem.

> A geopolítica do racismo envolve a definição onde será exercido o *soft power*[129] racial (um exercício do poder racialmente brando) e o *hard power* racial (um exercício do poder mais violento). Assim, o controle da mobilidade não será o mesmo nos diferentes espaços da cidade. Depende da combinação de classe, gênero e raça.
> A dimensão geopolítica do *soft power* racial age nas "áreas nobres", onde pode ser reconhecida, filmada e gerar um fato midiático e comprometer a imagem de povo cordial e democracia racial. O *soft power* racial é o violento que se vê como pacífico. A ideia de poder brando é uma grande ideologia vendida para silenciar conflitos raciais no Brasil. Esse exercício de poder é a busca de dissimular que não somos racistas e que no máximo casos de racismo são esporádicos. Ou seja, *o soft power* racial é o famoso *coisa para inglês ver* que dissimula ações violentas de coação e ameaça a grupos raciais que estariam promovendo uma desobediência a um comportamento racial no uso do espaço[130]. Essa desobediência de um comportamento racial esperado dos transeuntes dos transportes mobiliza um *hard power* racial, legitimado e justificado pelo discurso de ódio local, que se afirma para punir, através de linchamentos por motivação de um

---

129 Os conceitos de *hard power* e *soft power* são de autoria de Joseph Nye. Eles foram utilizados para explicar a geopolítica dos Estados Unidos no contexto pós-Guerra Fria e no início do século XXI.

130 A fala de que os ônibus da Baixada Fluminense, [São Gonçalo] e/ou da Zona Norte [da cidade do Rio ou de Niterói] em direção as praias da Zona Sul [ou da região oceânica de Niterói] "só tem gente feia" busca dissimular que o racismo no Brasil definiu o branco como símbolo do belo e o negro como símbolo do feio. Logo, seria necessário purificar racialmente os espaços das "áreas nobres" dos feios (os negros, especialmente pobres e moradores de favelas).

medo racial (Martins, 2015) e/ou abordagens policiais violentas mobilizadas pela classificação racial dos abordados. Paradoxalmente, nesse violento processo de extermínio da mobilidade de negros nos transportes em direção às "áreas nobres", seus protagonistas não se veem como racistas, mas como defensores da ordem urbana contra baderneiros e marginais. Contudo, nas "áreas nobres", esse *hard power* racial precisa ser camuflado para não expressar que somos racistas (OLIVEIRA, 2020b, p. 82-83).

Falar em geo-afrografagens é afirmar um enfrentamento a geopolítica do racismo. Elas são grafagens de grupos historicamente silenciados e subalternizados na produção, apropriação e uso do espaço. Ou seja, as referências *afro* geografando espaços. O radical *afro* demonstra um reconhecimento político-cultural e/ou de uma cultura política de africanidades inscritas nas relações sociais, no léxico das diferentes realidades e nas *toponímias* diásporas (ROJAS, 2014; SANTOS, 2012). O radical *afro* funciona como um signo de ancestralidade e uma prática contra-hegemônica que (re)inventa tradições pois, com a dominação eurocêntrica "as palavras deixam de ter memória" (MBEMBE, 2014, p. 30) e as práticas sociais deixam de ter significado[131]. Logo, as identidades *afro* envolvem uma *consciência de si, para si e para os outros*. Essa *consciência* não é dada. Elas são historicamente construídas e espacialmente georreferenciadas por ações políticas em determinados contextos sócioespaciais.

As geoafrografagens se expressam tanto em discursos explícitos quanto ocultos. Contudo, devido a perseguição e os ataques que elas sofreram ao longo da história brasileira elas se expressam mais de forma oculta. Ao longo da história brasileira, frente às múltiplas disputas sociais, essas referências afro passaram por múltiplas mutações. De afro, para negro, para preto, contudo, todas em enfrentamento ao projeto da branquitude.

Nossa área de estudo, a cidade de Niterói (RJ), expressa as grafagens de projetos raciais de dominação tanto no uso quanto na produção do espaço. A cidade de Niterói foi criada dentro do contexto colonial escravista e foi capital do Rio de Janeiro até meados do século XX. O silêncio das marcas do passado colonial persistem na cidade como: os antigos casarões do período escravista e suas senzalas, cemitério de escravizados, casa de comerciantes

---

131 Nas últimas décadas tem crescido em várias cidades brasileiras, através do protagonismo das mulheres pretas, oficinas de turbante, tranças dread lock e nagô, moda étnica, artes africanas e danças *afro* como politização da identidade afrodescendente ou de uma África que se imagina. Esses espaços criados vinculados à diáspora promovem rupturas com a cultura e os *lugares de esquecimento*, marca do eurocentrismo. Essas oficinas são tanto espaços pedagógicos de uma *afrocentricidade* quanto engendram através de um consumo político (SANTOS, 2002) uma *economia política da diáspora* de sistemas de objetos e ações de mundos africanos. Contudo, contraditoriamente carregam também visões essencialistas e "processos de estetização" da pluralidade de culturas africanas.

e traficantes escravistas (homenageados com nomes de rua como exemplo a rua Xavier de Brito, no Centro da cidade), portos escravistas, antigo pelourinho e lazareto, engenhos, igrejas coloniais, nomes de lugares referindo-se aos mercados de escravizados (o campus da UFF chama-se Valonguinho) ou na tentativa de apagar o histórico de luta do local das irmandades negras e embranquecer as narrativas e o espaço (Portugal Pequeno – parte do bairro Ponta D'Areia que abrigou o primeiro Quilombo da cidade) provocando a violência racista estruturando o espaço.

Ademais, leis e normas jurídicas criadas na cidade que impactam a vida da população negra até hoje, como as posturas municipais de 1836 que regulavam sobre ajuntamento de escravizados, o uso do espaço depois de horários determinados e as territorialidades afro-religiosas refletindo o medo branco da onda negra que pudesse conter revoltas e insurreições (FERREIRA, 2021). Esse silêncio acerca da raça regulando o espaço na cidade de Niterói expressa a recusa de ver. Isso explicita uma das inúmeras formas de gestão racista do espaço (OLIVEIRA, 2015) como: distinção territorial e corpórea de direitos da população negra no uso do espaço; estigmas territoriais em áreas majoritariamente negras justificando operações policiais violentas; muros separando favelas de áreas ricas e brancas; bairros ricos e brancos com vigilância privada e postos de contenção para impedir a circulação de ônibus de bairros pobres negros, entre outros.

Os silêncios e as tentativas de apagar essas gestões racistas do espaço com o marketing urbano (OLIVEIRA, 2014; 2015) são uma constante pelos gestores urbanos. Os slogans usados pelo poder público da cidade de Niterói nas últimas décadas de *cidade sorriso* à *cidade qualidade de vida* obliteram um histórico de desigualdades raciais e racismo ambiental expressos em lixões em áreas majoritariamente negras, distribuição racialmente desigual dos bens sociais, segregação da população negra em área de vulnerabilidade ambiental, entre outras. "A produção de 'invisibilidade' não deve ser lida como incapacidade do outro em se adaptar, mas como negação da própria história" (CAMPOS, 2006, p. 41). Niterói é a primeira cidade brasileira no ranking das cidades racialmente mais segregadas[132]. A criação de territórios negros é uma forma direta de enfrentamento a esses processos de segregação pois cria espaços de pertencimento para os negros, mas ao mesmo tempo são espaços abertos e de encontros, logo há presença branca, mas o protagonismo é negro.

A cartografia desses territórios e territorialidades negras, isto é, fixos e fluxos, revelam outras narrativas que possibilitam outra escrita da história e dão visibilidade política ao protagonismo preto criando: lugares de memória

---

132   Disponível em: https://www.nexojornal.com.br/especial/2015/12/16/O-que-o-mapa-racial-do-Brasil-revela-sobre-a-segrega%C3%A7%C3%A3o-no-pa%C3%ADs.

da diáspora africana, espaços de encontro, de ocupação e celebração da cultura negra, espaços litúrgicos e de ressonância das religiões de matriz afro, espaços de referência identitária, espaço de organização política, espaços de construção de consciência negra, entre outros.

Assim, descolonizar envolve a desmonumentalização dos referencias coloniais do/no espaço público (MENEZES, 2021), pois a presença de corpos negros em espaços dominados e/ou hegemonizados pela branquitude gera tensões. Vide o fenômeno social que ficou conhecido como *rolezinhos*[133] a partir de 2013 que virou uma questão de segurança pública. O mal-estar diante dos corpos negros com os *rolezinhos* gerou vários conflitos raciais em shopping da cidade de Niterói. O que está em jogo é a visibilidade e a visualidade da corporeidade negra em determinadas escalas e contextos espaços-temporais (OLIVEIRA, 2011). O debate da visibilidade expressa lutas no campo do direito. Já a visualidade está no campo das percepções (*Idem*).

Na cidade de Niterói as disputas pela visibilidade e visualidade das grafagens negras e diaspóricas se revelam tanto nas paisagens através de grafites que politizam a presença negra e da luta antirracista quanto por territórios que expressam as políticas deliberadas de silenciamentos das heranças diaspóricas e afirmação do projeto da branquitude. Esses territórios não carregam apenas um nome, também existem ações coletivas que indicam agências de pessoas pretas antirracistas disputando a espacialidade. Badu, Cafubá, Caramujo, Cubango, Engenhoca e Engenho do Mato são alguns dos topônimos que anunciam historicamente a presença negra na cidade. O Cubango e o Engenho do Mato são os bairros com maior expressividade na cultura negra.

Badu faz referência à palavra de origem árabe – Bedu que significa: homem do deserto. Caramujo, segundo Nei Lopes (2020) vem do quimbundo "*nkala,* caranguejo, escorpião. Já Cafubá foi nomeado devido à presença de um tipo de gado cinzento de origem africana, abundante nessa área, da antiga Fazenda de Piratininga, utilizada para transportar a produção agrícola das fazendas da Região Oceânica. Recentemente acharam alguns artefatos arqueológicos, como um cachimbo de barro, peças de cerâmica, grilhões, dentre outros elementos que compunham o cenário do período de escravatura. No entanto, LOPES (2020, p. 62) alega que provavelmente houve *rebantuização* de Fubá (com uso do prefixo *Ka*), em alusão, talvez, à cor amarelada do cabelo "cor de fubá".

Cubango é uma palavra de origem africana. Presume-se que alguns escravizados que chegaram até Niterói seriam de Kubango, uma província de Angola, situada a sudoeste do país. Nome de um morro, rio e vila da África.

---

133 São encontros de jovens da periferias e favelas, majoritariamente negros, marcados pelas redes sociais nos espaços de lazer e entretenimento dominados e hegemonizados pela branquitude.

Também existem outras versões apresentadas por Lopes (2012). A primeira é que a origem viria de Kubangu, nome de um rio em Angola. A segunda versão (Idem) é que a palavra seria equivalente ao Exu nagô CABINDA do Brasil (OC). Do quimbundo *Kubanga,* briga, luta. É o bairro da cidade que possui o maior número de população afrodescendente e que concentra os valores civilizatórios construídos por e partir da diáspora africana. A religiosidade e ancestralidade de diversos Terreiros de Candomblé e Umbanda presentes no bairro, como por exemplo, o Ilê Axé de Mãe Luisinha, casa dedicada à Oxóssi, localizado no Morro do Serrão, como nos aponta (SANTOS; FRANÇA 2012, p. 81) e a participação da Yalorixá na construção do Grêmio Recreativo Escola de Samba Acadêmicos do Cubango e, em especial, na Ala das baianas (*Idem*).

Os sincretismos presentes nas irmandades católicas destacavam-se, especialmente, no que diz respeito à autonomia dos associados, que a despeito do alto valor cobrado, tinha um grande número. Elas se reuniam de forma mais ou menos autônoma redefinindo suas identidades, estreitando relações e criando vínculos de confiança em eventos como festas, procissões assembleias, missas e auxílio mútuo (SCHUMAHER, 2007). As Irmandades Negras estavam espalhadas por todo Brasil, tendo como padroeiro ou padroeira alguns santos e santas como São Benedito dos Pretos, Nossa Senhora do Rosário, São Domingos, Nossa Senhora dos Remédios, Nossa Senhora das Mercês. Todas essas Irmandades estiveram ou ainda estão instaladas em Niterói. A Igreja de Nossa Senhora do Rosário e São Benedito foi transferida para o Cubango na década de 1970.

Contudo, nas últimas décadas, o bairro vem sofrendo um franco processo de diminuição do seu tamanho com a especulação imobiliária que, através do branqueamento do território expande o bairro de Santa Rosa (com uma população mais abastada e branca) e estigmatiza os bairros negros. Isto é, capitalistas raciais reafirmando o projeto de dominação racial. "Entendemos por capitalistas raciais os agentes modeladores do espaço urbano que instituem uma organização e distribuição de um espaço que concede privilégios a determinados grupos raciais de status social, posto ideologicamente como superior. O papel deste não é novo na estruturação das cidades brasileiras" (OLIVEIRA, 2014, p. 96). Em seu lugar foi construída a Paróquia Nossa Senhora do Sagrado Coração, também conhecida como Santuário das Almas, onde funciona um colégio particular de cunho religioso católico, em Icaraí (FERREIRA, 2021). O apagamento desses fatos oculta as heranças diaspóricas que nos organizou e estruturou mantendo a lógica das redes de solidariedade gerenciadas pelo matriarcado africano.

A origem da Engenhoca (engenho pequeno de farinha) está ligado à história do Barreto, que foi desmembrado do Engenho de Nossa Senhora das Neves, onde trabalharam diversos negros e negras. Genilda Maria da Penha, mulher negra do próprio bairro, criou o CEABIR (Centro de Estudos Afro Brasileiro Ironides Rodrigues) localizado no bairro. Esse território resgata a cultura e o legado da diáspora através da musicalidade, ancestralidade, circularidade, oralidade, corporeidade manifestados no Jongo Congola e no Samba de roda, além da religiosidade e ancestralidade do Candomblé. O CEABIR expressa uma ação política negra no território e oferece eventos de formação, debates e capacitação em temáticas centrais para construção da consciência racial.

No bairro de Maria Paula situa-se o *Candongueiro*. Uma ronda de samba de mais de 30 anos característica da cidade de Niterói. Como inúmeras rodas de samba, o *Candongueiro* reafirma a etnização da cultura ao mobilizar os significados dos terreiros nos cantos, na paisagem interna com símbolos de terreiros, na tradicional feijoada e comidas de santo, nas festas relacionadas aos orixás e seus sincretismos. Lembremos que a palavra Candongueiro, como aponta Lopes (2004) é um pequeno tambor do jongo. Lopes (*Idem*) afirma que devido ao seu som alto e agudo "denunciava o local secreto onde se realizava; assim, faria 'candonga', isto é, intriga, mexerico" (*Ibidem*, p.162). Usar essa palavra para denominar um nome de um lugar, quer dizer, uma toponímia, expressa uma agência negra que refirmar os seus sistemas de objetos e ações (SANTOS, 2002) da diáspora territorializando o espaço. O *Candongueiro* tornou-se um espaço de cultura e de referência identitária não só para sambista, mas para cultura juvenil de toda a metrópole carioca. Ele se constitui como um território negro mobilizando sentidos diaspóricos da ideia de natureza, tempo e poder ao recorta o espaço.

O bairro do Engenho do Mato surgiu do loteamento da Fazenda do Engenho do Mato (fundada no final do século XVIII). Nos anos 70 do século XX, surgiram vários loteamentos, que reunidos, formaram o bairro que adotou o nome primitivo da região, Bairro Engenho do Mato, de acordo com Ferreira (2021). Nele está localizado o Quilombo do Grotão[134] que mantém viva as tradições de luta por território. Os eventos produtores de uma musicalidade, corporeidade, oralidade e religiosidade afro são mobilizados nesse território. Além disso, pauta-se o direito à terra e ao território para reafirmar os espaços de luta negra corporificados.

Para além dos topônimos citados acima, onde elementos fixos e fluxos dialogam num movimento contínuo de disputa de narrativas, existem outros movimentos sociais, vejamos alguns exemplos: a ocupação Mama África (vestígios das antigas moradias negras que resistiram aos processos de urbanização e modernização realizados no bairro de São Domingos – Niterói – RJ como símbolo de branqueamento do território); Ilê de Angola (grupo de Capoeira

---

134   Surge da necessidade de se legitimar enquanto remanescentes dos loteamentos para garantir o território e todo um legado construído pela família negra oriunda de Sergipe na década de 1920.

Angola que resiste há 26 anos na Igrejinha, localidade do bairro Largo da Batalha, mantém as aulas de capoeira gratuitas, eventos culturais e conserva um acervo bibliográfico e iconográfico sobre capoeira e outras manifestações culturais oriundas do processo afrodiaspórico, de acordo com Ferreira (2021).

No Morro da Penha, localizado bairro da Ponta D'areia, o Bloco de dança afro Oludumaré resiste por mais de duas décadas idealizado e mantido por pessoas negras da própria comunidade. "A luta por lugares de memória corporificados problematiza o nosso passado, questiona o nosso presente e interroga que futuro nós estamos construindo" (OLIVEIRA, 2020, p. 204). O papel da oralidade e do comunitarismo dessas instituições criam fixos que reconfiguram os fluxos em formas de eventos. São multiplicidades de vivências e encontros de trajetórias afrodiaspóricas que pluralizam esses territórios.

Vale ressaltar outros dois elementos fixos que demarcam os territórios negros, a Ponte de pedra localizada no Parque Natural Municipal de Niterói (Parnit) Niterói, construída na década de 1830 por escravizados, foi recuperada em 2020. A ponte serviu de passagem para indígenas e mercadores no período colonial. Vemos o uso político das rugosidades do espaço, isto é, o tempo pretérito inscrito nos sistemas de objetos (SANTOS, 2002) sendo usado para afirmar as agências negras. Já no bairro do Gragoatá, na entrada da Universidade Federal Fluminense (UFF), em 2018 foi inaugurada uma estátua fazendo referência à Zumbi dos Palmares. Colocar no campo visual a estátua de Zumbi dos Palmares aponta para a necessidade de problematização e visibilidade dos heróis/heroínas negros e negras no espaço público.

Além disso, a implementação das políticas afirmativas nas universidades públicas também tem gerado impactos sócioespaciais. Na UFF, assim como em outras universidades pelo país, passamos a ver disputas pela criação e renomeação de salas, auditórios, bibliotecas, centro acadêmicos e espaços de convivências com nomes de personalidades, intelectuais, heróis/heroínas e militantes históricos negros e antirracistas.

Vemos também o crescimento e disputas por espaços para grupos de estudos/pesquisas ligados a questão racial e os coletivos de estudantes e professores negros. O convênio com países africanos, especialmente Angola, Cabo Verde e Senegal, permitiu uma migração de estudantes de diferentes regiões do continente para Niterói. Além de estudantes existe também a presença de refugiados e deslocados forçados que vivem em habitações precárias da área central da cidade.

> Em Niterói, o perfil em geral se define por: homem, jovem e solteiro; projeto migratório de inserção laboral; compromisso de enviar remessas de dinheiro aos familiares que permaneceram no Senegal; experiência mais recorrente de trabalho é no comércio ambulante. Os senegaleses têm

crescido e se organizado[135] na cidade de Niterói[136]. No ano de 2016, a então presidenta[137] da Associação de Senegaleses Residentes no Rio de Janeiro[138] estimava a presença de cerca de 200 senegaleses em Niterói. Em 2019, a instituição registrou aproximadamente 300 senegaleses (DIAS, 2021).

Esse fenômeno migratório tem criado tanto manifestações de racismo e xenofobia quanto espaços de encontros, acolhida, integração e organização desses mesmos, reinscrição de tradições comerciais de rua com produtos, em geral indumentária, de distintos países da África e óculos de sol alterando espaços do comércio de rua na cidade. A UFF, a partir da luta de ativistas e militantes, também têm promovido criação de eventos com temática racial e africana. Isso têm pressionado para mudanças dos repertórios, nas posições de poder na universidade e das suas bases epistemológicas e metodológicas. Isto é, esse fixo espacial, os diferentes *campi* da universidade, tem sido tensionado e renovado com novos fluxos de pessoas, ideias e lutas sociais.

Em relação aos elementos fluxos, entendemos aqui como formas eventuais que buscam territorializar e corporificar o espaço, ou seja, existe uma pluralidade de fluxos, que torna possível interpretá-los a partir de uma leitura sobre apropriação temporária do espaço e sobre o fluxo de diferentes pessoas, com projetos antirracista e afirmador das agências negras, que geram eventos.

Nesse sentido, destacamos a circularidade, musicalidade, corporeidade, oralidade e ancestralidade como força motriz das rodas de samba (Terreiro da Vovó); Roda de Jongo (Jongo Folha de Amendoeira); Rodas de Capoeira (diversos grupos da cidade); Roda de Rima; Batalha de Rap; Baile charme (Família Star); além dos eventos em homenagem ao 20 de novembro, "Viva Zumbi" que acontece desde 2008 na Praça da Cantareira e o "Kizomba" com sua primeira edição em 2022 (ao lado do Terminal Rodoviário de Niterói), cine clubes mobilizados como ativismo antirracista buscam produzir consciência política territorial, identitária e desestabilizar as significações dominantes (ALVES, 2018) são mobilizado em vários eventos antirracistas e o Tradicional itinerário Presente de Yemanjá que acontece desde 2007 na praia de Charitas construindo uma santuarização dos espaços e itinerários negros da cidade. Essa santuarização das praias pelas religiões de matriz afro

---

135 A exemplo de outras cidades no sul e sudeste do Brasil onde criaram associações regionais de senegaleses
136 Em 2018, a comunidade senegalesa em Niterói organizou em espaços públicos municipais a "Jornada Cultural Khassida" ou "Journée Khassida" evento cultural-religioso que teve visibilidade na cidade. [17] Interessante o fato da representação naquele momento ser exercida por uma mulher. A imigração senegalesa no Brasil é majoritariamente masculina, em Niterói não essa realidade não é diferente
137 Interessante o fato da representação naquele momento ser exercida por uma mulher. A imigração senegalesa no Brasil é majoritariamente masculina, em Niterói não essa realidade não é diferente
138 Conforme entrevista concedida e disponível em: https://odia.ig.com.br/_conteudo/ rio-dejaneiro/niteroi/2016-04-09/e-a-vez-da-africa.html. Acesso em: dez. 2016.

também ocorre nos festejos de final de ano, especialmente na passagem do dia 31 de dezembro para o dia 01 de janeiro, em todo o Brasil. Em Niterói essas territorialidades afirmam a praia e o mar como campos santos marcada por tensões, especialmente com grupos neopentecostais.

A dinâmica dos fluxos se expressa também no uso político antirracista do espaço em ações como ocupações, passeatas, bloqueios, marchas, desfiles etc. (TARTAGLIA *et al.*, 2004). Eles revelam os fluxos com conteúdo antirracista e das agências negras construindo outros projetos sócio-espaciais dos fixos. Esses usos territorializam o espaço em eventos como um instrumento de luta contra o racismo. Os usos políticos do espaço (*Idem*) com um conteúdo antirracista podem se dar de forma espontânea frente a evento de discriminação racial (OLIVEIRA, 2011) como desaparecimentos forçados em operações policiais em áreas de favelas e periferias sociais, ações públicas contra tortura praticadas por agentes de segurança do Estado, ações públicas contra prisão e/ou morte de pessoas negras marcado por truculência, violência e criminalização de pessoas inocentes.

Contudo, os usos políticos antirracistas do espaço podem ocorrer de forma planejada como pressão pública por boicote a estabelecimentos comerciais envolvidos em casos de racismo, ações públicas pressionando o Estado para a construção de políticas públicas, ações públicas antirracistas filmadas buscando a criação de redes de solidariedade nacional e internacional de pressão contra o Estado brasileiro, entre outras.

Além disso, as dinâmicas dos fluxos antirracistas são muito mobilizadas pela produção cultural. Os eventos que promovem a cultura negra dão outros significados aos fixos espaciais. Eles são a expressão de fluxos espaciais de pessoas, ideias e encontros de corpos e subjetividade durante um instante de tempo dando-se no espaço (SANTOS, 2002). Os eventos da cultura negra se revelam antirracista por afirmar a presença de corpos e da história cultura negra no espaço. Eles são plurais, transitam em jogos contraditórios e possuem distintos repertórios e naturezas. Esses eventos apontam para os três elementos do repertório negro: o estilo, a música e o corpo[139]. Eles são alvos de invisibilidade e/ou hipervisibilidade pelo estereótipo para eliminar o protagonismo negro. A invisibilidade e a hipervisibilidade

---

[139] "Vou fazer três comentários incompletos que não darão conta dessas [diásporas negras], já que elas são pertinentes ao argumento que quero desenvolver. Primeiro, peço que observem, dentro do repertório negro, o estilo – que os críticos culturais da corrente dominante muitas vezes acreditam ser uma simples casca, uma embalagem, o revestimento de açúcar na pílula – se tornou em si a matéria do acontecimento. Segundo, percebam como, deslocado de um mundo logocêntrico – onde o domínio direto das modalidades culturais significou o domínio da escrita e, daí a crítica da escrita (crítica logocêntrica) e a desconstrução da escrita –, o povo da diáspora negra tem, em oposição a tudo isso, encontrado a forma profunda, a estrutura profunda de sua vida cultural na música. Terceiro, pensem em como essas culturas têm usado o corpo como se ele fosse, e muitas vezes foi, o único capital cultural que tínhamos. Temos trabalhado em nós mesmos como em telas de representação" (HALL, 2003, p. 342).

São ações que buscam demarcar campos visuais e de visibilidades dos negros nos espaços e contextos onde podem ou não freqüentar e participar livremente. Isto é, onde a presença da sua corporeidade tornase cômoda, incômoda ou percebida como estereotipada e/ou subalterna no espaço-tempo. Essa tática espacial é a expressão mais contundente do que estamos chamando de *imposição escalar* ao rebaixar a existência de um indivíduo de uma vida plena (OLIVEIRA, 2011, p. 211).

O debate das *Geografias Negras* busca apontar não apenas essas ausências, mas também as agências negras como forma de descolonização do imaginário espacial visando fomentar lutas sociais e políticas públicas pelo direito ao território e a justiça espacial. As discussões apresentadas pelas *Geografia Negras* apontam para a indissociabilidade entre o sentir e o pensar e afirmam que os corpos são territórios e territorializantes.

Quando colocamos a África e os seus processos de diáspora como fio condutor de nossos estudos, compreendemos que epistemicídio, etnocídio, genocídio e terricídio são traduzidos por apagamentos, invisibilidades e distorções que narram uma versão da geohistória de uma humanidade, a branca, masculina, burguesa, cristã e heteronormativa. Por isso, se faz necessário o movimento de resgate, de recriação e do debate das práticas afro e dos patrimônios negros na cidade de Niterói colocando agências de enfrentamento a política deliberada de esquecimento produzida pelo eurocentrismo, inscrito nas políticas públicas e na academia. A luta dos territórios negros contra o projeto racial higienista é histórica. Elas descortinam e provocam a reescrita da história da cidade, do país e de toda a diáspora. O recém descoberto cemitério de escravizados no bairro de Charitas demanda compreender a história desses desaparecidos forçados, sequestrados e levados para o trabalho forçado na cidade. Eis uma disputa de longo prazo a ser travada na psicosfera e na tecnosfera.

REFERÊNCIAS

ALVES, Bruno de Lima. **Cineclube Atlântico Negro como produtor de eventos antirracistas**: decolonização das representações do/sobre o negro. São Gonçalo: TCC, Faculdade de Formação de Professores da UERJ, 2018.

ALVES, Jaime Amparo. Biopólis, necrópolis, 'blackpolis': notas para un nuevo léxico político en los análisis socio-espaciales del racismo. **Geopauta**, v. 4, n. 1, 2020.

ASANTE, Molefe Kete Afrocentricidade: notas sobre uma posição disciplinar. NASCIMENTO, Eliza Larkin. (org.). **Afrocentricidade**: uma abordagem epistemológica inovadora. São Paulo: Selo Negro, 2009.

BARROS, José D'Assunção. 2020. Fixos e fluxos: revisitando um par conceitual. **Cuadernos de Geografía**: Revista Colombiana de Geografía, v. 29, n. 2, p. 493-504.

BENJAMIN, Walter. **Documentos de cultura, documentos de barbárie**: escritos escolhidos. Trad. Celeste H. M. Ribeiro de Souza *et al*. São Paulo: Cultrix, 1986.

BONNEMAISON, Joël. Viagem em torno do território. *In*: CORRÊA, Roberto Lobato, ROSENDAHL, Zenny. **Geografia Cultural**: um século (3). Rio de Janeiro: EdUERJ, 2002.

CAMPOS, Andrelino de Oliveira. **O Planejamento Urbano e a "invisibilidade" dos afrodescendentes**: discriminação étnico-racial, intervenção estatal, segregação sócio-espacial na cidade do Rio de Janeiro. Rio de Janeiro: UFRJ, 2006. Tese de Doutoramento apresentada ao Programa de Pós-Graduação em Geografia (PPGEO/UFRJ).

CÉSAIRE, Aimé. **Discurso sobre o Colonialismo**. Lisboa: Livraria Sá Da Costa Editora, 1978.

CORRÊA, Roberto Lobato. O interesse do geógrafo pelo tempo. **Boletim Paulista de Geografia**, v. 94, p. 1-11, 2016.

CORRÊA, Roberto Lobato. Processo, Forma e Significado: uma breve consideração. Instituto Histórico e Geográfico do Rio Grande do Sul. *In*: Roberto Lobato Corrêa - **Processo, Forma e Significado.pdf**. Disponível em: 10 nov. 2009.

DIAS, Áurea Cristina Santos. Imigração contemporânea e trabalho no Brasil: senegaleses em Niterói/RJ. *In*: GAMA, Andréa de Sousa; BEHRING, Elaine Rossetti, SIERRA, Vânia Morales (org.). **Políticas sociais, trabalho e conjuntura**: crise e resistências. Uberlândia: Navegando Publicações, 2021.

FANON, Frantz. **Pele Negra, Máscaras Brancas**. Salvador: EDUFBA, 2008 [1952].

FERREIRA, Simone Antunes. **Memórias da diáspora africana**: registros e (Geo)grafias da presença preta em Niterói. Dissertação (Mestrado) – Universidade Federal Fluminense, Niterói. 2021.

GONÇALVES, Carlos Walter Porto. Geo-grafías. Movimientos Sociales, Nuevas Territorialidades y sustentabilidad. México: Siglo Veintiuno, 2001.

GONZALEZ, Lélia. A categoria político-cultural de amefricanidade. *In*: **Tempo Brasileiro**. Rio de Janeiro, n. 92/93, jan./jun. 1988

HALL, S. Quem precisa da identidade? *In*: SILVA, T. (org.). **Identidade e diferença**: a perspectiva dos estudos culturais. Petrópolis: Vozes, 2004.

LAO-MONTES, Agustín. Hilos descoloniales. Trans-localizando los espacios de la diáspora africana. **Tabula Rasa**, n. 7, p. 47-79.

LIMA, Mônica. Como os tantãs na floresta: reflexões sobre o ensino de História da África e dos africanos no Brasil. *In*: Saberes e fazeres, v. 1: modos de ver / **coordenação do projeto Ana Paula Brandão**. Rio de Janeiro: Fundação Roberto Marinho, 2006.

LOPES, Nei. **Enciclopédia Brasileira da Diáspora Africana**. São Paulo: Selo Negro, 2004.

MARTINS, Leda. **Afrografias da memória**: o reinado do Rosário no Jatobá. São Paulo: Perspectiva; Belo Horizonte: Mazza Edições, 1997.

MENESES, Maria Paula. As estátuas também se abatem: momentos da descolonização em Moçambique. **Cadernos Naui**: Núcleo de Dinâmicas Urbanas e Patrimônio Cultural, Florianópolis, v. 10, n. 18, p. 108-128, jan./jun. 2021.

MIGNOLO, Walter D. Desobediência epistêmica: a opção descolonial e o significado de identidade em política. **Cadernos de Letras da UFF – Dossiê**: Literatura, língua e identidade, n. 34, p. 287-324, 2008.

MBEMBE, A. **A necropolítica**. Sevilla: Fundación BIACS. 2006.

MBEMBE, A. **África Insubmissa**: cristianismo, poder e estado na sociedade pós-colonial.

MANGUALDE; Ramada: Edições Pedago; Luanda: Edições Mulemba, 2013.
MANGUALDE. **Crítica da razão negra**. Lisboa: Antígona, 2014.

MANGUALDE. **Por um enterro simbolico del colonialismo**: imaginário y espacio publico em Africa. Publicado em Le Messager (Duala, Camerun) – Traduccion: oozebap.org, 2008.

MOREIRA, Carlos Eduardo *et al*. **Cidades negras**: africanos, crioulos e espaços urbanos no Brasil escravista do século XIX. São Paulo: Alameda, 2006.

NASCIMENTO, E. L. **Pan-africanismo na América do Sul**. Petrópolis. Vozes, 1981.

NOGUEIRA, R. O conceito de drible e o drible do conceito: analogias entre a história do negro no futebol brasileiro e do epistemicídio na filosofia. **Revista Z Cultural**, 2015. (UFRJ), v. VIII, p. 34, 2013.

OLIVEIRA, D. A. **Territorialidades no mundo globalizado**: outras leituras de cidade a partir da cultura Hip-Hop na metrópole carioca. Niterói: Programa de Pós-Graduação em Geografia UFF. Dissertação (Mestrado), 2006.

OLIVEIRA, D. A. **Por uma Geografia das relações raciais**: o racismo na cidade do Rio de Janeiro. 2011. 274 f. Tese (Doutorado em Geografia) – Instituto de Geociências, Universidade Federal Fluminense, Niterói, 2011.

OLIVEIRA, D. A. O marketing urbano e a questão racial na era dos megaempreendimentos e eventos no Rio de Janeiro. **Revista Brasileira de Estudos Urbanos e Regionais**, v. 16, n. 1, p. 85-106, maio 2014.

OLIVEIRA, D. A. Gestão racista e necropolítica do espaço urbano: apontamento teórico e político sobre o genocídio da juventude negra na cidade do Rio de Janeiro. **Anais do Copene Sudeste**, 2015.

OLIVEIRA, D. A. Africanidades. **Revista Cátedra Digital**. v. 2, 2016.

OLIVEIRA, D. A. Do espaço ao contraespaço: a luta antirracista decolonizando o urbano carioca. *In*: **Geografia Urbana**: cidades, revoluções e injustiças: entre espaços privados, públicos, direito à cidade e comuns urbanos. Rio de Janeiro: Consequência, 2020.

PINHO, P. S. **Reinvenções da África na Bahia**. São Paulo: Annablume, 2004.

PORTO-GONÇALVES, Carlos Walter & HAESBAERT, Rogério. **A nova des-ordem mundial**. São Paulo: Editora UNESP, 2006.

PORTO-GONÇALVES, Carlos Walter. Entre América e Abya Yala – tensões de territorialidades. *In*: **Revista Desenvolvimento e Meio Ambiente**, n. 20, p. 25-30, jul./dez. 2009. Editora UFPR.

PACHECO, Ronilso. **Ocupar, Resistir, Subverter**: igreja e teologia em tempos de violência. Rio de Janeiro: Novos Diálogos, 2016.

QUIJANO, Aníbal. Colonialidade do poder, eurocentrismo e América Latina. *In*: LANDER, Edgardo (org.). **A colonialidade do saber**: eurocentrismo e ciências sociais. Perspectivas latino-americanas. Buenos Aires: CLASCO, 2000.

RAFFESTIN, Claude. **Por uma Geografia do Poder**. São Paulo: Ática, 1993.

ROJAS, A. Subalternos entre los subalternos: presencia e invisibilidade de la población negra en los imaginarios teóricos y sociales. *In*: ROJAS, A. **Conflicto e (in)visibilidad Retos en los estúdios de la gente negra en Colombia**. Cali: Editorial Universidad del Cauca, 2004. (Colección Políticas de la alteridade).

SANTOS, Fernanda. **Sou memória, sou Cubango**: recanto da raça negra – letramento, samba e fé / Fernanda Santos, Teones França. Rio de Janeiro: iVentura, 2012. 102 p.

SANTOS, Milton. **A natureza do espaço**: tempo e técnica, razão e emoção. São Paulo: Editora da Universidade de São Paulo, 2002.

SANTOS, Milton. **Por uma Geografia Nova**. São Paulo: Hucitec/Edusp, 1978.

SANTOS, Renato *et al*. (org.). **Territórios Negros**: patrimônio e educação na Pequena África. Rio de Janeiro: Letra Capital, 2022.

SANTOS, Renato. (org.). **Questões urbanas e racismo**. Petrópolis: DP *et al*.; Brasília: ABPN, 2012. SCOTT, J. **Los dominados y el arte de la resistencia**. Mexico: Era, 2004.

SILVA, P. B. G. Africanidades brasileiras: esclarecendo significados e definindo procedimentos pedagógicos. **Revista do professor**, n. 73: Porto Alegre, 19 26-30, jan./mar. 2003.

SPIVAK, G. **Pode o subalterno falar?** Belo Horizonte: Editora UFMG, 2010.

SPAREMBERGER, A. A reafricanização dos espíritos na obra de Amilcar Cabral: sobre um depoimento de Mario Pinto de Andrade. **Revista África e Africanidades**, ano II, n. 12, fev. 2011.

SCHUMAHER, Shuma; Vital Brazil, Érico. **Mulheres negras do Brasil**. Rio de Janeiro: SENAC Nacional, 496 p, 2007.

SOARES, Maria Andrea dos Santos. Antinegritude: ser negro e fobia nacional. **Horiz. antropol.**, Porto Alegre, ano 28, n. 63, p. 165-194, maio/ago. 2022

TARTAGLIA, L. R. S.; GONÇALVES, C. W. P.; BRUCE, G.; COSTA, L.; GENARO, L.; BAHIA, P.; SANTOS, L.; QUENTAL, P.; HUGO, V.; TRAMONTANI, T. O uso político do espaço. As estratégias espaciais dos protagonistas sociais na América Latina. *In*: **VI Congresso Brasileiro de Geógrafos**, 2004, Goiânia. O uso político do espaço: As estratégias espaciais dos protagonistas sociais na América Latina, 2004.

TRINDADE, Azoilda Loretto. **Valores Civilizatórios Afro-brasileiros na educação**. MEC − Valores afro-brasileiros na Educação. Boletim, v. 22, 2005.

TUAN, Yi Fu. **Topofilia – um estudo da percepção, atitudes e valores do meio ambiente**. São Paulo: DIFEL, 1980.

WALDMAN, M. O baobá na paisagem africana: singularidades de uma conjugação entre natural e artificial. **África**: Revista do Centro de Estudos **Africanos**. USP, São Paulo, número especial, p. 223-236, 2012.

CONTRA O ESQUECIMENTO, A LUTA! POVOS INDÍGENAS, HISTÓRIA E DIREITO À MEMÓRIA

Suelen Siqueira Julio[140]

> *Nós Guarani das aldeias de São Paulo nos sentimos humilhados todas as vezes que passamos ao lado dessa estátua. Borba Gato foi um assassino de povos indígenas e não pode ser considerado um herói. Nós Guarani ficaremos felizes se não vermos nunca mais essa estátua nos ofendendo toda vez que passamos pelo bairro de Santo Amaro. Desta forma, conclamamos o Departamento do Patrimônio Histórico da Secretaria Municipal de Cultura de São Paulo a retirar a estátua e substituí-la por um jardim aberto a todos, uma homenagem aos povos indígenas e à natureza* (Olívio Jekupé, 2015).

A epígrafe escolhida para abrir este artigo traz as palavras de Olívio Jekupé, escritor indígena guarani que, há oito anos, lançava um abaixo-assinado pela retirada da estátua do bandeirante Manuel de Borba Gato (1649-1718). Localizada na cidade de São Paulo, no bairro de Santo Amaro, o monumento é uma das homenagens públicas ainda prestadas a homens que, a exemplo de Borba Gato, eram conhecidos na época colonial como sertanistas. Posteriormente alçados à condição de heróis, pelos supostos serviços que teriam prestado à expansão do território da América portuguesa, esses homens passaram a ser chamados de bandeirantes. Numa necessária revisão historiográfica, autores como John Monteiro (2009) já demonstraram que a ação dos bandeirantes, longe de ser heroica e povoadora do território, foi muito mais despovoadora. Isso porque suas expedições não se limitavam à procura de metais preciosos, tratando-se muito mais de ações de ataque e escravização de indígenas, que "concorreram antes para a devastação de inúmeros povos nativos" (MONTEIRO, 2009 [1994], p. 8).

Apesar de não alcançar uma grande repercussão, o manifesto lançado por Jekupé faz parte de um movimento mais amplo: a busca, por parte de pessoas indígenas e não indígenas, de cessar as homenagens prestadas a sujeitos

---

[140] Doutora em História pela Universidade Federal Fluminense (UFF). Docente do Departamento de História do Colégio Pedro II. Algumas das reflexões aqui presentes se encontram na pesquisa citada a seguir, cujo desenvolvimento contou com financiamento do CNPq, ao qual cabe agradecimento: JULIO, Suelen Siqueira. Gentias da terra: gênero e etnia no Rio de Janeiro colonial. 2022. 452 f. Tese (Doutorado) – Instituto de História, Universidade Federal Fluminense, Niterói, 2022.

escravistas, como o bandeirante representado na estátua em questão (LORENZONI; GOMES, 2021). Anos depois do abaixo-assinado, a estátua de Borba Gato foi alvo de uma ação que gerou um impacto bem maior: em julho de 2021, manifestantes atearam-lhe fogo. Apesar de o ato não ter prejudicado a estrutura do monumento, as chamas foram capturadas em fotografias que circularam em reportagens nacionais e internacionais.

Ao tratar do episódio, Lara Lorenzoni e Raoni Gomes (2021, p. 51) o contextualizam no rastro dos "protestos antirracistas que se espalharam em diversos locais do globo após a brutal morte do cidadão afro-americano George Floyd, cruelmente sufocado por um policial de Minneapolis", em 2020. Em junho desse mesmo ano, manifestantes derrubaram a estátua do confederado Jefferson Davis na cidade de Richmond, Virgínia (EUA), enquanto na Inglaterra o monumento a Edward Colston, traficante de escravizados, fora abatida dias antes.

Sem a pretensão de aprofundar a discussão – já feita por outros autores (LORENZONI, GOMES, 2021; COSTA, CAMPOS, 2019) – sobre o significado desses monumentos e das controvérsias suscitadas pela sua derrubada, cito a estátua de Borba Gato para introduzir o objetivo deste artigo. A saber, contribuir, através da abordagem de tópicos relativos aos povos indígenas, para as reflexões desenvolvidas neste livro. Em outras palavras, busca-se sublinhar que as questões em torno da memória, da identidade e dos monumentos escravistas não fazem parte apenas das experiências dos africanos escravizados e seus descendentes.

Assim, se é bem verdade que, dos cerca de 12 milhões de seres humanos transportados da África para as Américas (séculos XVI-XIX), aproximadamente 4,8 milhões aportaram no Brasil, isso não deve continuar a ofuscar a centralidade da presença e do trabalho indígena para a nossa história. Efetuada sob diversas modalidades, incluindo a escravização, a exploração da mão de obra nativa não foi um capítulo efêmero da história da colonização – foi, antes, um elemento imprescindível para a montagem e desenvolvimento da empreitada colonial (SCHWARTZ, 1988 [1985]; MONTEIRO, 2009 [1994]; ALMEIDA, 2003; OLIVEIRA, 2016).

Contrapondo-se à imagem tradicional de que a exploração da mão de obra indígena teria se limitado aos primeiros momentos do século XVI, sendo logo substituída pela africana, diversas pesquisas têm demonstrado tanto a referida persistência do uso da força de trabalho dos nativos quanto a convivência entre indígenas e africanos nas mesmas unidades de produção no decorrer dos séculos (SAMPAIO, 2007; MOREIRA, 2010; PORTELA, 2014). Desse modo, vê-se que a luta pela derrubada de monumentos escravistas diz respeito também à história dos povos nativos da América.

Dito isto, o artigo aborda as relações entre história, memória e povos originários, apontando não apenas os usos que as elites políticas fizeram de sua imagem, mas também luta dos indígenas contra os esquecimentos que têm recaído sobre suas trajetórias. A fim de contribuir para a necessária superação de imagens redutoras sobre mulheres e homens indígenas – amiúde colocados como personagens passivos, "lúdicos, curiosos, espontâneos", não sendo "assumidos como centrais à nacionalidade, mas como periféricos, secundários, quase anedóticos e casuais" –, aponto elementos que já vêm atuando para a construção de novas memórias (OLIVEIRA, 2016, p. 77). Tais elementos não incluem apenas o potencial da História enquanto disciplina ou o papel de políticas públicas que podem ser colocadas em prática. Incluem, sobretudo, a ação dos próprios sujeitos indígenas, que, nas últimas décadas, têm alcançado uma maior visibilidade na cena política, com notório destaque dos movimentos de mulheres.

Construção de histórias nacionais e imagens sobre os indígenas

Diversos trabalhos têm abordado o lugar dos povos indígenas na construção das histórias e dos símbolos nacionais, tanto no Brasil quanto em outros países americanos. Evocados com o fim de afirmar a singularidade dos países recém-independentes e tratados de forma genérica, os nativos foram localizados no passado e desconectados dos indígenas do presente, vistos como "decadentes" e em vias de desaparecimento. Tais ideias oitocentistas seguem bastante influentes na atualidade (OLIVEIRA, 2016; CARVALHO, 2008; CARVALHO, 2000 [1990]; EARLE, 2007; AXTELL, 2001).

Além de aparições estereotipadas em livros (tanto de ficção quanto aqueles que se propunham a construir histórias nacionais), os nativos foram representados em pinturas, esculturas e outros suportes elaborados como parte das políticas de memória levadas a cabo nos séculos XIX e XX. Escrevendo especificamente sobre o Brasil, onde havia "uma ilha de letrados num mar de analfabetos", José Murilo de Carvalho (2008, p. 65) sublinhou que o uso de imagens visuais era imprescindível no esforço das elites políticas de construir um imaginário nacional comum.

Sem pretender esgotar aqui os muitos exemplos da produção de imagens de indígenas enquanto símbolos nacionais, destaco, na cidade do Rio de Janeiro, a escultura em bronze do padre Anchieta junto a uma índia, identificada por Carlos Brunetto (2016) como Bartira, figura histórica do século XVI. A escultura se encontra na praça Floriano Peixoto (mais conhecida como Cinelândia), integrando um monumento inaugurado no ano de 1910, em homenagem ao Marechal Floriano (CARVALHO, 2000 [1990]).

Note-se que, nesse momento de recriação de símbolos nacionais durante a Primeira República, os indígenas continuavam a ser evocados como o início do Brasil[141]. Na peça em questão, Bartira e o padre compõem a alegoria da catequese: admirada, a nativa contempla a cruz, simbolizando um dos momentos escolhidos como formativos do Brasil.

No artigo no qual aborda representações sobre os nativos no pós-independência e, sobretudo, no Segundo Reinado, João Pacheco de Oliveira (2016) aponta os diversos usos da imagem de mulheres e homens indígenas na construção nacional, analisando tanto apropriações populares quanto manifestações artísticas a exemplo do indianismo literário e da pintura acadêmica. Nessas manifestações, encontramos temas recorrentes acerca das índias, como o da paixão pelo homem branco, a geração de descendência mestiça e o desaparecimento, expresso em escritos e quadros que reiteradamente evocaram a imagem do indígena morto. Em *Moema*, Victor Meirelles recuperava a narrativa em torno de Paraguaçu e Caramuru através de uma personagem periférica, a índia que dá nome ao quadro[142]. Moema seria uma mulher indígena que, na tentativa de alcançar a embarcação que levava o casal para a Europa, teria se lançado ao mar e se afogado.

Recorrendo ao tema da morte do indígena, a pintura celebra "o amor idílico de uma índia pelo colonizador, em uma opção que no limite termina no sacrifício trágico da própria vida" (OLIVEIRA, 2016, p. 99). Celebrações desse tipo contribuíram para "uma modalidade peculiar de esquecimento": "uma crença comum e muito arraigada de que o índio é objeto de uma história que antecedeu o Brasil e lhe é visceralmente estranha" (OLIVEIRA, 2016, p. 111)[143].

Desse modo, ainda existe o desafio de desmontar os persistentes efeitos de ideias, atitudes, políticas e interesses econômicos que seguem pautados nas velhas imagens dos indígenas enquanto elementos do passado, extintos ou já radicalmente tão "modificados" que chegam a ter sua legitimidade questionada. Dentro dessa tarefa, homens e mulheres dos povos originários têm lançado mão de estratégias criativas e diversificadas, como veremos a seguir.

---

141 Ao contrário de outros símbolos que a República procurou construir e fracassou, a ligação entre os índios e os primórdios do Brasil encontrava um terreno fértil para sua aceitação, pois se beneficiava "de uma comunidade de imaginação, de uma comunidade de sentido" CARVALHO, 2000 [1990], p. 89).

142 Sobre a narrativa em torno do casal quinhentista formado pelo náufrago português Diogo Álvares Caramuru e Paraguaçu, filha de um cacique indígena da região da atual Bahia, ver: AMADO, 2000.

143 Mostrando que a ligação dos indígenas a um passado remoto e que a elaboração de narrativas trágicas sobre eles não são uma particularidade do Brasil, Earle (2007) analisa ficções (como romances e poemas) produzidas em diversos países que surgiram após as lutas de independência da América espanhola. Muitas dessas produções envolviam índias, que morriam tragicamente antes de se casarem com seus amados espanhóis.

A luta indígena por outras memórias

> *A mãe do Brasil é indígena, ainda que o país tenha mais orgulho de seu pai europeu que o trata como um filho bastardo. Sua raiz vem daqui, do povo ancestral que veste uma história, que escreve na pele sua cultura, suas preces e suas lutas. [...]. Nós somos um país rico, diverso e guerreiro, mas um país que mata o seu povo originário e aqueles que construíram uma nação, que ainda marginaliza povos que já foram escravizados e seguem tentando se recuperar dos danos. O indígena não é aquele que você conhece dos antigos livros de história, porque não foi ele que escreveu o livro então nem sempre a sua versão é contada. Ele não está apenas na aldeia tentando sobreviver, ele está na cidade, na universidade, no mercado de trabalho, na arte, na televisão, porque o Brasil todo é terra indígena. Sabe aquela história de que "sua bisavó foi pega no laço?" Isso quer dizer que talvez seu bisavô tenha sido um sequestrador, então acho que você deveria ter mais orgulho do sangue indígena que corre em suas veias. A mãe do Brasil é indígena* (Myrian Krexu, 2020)[144].

Ao escrever sobre a necessidade de superar imagens estereotipadas sobre os indígenas, Oliveira afirma a importância da ação dos próprios povos originários nessa tarefa. Entre os "regimes de memória" existentes sobre esses sujeitos, o antropólogo aponta "a memória que os movimentos e organizações indígenas tentam construir na contemporaneidade", através de ferramentas diversificadas, incluindo a internet. Esse regime de memória "é o único no qual os indígenas são os principais artífices; nos demais, constituem apenas aquilo sobre o qual não indígenas falam" (OLIVEIRA, 2016, p. 29). Note-se que, se por um lado, os discursos políticos veiculados pelos próprios indígenas envolvem o emprego de certo "essencialismo estratégico" sobre os povos originários e seu papel na história, por outro lado, tal retórica contribui para a superação de estereótipos sobre os "índios"[145]. Em outras palavras: ao mesmo tempo em que os movimentos indígenas enfatizam as violências sofridas a partir da invasão europeia, unificando as experiências vividas por mulheres e homens nativos sob a imagem dos *vencidos*, eles contribuem para a quebra de ideias equivocadas ainda existentes, a exemplo daquelas que colocam os "índios" como sujeitos genéricos, passivos e em vias de desaparecimento.

Algumas pesquisas sobre as mobilizações dos povos originários na atualidade têm apontado a sua visibilidade cada vez maior na cena política, com

---

144   Disponível em: https://www.facebook.com/108578573843259/photos/a.109331850434598/261956708505444/?type=3.
145   Por "essencialismo estratégico" entenda-se o uso político de imagens que unificam certos sujeitos em luta, geralmente enfatizando sua condição de oprimidos.

destaque para o aumento do número de lideranças e organizações femininas, cujo sucesso em veicular suas próprias imagens sobre as mulheres indígenas tende ao crescimento (KELLOG, 2005; BELCHIOR, 2021; HOLANDA, 2021). Em todo o continente americano, nota-se tanto a luta por territórios e outras pautas que afetam indígenas de todos os gêneros, quanto as reivindicações ligadas a necessidades sociais específicas das mulheres (KELLOG, 2005).

Sem pretender esgotar tais temas em tão pouco espaço, limito-me a apontar a atualidade da chamada questão indígena que, longe de se restringir a um passado remoto, segue, inclusive, nas pautas da política brasileira. Cabe sublinhar o papel das mulheres indígenas no enfrentamento ao governo Bolsonaro, marcado pelo recrudescimento dos ataques aos direitos dos povos originários. Sob o eloquente lema "Território: nosso corpo, nosso espírito", cerca de três mil mulheres de mais de 110 povos de todos os estados do Brasil e de países vizinhos compareceram à 1ª Marcha das Mulheres Indígenas, ocorrida em Brasília, no ano de 2019 (MACEDO, 2020; BELCHIOR, 2021). O lema nos recorda que as concepções indígenas de território não se confundem com uma visão meramente utilitária da terra. Sobre isso, o documento final elaborado pela marcha aponta:

> Somos totalmente contrárias às narrativas, aos propósitos, e aos atos do atual governo, que vem deixando explícita sua intenção de extermínio dos povos indígenas, visando à invasão e exploração genocida dos nossos territórios pelo capital. Essa forma de governar é como arrancar uma árvore da terra, deixando suas raízes expostas até que tudo seque. Nós estamos fincadas na terra, pois é nela que buscamos nossos ancestrais e por ela que alimentamos nossa vida. Por isso, o território para nós não é um bem que pode ser vendido, trocado, explorado. O território é nossa própria vida, nosso corpo, nosso espírito (2019).

Devido à pandemia de covid-19, em 2020, ano marcado pelo agravamento das violências contra os indígenas (BELCHIOR, 2021; HOLANDA, 2021), a mobilização teve continuidade através da internet, sendo realizada uma assembleia virtual de mulheres indígenas sob o tema "O sagrado da existência e a cura da terra". A 2ª Marcha das Mulheres Indígenas ocorreu em 2021.

Como vemos, através de sua luta, os sujeitos indígenas têm denunciado a continuidade de uma relação colonial do Estado e da sociedade brasileira para com os povos originários. Diante da espoliação de territórios tradicionais em nome do "desenvolvimento" nacional e de interesses privados, da exploração de trabalhadoras e trabalhadores indígenas, da retirada compulsória de crianças de suas aldeias e de tantas outras ações genocidas e violadoras de direitos, fica impossível não apontar que sobre os nativos americanos ainda pesam violências que remontam ao período da colonização europeia e que seguiram reproduzidas pelas camadas dominantes nacionais após a emancipação política dos vários países do continente (POTIGUARA, 2018 [2004]; KLEIN, 2018). Desse modo, tais realidades devem ser acrescentadas aos elementos apontados por Caio Prado Jr., na década de 1940, sobre aquele "passado que parece longínquo, mas que ainda hoje nos cerca de todos os lados", ou seja, aqueles aspectos "em que o 'Sete de Setembro' não tocou" (PRADO JR., 2011 [1942], p. 11-132).

Conforme tem sido crescentemente debatido na Academia, mais do que um período na história política, a ideia de "colonial" deve ser entendida como um regime de subordinação imposto aos povos nativos da América, que sobreviveu às independências e a marcos legais de extinção da tutela, como a atual Constituição brasileira, promulgada em 5 de outubro de 1988 (POTIGUARA, 2018 [2004]; GONZAGA, 2021; GOMES, 2017; QUIJANO, 2005 [2000]; DUSSEL, 1993 [1992]; MIGNOLO, 2017; SANTOS; MENESES, 2014 [2010]). Esta data, inclusive, vem sendo utilizada por setores anti-indígenas para aprovar o Projeto de Lei (PL 490/2007) que dificulta a demarcação de terras indígenas e abre brechas para a exploração até mesmo de territórios dos ditos "povos isolados".

Entre outros retrocessos, o projeto, atualmente em tramitação, defende a tese do "marco temporal". De acordo com essa tese jurídica proposta por "ruralistas e setores interessados na exploração das terras tradicionais", "os povos indígenas só teriam direito à demarcação das terras que estivessem sob sua posse no dia 5 de outubro de 1988" ou que pudessem "comprovar a existência de disputa judicial ou conflito material na mesma data" (STF, 2021). Por seu efeito perverso de legitimar expulsões sofridas até a Constituição e de ameaçar inclusive demarcações já feitas, o PL 490 tem suscitado grandes protestos, reunindo milhares de indígenas em Brasília, sob o lema: "Nossa história não começa em 1988!" (STF, 2021)[146].

Aquelas e aqueles que atentam criticamente para iniciativas desse tipo têm denunciado seu caráter de "neocolonização" ou "colonialismo interno", no qual a população nativa, suas terras e seus recursos – bem como outros grupos oprimidos – continuam "decretados como espaços econômicos a serem incorporados mediante uma variada gama de expedientes" que incluem o uso da violência aberta (OLIVEIRA, 2016, p. 260).

De pé contra essa realidade, as mulheres indígenas têm sido agentes políticos fundamentais para a geração não só de imagens que escapem aos velhos estereótipos, mas, sobretudo, para a construção coletiva de um futuro mais igualitário. De modo que, como podemos ver, o lugar de mulheres e homens

---
146 Ver também: LACERDA; TAWANE, 2021; TERENA, 2020; GONZAGA, 2021.

indígenas na história deve ser entendido como central para compreender não apenas um passado remoto, um início do Brasil, mas todos os séculos que quisermos abordar e todos os projetos de futuro que tenhamos a ousadia de propor. Conforme escreveu Lélia Gonzalez ao cunhar a categoria de *amefricanidade*, a construção de "um olhar novo e criativo" sobre a "formação histórico-cultural do Brasil em particular e da América como um todo" implica valorizar "a contribuição negra e indígena (inclusive culturas pré-colombianas)" (GONZALEZ, 1988, p. 69-70)[147]. Implica a adoção de abordagens que, de fato, sublinhem que a herança ibérica não deve ofuscar o fato de que a América "é muito mais ameríndia e amefricana" do que já se pensou (GONZALEZ, 1988, p. 72).

No papel de intelectuais, de divulgadores e de sujeitos políticos, os movimentos negros e indígenas têm contribuído para que vozes mais múltiplas sejam ouvidas, impulsionando a difusão de novas memórias históricas, para além da celebração de figuras brancas e amiúde escravistas. Em contribuição a estas renovações, escrevo a seguir sobre o papel da História na abordagem crítica dos discursos, silêncios, imagens, patrimônios e outros elementos que, existentes na atualidade, evocam figuras indígenas do passado.

Povos originários: passado, presente e projetos de futuro

Ao escrever sobre o direito à memória como parte dos direitos humanos, Daiara Sampaio, também conhecida como Daiara Tukano, expõe a importância de a história vivida pelos povos indígenas, bem como os seus modos de compreendê-la, serem conhecidos por todos os brasileiros. Para tal, se fazem necessárias políticas públicas, que incluam o livre acesso a documentos, a valorização dos testemunhos dos povos originários sobre suas trajetórias, a implementação satisfatória do ensino de história e cultura indígena (prevista pela Lei n. 11.645/2008), bem como o respeito aos demais direitos de povos e indivíduos tantas vezes expropriados de seus territórios e submetidos à extrema pobreza (SAMPAIO, 2018).

A autora expõe que, longe de terem a ver apenas com as populações indígenas, essas políticas dizem respeito a toda a sociedade brasileira, "na perspectiva do processo de justiça de transição para uma democracia plena", que implica:

> [...] reparar na medida do possível os danos e traumas históricos vividos por estas populações ao longo do processo colonial e da construção da

---

[147] Entre outras nuances por trás do termo "amefricanidade", a autora o propunha como uma categoria metodológica apta a visibilizar a América como "uma *unidade específica*, historicamente forjada" com a ativa participação não só "dos africanos trazidos pelo tráfico negreiro, como a daqueles que chegaram à AMÉRICA muito antes de Colombo", numa experiência compartilhada e marcada pela adaptação, resistência e criação de novas formas sociais que exigem a devida pesquisa (grifos da autora), (GONZALEZ, 1988, p. 77).

> figura do Estado Brasileiro, assim como se re-educar a respeito da própria identidade brasileira para se engajar numa construção social capaz de abraçar a diversidade presente no país. A construção de um pensamento crítico à colonialidade que contemple as narrativas e práticas dos povos originários é uma oportunidade para preencher as lacunas da memória de toda a sociedade, para sanar violências históricas que estruturam desigualdades sociais no Brasil [...] (SAMPAIO, 2018, p. 18).

Assim como contribuiu na construção de apagamentos e de uma memória limitada sobre o papel dos povos originários, a História tem o potencial de produzir narrativas

> que enfatizem os indígenas como sujeitos que, embora subalternizados, não estiveram à mercê do processo colonizador, nem dos modelos econômicos que seguem com a implantação do Estado Nacional. Contribuindo para a visibilização das trajetórias vivenciadas pelos indígenas, evidenciando que, longe de sermos engolidos pelo processo de aculturação, nos apropriamos das novas realidades através da negociação de valores, tradução cultural e da reelaboração de estratégias de enfrentamento. A reescrita traz à tona outras memórias, não esquecidas, mas silenciadas por não encontrarem espaço de escuta. Romper o silêncio é colocar em pauta a reparação dos direitos destes povos (SAMPAIO, 2018, p. 49).

Nessa reescrita, alguns trabalhos de historiadores e antropólogos têm proposto leituras críticas e contextualizadas de pinturas, mapas, objetos e outros suportes através dos quais o imaginário sobre os povos indígenas foi moldado. Baseado em representações estereotipadas veiculadas na mídia, nas escolas, nas universidades, nos livros (incluindo os didáticos) e nos museus, esse imaginário demanda um grande esforço para ser modificado. Cientes disso, os movimentos indígenas, bem como professores, palestrantes, *influencers* e outros sujeitos individuais e coletivos pertencentes aos povos originários têm buscado intervir nos mais diversos espaços, a exemplo das escolas e dos museus – inclusive organizando museus e currículos escolares próprios (BARRETO, 2014; BUSTAMANTE, 2012; OLIVEIRA, 2012; KONDO; TORQUATO, 2021; PEREIRA, 2012).

Desse modo, pesquisadores e/ou militantes, indígenas e não indígenas, têm apontado que um dos caminhos para ultrapassar certas visões equivocadas sobre os povos originários e sua história é veicular imagens visuais que ultrapassem as *Moemas* e outros famosos quadros ligados ao universo do Romantismo (ANAQUIRI, 2018; GONZAGA, 2021)[148]. Numa abordagem

---

148 Acerca dos desafios e dificuldades que envolvem o tratamento da questão indígena nas escolas, incluindo barreiras atitudinais e falta de materiais didáticos adequados, ver: CRUZ, 2021; PEREIRA; PINA, 2021; PAULO, 2019.

crítica e contextualizada, as imagens dos povos indígenas da contemporaneidade têm o potencial de sublinhá-los enquanto sujeitos integrantes do mundo atual – e não como "sobrevivências" fadadas ao desaparecimento –, enquanto as do passado podem mostrar aspectos históricos não contemplados nas representações ainda dominantes.

A partir de imagens do passado e da atualidade, a exposição *Os Primeiros Brasileiros* também tem atuado como um veículo de construção de visões mais múltiplas sobre a experiência histórica dos povos originários. Criada pelo antropólogo João Pacheco de Oliveira (Museu Nacional/UFRJ), a exposição itinerante já esteve em diversas instituições nacionais e internacionais, tendo sido visitada por mais de 250 mil pessoas. Sua última exibição física antes da pandemia ocorreu em 2019, no Arquivo Nacional, podendo hoje ser visitada online (GANDRA, 2021; OLIVEIRA, 2020 [2019]).

Como apontado por Oliveira (2007), curador da exposição, é necessário que os museus adotem uma atitude crítica do material etnográfico que exibem, abandonando a postura de transformá-los em abstrações descoladas do contexto histórico e social no qual foram adquiridos. Muitas vezes coletados em situações de extrema violência contra os indígenas, as exposições não devem se prestar a encobrir tais circunstâncias, mas a proporcionar ao público a oportunidade de refletir sobre as relações e processos por trás do material exibido.

Ao ser entrevistada sobre sua atividade como curadora do Museu de Arte de São Paulo (MASP), Sandra Benites, mulher guarani Nhandeva, demonstrou ponto de vista semelhante:

> Não dá pra gente colocar [em exposição] um objeto que muitas vezes é sagrado para um determinado grupo, como o maracá, e deixar lá parado. Não se discute para que serve, se é importante mostrar ou não. Muitas das vezes, por não ter esse debate, acaba se reforçando esses estereótipos sobre o próprio indígena, como se aquele objeto estivesse no passado (ARRAIS, 2021, s.p.).

Benites viu na posição então exercida por ela uma oportunidade não só para exibir o trabalho de artistas indígenas, mas para visibilizar a sabedoria dos mais diversos povos, seus modos de ver e contar a história, suas perspectivas acerca "do processo da colonização desde a invasão" (ARRAIS, 2021).

Essas e outras iniciativas atuais – como a recente inclusão do nome da índia seiscentista Clara Camarão no *Livro dos Heróis e Heroínas da Pátria* – apontam para o crescente reconhecimento da atuação indígena e do impacto desta nas políticas de memória[149]. O ato de posicioná-la no mesmo livro onde

---

149 Em 1986, foi criado, em Brasília, o Panteão da Pátria Tancredo Neves, com o fim de homenagear "os heróis nacionais, ou seja, aqueles brasileiros que possuíram ideais de liberdade e democracia". Envolvida, como

constam figuras tão díspares quanto D. Pedro I, Zumbi dos Palmares e o duque de Caxias aponta transformações vividas por um país no qual continua a ocorrer uma batalha por símbolos, heróis, estátuas e tantos outros elementos formadores de memória. Mais do que evocar o passado, as disputas em torno de quem será lembrado e quem será esquecido dizem muito sobre os conflitos do presente e sobre os embates em torno de diferentes projetos de futuro (LE GOFF, 2013 [1988]; POLLAK, 1989; CARVALHO, 2000 [1990]).

Considerações finais

Localizados numa espécie de capítulo à parte ou entendidos como assunto de especialistas, os povos originários ainda não foram plenamente integrados na tal "história em geral". Os esforços para a reversão desse quadro consistem não apenas na produção de trabalhos acadêmicos, mas, sobretudo, nas questões colocadas pelas lutas sociais, notadamente pelos movimentos políticos dos povos originários.

Se, no momento em que escrevo estas linhas, vivemos ainda sob um contexto de ataques e violações dos direitos de indígenas e não indígenas, não há como negar que as lutas travadas pelos mais diversos atores políticos têm avançado e contribuído para enriquecer as reflexões sobre a história do Brasil. Nessa reflexão, os povos originários não podem mais aparecer como figuras do passado. Em substituição às homenagens públicas a homens brancos escravistas, convém, junto aos sujeitos indígenas, erigir novas políticas de memória. Políticas que não deixem cair no esquecimento o fato de que os indígenas lograram sobreviver àquele que pode ser chamado de o "maior genocídio da história da humanidade" (TODOROV, 1993 [1982], p. 6). Políticas que constantemente nos lembrem que os povos originários são parte integrante e fundamental do passado, presente e de um futuro que não podemos hesitar em construir de forma mais justa e igualitária.

---

seu marido Felipe Camarão, nas guerras seiscentistas de expulsão dos holandeses, Clara Camarão foi incluída no livro em 2017, figurando como uma das poucas mulheres escolhidas. CNM, 2014; LIVRO, 2018.

REFERÊNCIAS

ALMEIDA, Maria Regina Celestino de. **Metamorfoses indígenas**: Identidade e cultura nas aldeias coloniais do Rio de Janeiro. Rio de Janeiro: Arquivo Nacional, 2003.

AMADO, Janaína. Diogo Álvares, o Caramuru, e a fundação mítica do Brasil. **Estudos históricos**, v. 14, n. 25, p. 3-39, 2000. Disponível em: https://bibliotecadigital.fgv.br/ojs/index.php/reh/article/view/2110/1249. Acesso em: 24 fev. 2023.

ANAQUIRI, Mirna P. Marinho da Silva. Minha avó foi pega no laço: a questão da mulher indígena a partir de um olhar feminista. *In*: SEMINÁRIO INTERNACIONAL DE PESQUISA EM ARTE E CULTURA VISUAL, 2., 2018, Goiânia. **Anais eletrônicos**... Goiânia: Universidade Federal de Goiás, 2018. p. 752-763. Disponível em: https://files.cercomp.ufg.br/weby/up/778/o/LC_MIRNA_ANAQUIRI_IISIPACV2018.pdf. Acesso em: 16 fev. 2022.

ARRAIS, Amauri. Sandra Benites: É preciso escutar mais as culturas historicamente silenciadas. **Gama** [Online], 1 ago. 2021. Disponível em: https://gamarevista.uol.com.br/semana/de-quem-e-a-causa-indigena/sandra-benites--curadora-masp-culturas-indigenas/. Acesso em: 14 ago. 2021.

AXTELL, James. The Indian Impact on English Colonial Culture. AXTELL, James. **Natives and Newcomers. The Cultural Origins of North America**. New York, N.Y.: Oxford University Press, 2001. p. 309-336.

BARRETO, Marcos Rodrigues. **Vultos na névoa**: do discurso histórico do preconceito à resistência do índio urbano no cenário fluminense. 2014. 170 f. Dissertação (Mestrado em Memória Social) – Centro de Ciências Humanas e Sociais, Universidade Federal do Estado do Rio de Janeiro, Rio de Janeiro, 2014.

BELCHIOR, Maria Clara Multini. **Mulheres retomadas**: um retrato político fotográfico da primeira Marcha das Mulheres Indígenas. 2021. 152 f. Dissertação (Mestrado em Educação Sexual) – Faculdade de Ciências e Letras, Universidade Estadual Paulista, Araraquara, 2021.

BEZERRA, Rafael Zamorano (org.). **Coleções e colecionadores**: a polissemia das práticas. Rio de Janeiro: Museu Histórico Nacional, 2012. p. 201-218.

BRUNETTO, Carlos Javier. La reivindicación indigenista de José de Anchieta en el nacimiento de Brasil. *In*: COLOQUIO DE HISTORIA CANARIO-AMERICANA, 21., 2014, Las Palmas de Gran Canaria. **Anais eletrônicos**... Las Palmas de Gran Canaria: Casa de Colón, 2016. Disponível em: https://mdc.ulpgc.es/utils/getfile/collection/coloquios/id/2308/filename/2307.pdf. Acesso em: 16 ago. 2021.

BUSTAMANTE, Jesús. Museos, memoria y antropología a los dos lados del Atlántico. Crisis institucional, construcción nacional y memoria de la colonización. **Revista de Indias**, v. 72, n. 254, p. 15-34, 2012. Disponível em: https://doi.org/10.3989/revindias.2012.002. Acesso em: 1 set. 2021.

CARVALHO, José Murilo de. **A construção da ordem**: a elite política imperial [1980]; Teatro de sombras: a política imperial [1988]. Rio de Janeiro: Civilização Brasileira, 2008.

CARVALHO, José Murilo. **A formação das almas**: o imaginário da República no Brasil. São Paulo: Companhia das Letras, 2000 [1990].

CNM [Cadastro Nacional de Museus]. **Panteão da Pátria Tancredo Neves**. Brasília, 2014. Disponível em: http://mapas.cultura.gov.br/espaco/202071/. Acesso em: 14 ago. 2021.

COSTA, Marcia Maria da Graça Costa; CAMPOS, Alzira Lobo de Arruda. A Estátua de Borba Gato memória e identidade de Santo Amaro. **Veredas – Revista Interdisciplinar de Humanidades**, v. 2, n. 3, p. 34-54, 2019. Disponível em: https://revistas.unisa.br/index.php/veredas/article/view/78. Acesso em: 23 fev. 2023.

CRUZ, Jaíne Quele. "Eu tô sendo vítima de etnocídio e racismo", diz professora afastada de escola por "insistir" no ensino indígena. G1, Rondônia, 15 out. 2021. Disponível em: https://g1.globo.com/ro/rondonia/noticia/2021/10/15/eu-to-sendo-de-vitima-de-etnocidio-e-racismo-diz-professora-afastada-de-escola-por-insistir-no-ensino-indigena.ghtml. Acesso em: 30 jan. 2022.

DOCUMENTO final da Marcha das Mulheres Indígenas: Território: nosso corpo, nosso espírito. **CIMI** [Conselho Indigenista Missionário], Brasília, 15 ago. 2019. Disponível em: https://cimi.org.br/2019/08/marcha-mulheres-indigenas-documento-final-lutar-pelos-nossos-territorios-lutar-pelo-nosso-direito-vida/. Acesso em: 23 ago. 2021.

DUSSEL, Enrique. **1492**: o encobrimento do outro: a origem do mito da modernidade. Conferências de Frankfurt. Petrópolis: Vozes, 1993 [1992].

EARLE, Rebecca. **The Return of the Native**. Indians and Myth-Making in Spanish America, 1810-1930. Durham: Duke University Press, 2007.

GANDRA, Alana. Coleção Os Primeiros Brasileiros tem exposição virtual Mostra será lançada nesta terça-feira pelo Museu Nacional. **Agência Brasil**, Rio de Janeiro, 13 abr. 2021. Disponível em: https://agenciabrasil.ebc.com.br/educacao/noticia/2021-04/colecao-os-primeiros-brasileiros-tem-exposicao-virtual. Acesso em: 30 ago. 2021.

GOMES, Nilma Lino. **O Movimento Negro educador**: saberes construídos nas lutas por emancipação. Petrópolis: Vozes, 2017.

GONZAGA, Alvaro de Azevedo. **Decolonialismo indígena**. São Paulo: Matrioska, 2021.

HOLANDA, Marianna Assunção Figueiredo. Saúde Coletiva e o Planeta Comum: o Chamado das Mulheres Indígenas de Cura pela Terra. **Interritórios**, Caruaru, v. 7, n. 13, p. 167-191, 2021.

GONZALEZ, Lélia. A categoria político-cultural de amefricanidade. **Tempo Brasileiro**, Rio de Janeiro, n. 92/93, p. 69-70, jan./jun. 1988.

JEKUPÉ, Olívio. **Abaixo-assinado pela retirada da estátua de Borba Gato, 2015**. Disponível em: https://www.change.org/p/departamento-do-patrim%-C3%B4nio-hist%C3%B3rico-da-secretaria-municipal-de-cultura-de-s%-C3%A3o-paulo-retirada-da-estatua-do-borba-gato. Acesso em: 22 fev. 2023.

JULIO, Suelen Siqueira. **Gentias da terra**: gênero e etnia no Rio de Janeiro colonial. 2022. 452 f. Tese (Doutorado) – Instituto de História, Universidade Federal Fluminense, Niterói, 2022.

KELLOG, Susan. **Weaving the Past**: A History of Latin America's Indigenous Women from the Prehispanic Period to the Present. New York: Oxford University Press, 2005.

KONDO, Rosana Hass; TORQUATO, Cloris Porto. Práticas insurgentes e desobediência epistêmica: currículo próprio, que vem do chão. **Acervo**, Rio de Janeiro, v. 34, n. 2, p. 1-21, maio/ago. 2021.

KREXU, Myrian. A mãe do Brasil é indígena. **Xapuri Socioambiental,** Formosa, GO, 19 abr. 2021. Disponível em: https://www.xapuri.info/sagrado-indigena/a-mae-do-brasil-e-indigena/. Acesso em: 18 ago. 2021.

KLEIN, Tatiane. Esquece do seu filho: O Brasil está tirando crianças indígenas de suas mães e colocando para adoção. **The Intercept Brasil** [Online], 28 jul. 2018. Disponível em: https://theintercept.com/2018/07/28/kaiowaa-maes-filhos/. Acesso em: 4 jan. 2021.

LACERDA, Nara; TAWANE, Nayá. Mais de 6 mil indígenas ocuparam a Praça dos Três Poderes em oposição ao marco temporal. **Brasil de Fato**, São Paulo, 24 ago. 2021. Disponível em: https://www.brasildefato.com.br/2021/08/24/mais-de-6-mil-indigenas-ocuparam-a-praca-dos-tres-poderes-em-oposicao-ao-marco-temporal?bdf=t. Acesso em: 25 ago. 2021.

LE GOFF, Jacques. **História e memória**. Campinas: Editora da UNICAMP, 2013 [1988].

LIVRO de Herois e Heroínas da Pátria, mantido em Brasília, ganha 21 novos nomes. **1**, Distrito Federal, 12 dez. 2018. Disponível em: https://g1.globo.com/df/distrito-federal/noticia/2018/12/12/livro-de-herois-e-heroinas-da-patria--mantido-em-brasilia-ganha-21-novos-nomes.ghtml. Acesso em: 31 ago. 2021.

LORENZONI, Lara Ferreira; GOMES, Raoni Vieira. Destruindo estátuas: o incêndio no monumento a Borba Gato e a relevância da memória pelo olhar dos oprimidos. **Revista Brasileira de História do Direito** [Online], v. 7, n. 2, p. 40-59, jul./dez. 2021. Disponível em: http://dx.doi.org/10.26668/IndexLawJournals/2526-009X/2021.v7i2.8124. Acesso em: 18 fev. 2023.

MACEDO, Michelle Reis de. "Território: nosso corpo, nosso espírito": as ações políticas de Tuíra Kayapó como representante das mulheres indígenas no Brasil recente. *In*: CARLONI, Karla; FORTES, Carolina Coelho (org.). **Mulheres tecendo o tempo**: experiências e experimentos femininos no medievo e na contemporaneidade. Curitiba: CRV, 2020. p. 115-131.

MIGNOLO, Walter D. Colonialidade: o lado mais escuro da modernidade [2011]. **Revista Brasileira de Ciências Sociais** [Online], v. 32, n. 94, p. 1-17, 2017. Disponível em: https://doi.org/10.17666/329402/2017. Acesso em: 13 jan. 2022.

MONTEIRO, John Manuel. Negros da terra: índios e bandeirantes nas origens de São Paulo. São Paulo: Companhia das Letras, 2009 [1994].

MOREIRA, Vania Maria Losada. A serviço do Império e da Nação: trabalho indígena e fronteiras étnicas no Espírito Santo (1822- 1860). **Anos 90**, Porto Alegre, v. 17, n. 31, p. 13-55, 2010.

OLIVEIRA, João Pacheco de. A refundação do Museu Maguta: etnografia de um protagonismo indígena. *In*: ALINE MONTENEGRO M., RAFAEL ZAMORANO B. (org.). **Coleções e colecionadores**. A polissemia das práticas. 1.ed. Rio de Janeiro: Museo Historico Nacional, 2012, v. 1, p. 201-218.

OLIVEIRA, João Pacheco de. O retrato de um menino Bororo: narrativas sobre o destino dos índios e o horizonte político dos museus, séculos XIX e XXI. **Tempo** [Online], v. 12, n. 23, p. 73-99, 2007. Disponível em: https://doi.org/10.1590/S1413-77042007000200006. Acesso em: 30 ago. 2021.

OLIVEIRA, João Pacheco de. **O nascimento do Brasil e outros ensaios**: "pacificação", regime tutelar e formação de alteridades. Rio de Janeiro: Contra Capa, 2016.

OLIVEIRA, João Pacheco de. **Os primeiros brasileiros**. Rio de Janeiro: Arquivo Nacional; Museu Nacional, 2020 [2019]. Disponível em: http://www.arquivonacional.gov.br/images/Catalogo_exposicao_OPB.pdf. Acesso em: 30 ago. 2021. Para a exposição virtual: https://osprimeirosbrasileiros.mn.ufrj.br/pt/o-encontro/a-viagem. Acesso em: 30 ago. 2021.

PAULO, Ana Luiza dos Santos Rodrigues. **Implementação da Lei 11645/2008 na Rede Pública de Ensino do Município do Rio de Janeiro**: práticas e reflexões sobre o ensino de histórias e culturas indígenas na educação infantil. 2019. 57 f. Trabalho de Conclusão de Curso (Especialização em Educação das Relações Étnico-Raciais na Educação Básica – ERERÊBA) – Pró-Reitoria de Pós-Graduação, Pesquisa, Extensão e Cultura, Colégio Pedro II, Rio de Janeiro, 2019.

PEREIRA, Eliete da Silva. **Ciborgues indíge@s.br**: a presença nativa no ciberespaço. São Paulo: Annablume, 2012.

PEREIRA, Kátia Rosane Santos; PINA, Maria Cristina Dantas. Cultura escolar e livro didático de história: análise de imagens das mulheres do período colonial. *In*: SEMINÁRIO NACIONAL E SEMINÁRIO INTERNACIONAL POLÍTICAS PÚBLICAS, GESTÃO E PRÁXIS EDUCACIONAL, 8., 2021, Vitória da Conquista. **Anais eletrônicos...** Vitória da Conquista: Universidade

Estadual do Sudoeste da Bahia, 2021. Disponível em: http://anais.uesb.br/index.php/semgepraxis/article/viewFile/9730/9904. Acesso em: 16 fev. 2022.

POLLAK, Michael. Memória, esquecimento, silêncio. **Estudos Históricos**, Rio de Janeiro, v. 2, n. 3, p. 3-15, 1989.

PORTELA, Bruna Marina. **Gentio da terra, gentio da guiné**: a transição da mão de obra escrava e administrada indígena para escravidão africana (Capitania de São Paulo, 1697-1780). 2014. 386 f. Tese (Doutorado em História) – Setor de Ciências Humanas, Universidade Federal do Paraná, Curitiba, 2014.

POTIGUARA, Eliane. **Metade cara, metade máscara**. Lorena: U'Ka Editorial, DM Projetos Especiais, 2018 [2004].

PRADO JR., Caio. **Formação do Brasil Contemporâneo**: Colônia. São Paulo: Companhia das Letras, 2011 [1942].

QUIJANO, Aníbal. Colonialidade do poder, eurocentrismo e América Latina. *In*: LANDER, Edgardo (org.). **A colonialidade do saber**: eurocentrismo e ciências sociais. Perspectivas latino-americanas. Buenos Aires: CLACSO, 2005 [2000]. p. 107-130.

SAMPAIO, Daiara Hori Figueroa. **Ukushé Kiti Niíshé**: direito à memória e verdade na perspectiva da educação cerimonial de quatro mestres indígenas. 2018. 194 f. Dissertação (Mestrado em Direitos Humanos e Cidadania) – Centro de Estudos Avançados Multidisciplinares, Universidade de Brasília, Brasília, 2018.

SAMPAIO, Patrícia de Melo. "Vossa Excelência mandará o que for servido...": políticas indígenas e indigenistas na Amazônia Portuguesa do final do século XVIII. **Tempo**, Niterói, v. 12, n. 23, p. 39-55, 2007.

SANTOS, Boaventura de Sousa; MENESES, Maria Paula (org.). **Epistemologias do Sul**. São Paulo: Editora Cortez. 2014 [2010].

SCHWARTZ, Stuart. **Segredos Internos**. Engenhos e escravos na sociedade colonial. São Paulo: Companhia das Letras, 1988 [1985].

STF retoma julgamento histórico sobre terras indígenas, nesta quarta (25). **Instituto Socioambiental**, Brasília, 24 ago. 2021. Disponível em: https://www.socioambiental.org/pt-br/noticias-socioambientais/

stf-retoma-julgamento-historico-sobre-terras-indigenas-nesta-quarta-25?utm_source=isa&utm_medium=site&utm_campaign=%23MarcoTemporalN%-C3%A3o. Acesso em: 25 ago. 2021.

TERENA, Eloy. Não começamos a existir com a Constituição. **O Globo** [Online], 18 out. 2020. Disponível em: https://oglobo.globo.com/opiniao/2020/10/18/26715-nao-comecamos-existir-com-constituicao. Acesso em: 25 ago. 2021.

TODOROV, Tzvetan. **A conquista da América**: a questão do outro. São Paulo: Martins Fontes, 1993 [1982].

NEGACIONISMO E REVISIONISMO:
a contestação da remoção de monumentos escravistas

Jorge Amilcar de Castro Santana[150]

> *Eu vou pra Palmares*
> *Enfrento os Borba Gato e os Raposo Tavares*
> *Eu vou pra Palmares*
> *Mesmo que eu tenha que cruzar terras e mares*
> *Mesmo que eu tenho que cortar serras e áreas*
> *E que o meu sangue regue o chão dos nossos lares*
> *Pois todos os quilombolas são nossos familiares*
> *Índios e foras da lei renegados e populares*
> *Malquistos e mal vistos vindo de vários lugares*
> *Você não tá sozinho porque nós somos pares*
> *No levante contra bandeirantes e militares*
> (Dugueto Shabazz).

No Brasil, o tema da escravidão africana configura um tabu, as marcas de mais de 300 anos de trabalho compulsório ainda se fazem presentes a partir das profundas desigualdades sociais, raciais e econômicas. E não há como abordar a questão racial, sem remeter ao longo processo de genocídio de milhões de negros/africanos, afinal temos mais tempo de escravidão africana (350 anos) do que de pós-escravidão (135 anos). Nos últimos anos o crescimento e as conquistas dos movimentos negros produziram um movimento reativo da branquitude, dos conservadores e da extrema-direita. Esse movimento nas últimas duas décadas buscou por meio do negacionismo histórico e demais estratégias questionar a escravidão e impedir a implementação de políticas públicas para reparar os descendentes de pessoas escravizadas.

Inicio o presente artigo com a declaração do ex-presidente brasileiro e a época deputado federal Jair Messias Bolsonaro[151] (PSL – Partido Social Liberal), ainda quando era candidato à presidência da República, no programa Roda Viva, da TV Cultura, em 2018. Ao ser questionado por Frei David, um dos membros

---
150 Jorge Amilcar de Castro Santana é Doutor em Ciências Sociais (PPCIS/UERJ) e Professor de História do IFPR.
151 Jair Messias Bolsonaro é um militar reformado do Exército brasileiro, que durante quase três décadas foi deputado federal pelo estado do Rio de Janeiro. Bolsonaro sempre esteve filiado a partidos de direita, em defesa de pautas conservadoras, de extrema-direita e um grande defensor da Ditadura Civil Militar. Em 2018, ele conseguiu seu maior êxito na política ao se eleger presidente do Brasil.

da bancada sobre a "dívida histórica" da sociedade e do Estado brasileiro para com a população negra, descendente das vítimas da escravidão ele respondeu:

> Que dívida histórica é essa que temos com os negros? Eu nunca escravizei ninguém na minha vida [...] O negro não é melhor do que eu, e nem eu sou melhor do que o negro...
> Se for ver a história realmente, os portugueses nem pisavam na África, eram os próprios negros que entregavam os escravos... [...][152].

A resposta do então deputado federal está ancorada em dois princípios estruturantes, o primeiro de que ele como branco, não tem nenhuma relação direta com a escravidão, pois não foi proprietário de nenhuma pessoa escravizada. E segundo, já buscando contrapor as políticas afirmativas ele defendeu que o negro não é melhor que ninguém, portanto não sendo necessário uma política pública como a reserva de vagas em universidades e concursos públicos.

Está em voga nos últimos anos, a defesa de que a escravidão não foi uma mazela produzida pelos antepassados dos brasileiros brancos, portugueses e demais povos europeus. Nesse sentido, ele acusa os próprios africanos de serem os responsáveis pela escravidão, portanto inexistindo uma "dívida história" dos brasileiros ou demais nações europeias que participaram ativamente do comércio de pessoas escravizadas durante 400 anos. O que está posto em sua argumentação de que os africanos foram culpados pela escravidão, portanto os estados-nacionais americanos e europeus participantes ativos não têm nenhuma "dívida histórica" ou compromisso de engendrar políticas públicas para reparar a população negra.

A tese que também defendida por uma parte dos lusitanos, que os traficantes de pessoas escravizadas não adentraram no continente africano, apenas aportavam na costa ocidental africana, onde compravam os escravizados de líderes escravistas africanos. Nesse sentido, a escravidão não seria uma obra dos europeus ou mais tarde dos brasileiros, e sim dos próprios africanos. Nessa perspectiva a culpa pelo trabalho compulsório e pelo genocídio deixa de ser dos colonizadores e torna-se apenas dos africanos.

A resposta de Jair Bolsonaro não é uma fala isolada, mas está inserida em um conjunto de pensamento conservador brasileiro e da extrema-direita que vem buscando realizar uma revisão histórica da escravidão, a partir de leituras enviesadas, dados superficiais e uma narrativa fraudulenta com claro objetivo de combater a pauta política dos movimentos negro (RODRIGUES, 2018). Esse movimento reativo conservador não é novo e muito menos está restrito ao Brasil, mas é um movimento transnacional de questionamento da historiografia.

---

152 Disponível em: https://exame.com/brasil/no-roda-viva-bolsonaro-questiona-escravidao-e-cotas/. Acesso em: 14 mar. 2023.

A narrativa da ausência de culpabilidade do Estado brasileiro e demais estados nacionais no processo de escravidão africana é mais antigo. Como revela Petrônio Domingues (2018) em 1994, uma ação judicial[153] movida pelo movimento negro em defesa de reparações pecuniárias para os descendentes de escravizados na Justiça Federal teve uma resposta similar ao do ex-presidente brasileiro. O advogado-geral da União alegou, que a ação era "descabida", pois segundo ele quem foram os algozes da escravidão foram os estados português e inglês, nas palavras do próprio: "dois países os únicos e principais responsáveis pelo escravismo no Brasil" (DOMINGUES, 2018, p. 348). Ou seja, uma destituição total da participação do Estado brasileiro, durante o período imperial (1822-1889)[154].

Essa resposta do advogado-geral da União é emblemática, mas difere do que vem ocorrendo nos últimos anos, porque a resposta da AGU apesar de negacionista foi apenas dentro dos autos de um processo judicial. A declaração do ex-presidente da República negando a participação dos brasileiros, dos europeus e do Estado-nação tupiniquim, na escravidão foi em um programa televisionado e na esteira de diversos vídeos, textos e *memes* com o propósito de contestar não apenas as fontes históricas, a história pública e as reivindicações dos movimentos negros.

O que há de intencionalidade na declaração do líder da extrema-direita é o ataque às políticas públicas reparatórias, tendo como principal alvo a reserva de vagas para pessoas pretas e pardas em universidades e em concursos públicos. O ex-presidente é um notório crítico da política reparatória[155], sempre a partir da premissa de que não há racismo no Brasil e ao mesmo tempo a defesa do país como uma "democracia racial" e que tal política é uma esmola para população negra. Ao defender, que os africanos foram algozes da escravidão, ele retira a "dívida histórica" da sociedade e do Estado brasileiro. Durante a campanha eleitoral em 2018, o então candidato se comprometeu caso eleito com a redução de vagas destinadas aos candidatos negros em universidades federais e concursos públicos, pois segundo o mesmo favorece o filho do negro "bem de vida"[156].

---

153 Em 1994, o Movimento Pelas Reparações formado por estudantes negros da Universidade de São Paulo adentrou na justiça federal reivindicando uma indenização de cerca de 114 mil dólares para cada pessoa negra brasileira. O que configuraria uma indenização pelos anos de escravidão e de trabalho não remunerado. O valor foi resultado de um cálculo das horas trabalhadas pelos escravizados brasileiros (DOMINGUES, 2018).

154 Além do Brasil, já independente e sob os reinados de D. Pedro I e do seu filho D. Pedro II, foi ao longo do século XIX a nação que recebeu mais escravizados africanos no mundo. A família imperial brasileira era proprietária de escravizados africanos, chamados na época de "Escravos da Nação", que utilizados em estabelecimentos públicos e em serviços pessoais para os membros da Corte (SCHWARZ, 2000).

155 Em 2020, o ministro a educação do governo Bolsonaro, Abraham Weintreub revogou uma portaria do ministério que estipulava a reserva de vagas para negros, indígenas e pessoas com deficiência física nos programas de Pós-Graduação de instituições federais (MOREIRA; SALDAÑA, 2020). Essa medida foi uma conclusão das promessas de campanha do presidente em coerência com suas declarações durante anos.

156 Disponível em: https://g1.globo.com/rj/rio-de-janeiro/eleicoes/2018/noticia/2018/08/27/bolsonaro-faz-campanha-em-mercado-popular-no-rio-de-janeiro.ghtml. Acesso em: 14 mar. 2023.

O termo negacionismo criado pelo historiador Henry Rousso (1987) nasceu na segunda metade do século passado na Europa para denominar grupos e pessoas que eram defensoras da inexistência das câmaras de gás e do genocídio em massa dos judeus produzido pelos nazistas (VALIM; AVELAR; BEVERNAGE, 2021). Os negacionistas da *Shoah* defendiam que estavam realizando uma revisão historiográfica do Holocausto, apesar de não disporem de fontes fidedignas, de metodologia, objetividade científica para provar suas teorias conspiratórias. Eles conseguiram trazer para o debate público o questionamento do Holocausto (VALIM; AVELAR; BEVERNAGE, 2021). Desde então, o termo negacionista passou a ser utilizado para identificar grupos que buscam revisar a partir da ideologia eventos históricos para balizar seu posicionamento político e ideológico.

Os questionadores do genocídio judeu eram oriundos de grupos e pessoas filiados ideologicamente a extrema-direita europeia e antissemitas[157]. O negacionismo no campo da História não ficou restrito ao extermínio dos judeus, mas passou a questionar demais eventos históricos, em diversos países e períodos históricos. Dessa forma, afirmam que deu início a um *modus operandi* um movimento supostamente "revisionista". Os negacionistas brasileiros estão filiados ideologicamente, conectados e seguem os pressupostos do século passado no que tange a busca por "revisar" a história a partir de um revisionismo conservador ou um revisionismo ideológico (VALIM; AVELAR; BEVERNAGE, 2021).

São diversas iniciativas que produziram e formaram esse revisionismo histórico, que não tem como propósito revisar a história, trazer novas abordagens, novos questionamentos e novas fontes históricas. O único objetivo desse revisionismo histórico é o objetivo político-ideológico, para conter políticas de reparação histórica, desqualificar as pautas dos movimentos negros e defender o *status quo* da branquitude. Como definem (VALIM; AVELAR; BEVERNAGE, 2021) trata-se de um revisionismo ideológico, pois é a ideologia que dirige as análises históricas e não as evidências. São esses os principais pilares desse movimento que se propõe como científico e em busca de uma suposta verdade.

No Brasil esse processo de questionar a escravidão, a partir da máxima de culpabilizar os negros e africanos ganhou força a partir da virada do século XX para o XXI. Ainda no início do século XXI, o jornalista conservador Leandro Narloch[158] Deu início a uma série de livros intitulados "Guia Politicamente

---

157 No Brasil, o professor de História Altair Reineir é um dos entusiastas da teoria negacionista a qual questiona a existência do Holocausto. Ele chegou a publicar artigos em jornais catarinenses defendendo a teoria negacionista. Em 2020, o historiador negacionista voltou à cena, pois sua filha, Daniela Reinehr (sem partido), bolsonarista e que era vice-governadora assumiu o cargo de governadora do estado e questionada ela não condenou as posições negacionistas defendidas pelo pai.

158 Leandro Narloch é um jornalista, escritor e que tem a história como uma de suas especialidades. Ele partilha de ideias conservadoras e críticas aos movimentos sociais como negro, feminista e LGBTQI+. Narloch se intitula como um denunciador de mentiras contadas " por historiadores marxistas" e um pesquisador em busca da verdade.

incorreto", foram ao todo 4 livros (Filosofia, Economia, América Latina e Rock anos 80), sendo a primeira versão o guia dedicado a história do Brasil. O *Guia Politicamente Incorreto da História do Brasil* (2009) cada um dos capítulos é voltado para um personagem histórico ou temática histórica que é supostamente revisada, a partir da citação de autores que comungam das ideias do movimento negacionista e, portanto, contribuem para dar um ar de objetividade científica para os postulados defendidos.

A partir de uma linguagem fácil, sedutora, prometendo desconstruir "supostos grandes mitos da história do Brasil", uma busca pelo senso comum e sem um debate aprofundado acerca dos temas os livros tiveram um sucesso de venda. Voltados para um público fora do universo acadêmico, com uma propaganda sensacionalista e prometendo grandes "novidades históricas", os livros produziram um grande frenesi, trazendo os debates para salas de aula desde o Ensino Fundamental até as Universidades. A partir de perguntas simplórias dos alunos: "*Zumbi era escravista?*" entre outros, os docentes tiveram que lidar com a onda da história supostamente revisada. O próprio nome da coleção de livros já revela a filiação político-ideológica a qual pertence, pois a expressão "politicamente incorreto"[159] passou a ser operada e defendida como uma bandeira política pelos conservadores e militantes da extrema-direita. Para criticar a demanda pelo politicamente correto.

Um dos temas da obra revisionista é Zumbi dos Palmares (1655-1695), herói negro, símbolo da resistência negra contra a escravidão e que tem o dia de sua morte, o 20 de novembro como dia nacional da consciência negra no Brasil. O capítulo 2 intitulado "Negros" dedica-se em parte a desconturir a figura de Zumbi dos Palmares, como um guerreiro que liderou a luta do Quilombo de Palmares[160] (1630-1695), em Alagoas, que resistiu durante anos aos ataques dos colonos e portugueses e chegou a reunir aproximadamente 20 mil quilombolas. Um dos maiores focos de resistência à escravidão e de ameaça a ordem colonial da América Portuguesa.

A partir de alguns documentos analisados de maneira enviesada, superficial e com base em alguns historiadores defendem a tese contestada de Zumbi escravista que já foi contestada por muitos historiadores e especialistas renomados no tema como Maria Ligia Prado (2009) e Aldair Rodrigues

---

159 A direita e extrema-direita acusam a esquerda e setores progressistas de impor uma censura a partir da suposta proibição de palavras e expressões consideradas politicamente incorretas. Nesse sentido a direita e extrema-direita reivindicam o politicamente incorreto como uma identidade e também de uma pauta política.

160 O Quilombo de Palmares nasceu no contexto das invasões holandesas o que permitiu uma fuga em massa de escravizados. O quilombo reuniu milhares de quilombolas que se reuniram em diversas aldeias e locais de moradia na Serra da Barriga, em Alagoas, na época pertencia à capitania de Pernambuco. A partir de uma defesa muito bem estabelecida os quilombolas conseguiram resistir por mais de 50 anos, quando finalmente foram derrotados por expedição liderada pelo bandeirante paulista Domingos Jorge Velho.

(2018). A tese de que Zumbi dos Palmares era proprietário de escravizados no quilombo, portanto promovia a mesma exploração aos negros que os senhores de engenho e os portugueses. A partir dessa premissa a figura de Zumbi de Palmares é equiparada a um proprietário de escravizados comum e colocado como um escravista, destituído do posto de líder quilombola e de herói da luta contra a escravidão no Brasil.

O autor faz uso de uma bibliografia ultrapassada, problemática e seletiva para promover o revisionismo ideológico. Há apenas um compilado de pesquisas duvidosas, fontes históricas selecionadas e manipuladas para o fim político-ideológico do autor. É uma narrativa que atravessa as pesquisas para promover a desqualificação da luta empreendida contra escravidão, das pautas dos movimentos negros e dividir a opinião pública em relação a agenda de reparação dos descendentes de pessoas escravizadas (RODRIGUES, 2018).

Novamente reforçando que o debate político e científico acerca do destino dos monumentos sensíveis é válido e necessário. Contudo, os argumentos e fontes históricas operadas pelo movimento conservador e pela extrema-direita não promovem um debate científico e, sim, apenas político. Mas é um debate político que travestido de científico, com deturpação da ciência, entretanto que ganhou densidade como assinalam os historiadores Paulo Pachá Thiago Krause (2020):

> É fundamental distinguir, porém, revisionismo de negacionismo: enquanto o primeiro é inerente ao desenvolvimento da historiografia e tem como base evidências e metodologias múltiplas, o segundo é uma tática política destinada a falsificar processos históricos (e frequentemente se apresenta como revisionismo, o que explica a confusão entre os dois termos). Por exemplo, enquanto os historiadores têm revisado desde os anos 1980 suas interpretações sobre o Golpe de 1964 como um processo marcado pela aliança dos militares com setores da sociedade civil, determinados grupos políticos ainda hoje negam o caráter autoritário da ditadura estabelecida nesse momento. Como toda prática que se pretende científica, a historiografia é feita de consensos parciais e provisórios, em constante desenvolvimento e transformação (Época, 19 de junho de 2020)[161].

O revisionismo histórico constitui um método científico da História, em que historiadores se debruçam sobre eventos históricos já pesquisados no passado, mas revendo fontes ou a luz de novas fontes históricas, conceitos, abordagens e demais aspectos em especial a partir de novos paradigmas para o objeto. Revisar um tema histórico é um dos âmbitos da historiografia.

---

161 Disponível em: https://epoca.globo.com/cultura/artigo-derrubando-estatuas-fazendo-historia-24487372. Acesso em: 14 mar. 2023.

Contudo, o revisionismo histórico é realizado a partir de princípios, métodos, normas e demais instrumentos científicos e não necessariamente tem como propósito negar ou desconstruir a historiografia precedente.

O revisionismo conservador ou revisionismo ideológico que tem a coleção de livros de Leandro Narloch como um estopim inicial que não há um rigor cientifico, ao contrário do movimento de revisão historiográfica da escravidão africana no Brasil, da década de 1980. Quando historiadores especialistas no tema como: João José Reis (1986), Robert Slenes (1999), Sidney Chaloub (1990), entre outros produziram novas pesquisas que contribuíram para novos olhares, temáticas e abordagens acerca da escravidão africana no Brasil. Esse movimento trouxe a luz novas questões, novas fontes históricas e avançou em temas antes pouco pesquisados ou questionaram com rigor científicos postulados consolidados da escravidão.

A própria figura histórica de Zumbi dos Palmares foi revisionismo histórico, primeiro a partir de Clóvis Moura, historiador marxista, filiado ao Partido Comunista Brasileiro, que produziu a importante obra *Quilombos Resistência da Escravidão* (1959), analisando Palmares, como um epicentro da resistência a escravidão, a partir do *materialismo histórico* e da *luta de classes*. O livro teve grande repercussão, em especial entre os militantes dos movimentos negros e dos partidos de esquerda, nesse sentido o quilombo colonial representava um dos episódios de luta contra o escravismo, em defesa dos explorados e contra a opressão. Dessa forma o livro foi considerado uma das primeiras obras em que o escravizado é analisado como um "agente histórico" (MALATIAN, 2019).

Ao longo da década de 1980 e 1990 historiadores não marxistas como João José Reis, entre outros pertencentes a outras escolas historiográficas revistaram a obra de Clóvis Moura, fazendo críticas sobre a análise do Brasil colônia a partir do *materialismo histórico*, em que o quilombo era concebido como uma resistência de classe (MALATIAN, 2019). Dessa maneira produzindo um valioso revisionismo histórico, com fontes históricas, metodologia e objetividade científica, ao contrário do revisionismo histórico conservador contemporâneo, que não segue as premissas científicas e apenas guiado pela linha política, com o propósito de desmantelar a agenda dos movimentos negros.

A declaração de Jair Bolsonaro, no programa Roda Viva acusando os africanos de serem os culpados pela escravidão não é uma declaração isolada, mas que se soma a um movimento maior de revisionismo conservador e ideológico que passa pela defesa e divulgação de temas como: negros escravistas, Zumbi dos Palmares como proprietário de escravizados e dos africanos como responsáveis pela escravidão moderna, entre outros. Todo esse arcabouço foi e é operado pelo movimento conservador e de extrema-direita no Brasil.

O negacionismo conservador revestido de revisionismo histórico está inserido dentro da guerra cultural promovida pela extrema-direita e movimento conservador nos últimos anos. E não ocorre apenas por meio de livros como da coleção citada acima, mas principalmente pelos novos meios de comunicação, com imenso destaque para internet. Segundo Aldair Rodrigues (2018) a popularização da internet promoveu uma alteração na produção de conhecimento e informações, portanto uma série de *podcasts*, vídeos, memes e demais instrumentos populares e característicos do mundo digital.

A suposta guerra cultural é uma luta promovida por esses setores da extrema-direita para disputar tanto no campo científico como na opinião pública uma suposta hegemonia de um pensamento crítico, de esquerda que por eles é intitulado como "Marxismo Cultural"[162]. O marxismo cultural, segundo os conservadores é um complexo produzido pela esquerda que dominaria a cultura, as universidades e demais espaços de formação cultural, educacional e intelectual, a partir das teses do pensador e escritor Antônio Gramsci[163] e da Escola de Frankfurt. E os movimentos sociais tais como feminista, negro, LGBTQI+, indígena etc são classificados pelos conservadores como resultado do "marxismo cultural". E todos esses movimentos teriam como propósito a dissolução do cristianismo e da civilização ocidental (DA SILVA; SUGAMOSTO; ARAÚJO, 2021).

A principal figura e pensador em defesa da guerra cultural no Brasil e a revisão foi o escritor e professor Olavo de Carvalho[164]. Este último produziu nas últimas três décadas livros, textos, artigos e vídeos de conteúdo de extrema-direita, conservador e crítico a políticas de esquerda, autores e demais figuras públicas incluídas nessa seara. Muito popular na internet e nas redes sociais, ele foi um notório baluarte da agenda conservadora brasileira. A partir da defesa de uma agenda conservadora, Olavo de Carvalho cumpriu um papel importante na contestação de inúmeras temáticas históricas a partir de narrativas fraudulentas.

---

162   O "marxismo cultural" teve início no século XX a partir do historiador inglês Denis Dworkin, que cunhou a expressão "British cultural Marxism". Termo usado para definir como os intelectuais socialistas passaram a enfatizar menos a questão de classe e produzindo ênfase nas questões culturais (DA SILVA; SUGAMOSTO; ARAÚJO, 2021).

163   Antônio Sebastiano Francesco Gramsci (1891-1937) foi um historiador, filósofo, escritor e militante do partido socialista italiano. Após ser preso pela ditadura fascista de Benito Mussolini, foi privado de liberdade que Gramsci produziu a sua principal obra, Cadernos do Cárcere. Nessa obra o autor italiano desenvolver acerca do conceito de hegemonia e em especial.

164   Olavo Luiz Pimentel de Carvalho (1947-2022) foi um astrólogo, escritor e professor. Olavo era autodidata e sua carreira como professor e pesquisador ocorreu fora da academia e suas obras sempre buscaram contestar as concepções acadêmicas, em especial aquelas ligadas à esquerda e as causas sociais. A partir da década de 2010, mesmo residindo nos Estados Unidos tornou-se uma figura popular por meio da internet e também pela publicação de livros em que abordava questões políticas. Ele era considerado o ideólogo do governo do presidente Jair Bolsonaro (2019-2022).

A partir de vídeos, livros e o curso "Curso Online de Filosofia (COF)[165]", Olavo de Carvalho promoveu uma robusta disseminação da agenda conservadora no Brasil, tendo como um dos seus alvos as pautas dos movimentos negros e os questionamentos sobre a escravidão africana. A principal obra do autor, no sentido de abordar os "mitos históricos" produzidos pelo marxismo cultural é *O mínimo que você precisa saber para não ser um idiota* (2013), que teve uma venda significativa e formou parte da militância de extrema-direita. Ele era considerado " Guru" do governo de Jair Bolsonaro.

Como afirma Arthur Avila (2021) a ascensão de presidentes de extrema-direita ao poder como Jair Bolsonaro no Brasil e Donald Trump nos Estados Unidos levou para o mais alto cargo do Executivo o negacionismo que foi transformado em política pública. Se figuras negacionistas como Leandro Narloch e Olavo de Carvalho disseminaram teses negacionistas, com a chegada da extrema-direita à presidência a potência foi elevada. A disseminação de negacionismo científico em diversas áreas desde o questionamento das vacinas, passando por "floresta tropical não queimam" e até nazismo ter sido um movimento político de esquerda. Promovendo uma ampla disseminação como também a produção de uma disputa política que passa pela História e produz densidade argumentativa para as disputas políticas.

> Neste sentido, a emergência deste fenômeno se insere em um cenário maior de fortalecimento do "ódio à democracia", diagnosticado por Jacques Rancière (2014), com suas tentativas de recusar política e narrativamente o que é devido àqueles que o filósofo francês chamou de "sem-parte" (os sujeitos subalternizados por processos históricos diversos). Entretanto, e essa é uma diferença importante, os negacionistas contemporâneos agem principalmente através de silêncios, mistificações, ocultamentos e minimizações que se dão no âmbito narrativo, para além do empírico, que visam subtrair determinados passados de nossos presentes, tornando-os insubstanciais, e impor significados unívocos à nossa história – não raro aqueles acalentados pelos setores dominantes. Politicamente, as narrativas negacionistas coadunam-se com as "historiografias de esquecimento" analisadas por Tessa Morris-Suzuki (2005, pp. 8-9), cujo propósito é o de "obliterar a lembrança de certos eventos da consciência pública" e minimizar os entrelaces entre passado e presente e as responsabilidades daí decorrentes – elas desejam expungir, para voltar a Rancière (2014, p. 17), o "excesso" (as demandas democratizantes) representado pelas histórias críticas sobre nosso passado (AVILA, 2021 p. 163-164).

---

165 O Seminário de Filosofia era um curso online, ministrado por Olavo de Carvalho em que ele ensinava filosofia para os alunos. Contudo, o curso não estava limitado apenas a temas da filosofia, mas como política, história e demais áreas, sempre com uma abordagem a partir da linha ideológica de extrema direita. O curso tornou-se popular e é reconhecido por pesquisadores como um dos impulsionadores do crescimento da extrema-direita no Brasil.

As produções históricas fraudulentas de escritores, pesquisadores e demais agentes do movimento conservador e da extrema-direita como aponta Arthur Lima de Ávila (2021) conquistou um patamar mais alto com a chegada de figuras públicas reacionárias ao poder. Vide Jair Bolsonaro no Brasil, Donald Trump nos Estados Unidos, entre outros. As teses fraudulentas se disseminaram com mais força, amplitude e também fortalecidas pelo uso do aparato estatal.

O negacionismo, o revisionismo conservador ou revisionismo ideológico ganharam musculatura no Brasil nas últimas duas décadas, promoveram disputas a partir da História e no debate público. Tendo como temas principais a Ditadura Civil-Militar (1964-1985) e a escravidão africana. Em comum, os dois eventos históricos que reivindicam políticas de memória, verdade e justiça e políticas de reparação para as vítimas (VALIM; AVELAR; BEVERNAGE, 2021). O movimento da extrema-direita tem como propósito invalidar ou impedir o avanço dessas políticas públicas, negando os crimes cometidos e as violações pretéritas dos direitos humanos. A negação em relação a Zumbi dos Palmares ou a participação dos portugueses na escravidão é o mesmo *modus operandi* aplicado aos personagens históricos homenageados em monumentos, os quais os movimentos negro e indígena defendem a remoção.

Negacionismo conservador e as críticas remoção de monumentos escravistas: o caso Borba Gato

A erupção do movimento em defesa da remoção de monumentos escravistas pelo mundo e no Brasil resultou em múltiplas disputas no campo da História, das Artes, da Ciência Política, Sociologia, Antropologia, entre outras. A História é um dos epicentros das discussões tanto dos defensores da remoção dos monumentos escravistas, como daqueles os quais defendem a manutenção dos mesmos. Foram e são debates acalorados, que reúnem argumentos pertinentes e sólidos, como também posições políticas conservadoras, progressistas e radicais. Contudo, é acerca do negacionismo dos críticos da remoção das estátuas escravistas que desejo mergulhar.

Especificamente o que pretendo aqui é investigar como nos discursos e argumentos dos contrários a remoção estão ancorados em um negacionismo histórico e revisionismo ideológico. E esse negacionismo está na esteira do revisionismo histórico conservador ou ideológico que tem nos últimos anos promovido a disseminação de apontamentos históricos fraudulentos ou sem rigor científico para reafirmar suas posições políticas ou deslegitimar as pautas dos adversários políticos. Nesse sentido, a História novamente está no centro do campo de disputa da arena política.

A partir de 2020, com as centenas de manifestações antirracistas nos Estados Unidos, na Europa e no Brasil e a derrubada da estátua do traficante de escravizados Edward Colston (1636-1721), na Inglaterra (SANTANA; AGUIAR, 2022). No momento posterior a esse evento inúmeras reportagens sobre monumentos correlatos no Brasil, que eram apontados pelos movimentos negros e indígenas como escravistas e passíveis de remoção. As matérias jornalísticas traziam à tona personagens históricos conhecidamente partícipes na escravidão africana e indígena, tais como: Borba Gato, Antônio Raposo, Anhanaguera, Fernão Dias, Domingos Jorge Velho, Joaquim Pereira Marinho, entre outros[166].

Muitos militantes do movimento negro e alguns historiadores se posicionaram a favor da remoção, enquanto outras vozes como o escritor Laurentino Gomes contrariamente. Esse grupo contrário apresentou questionamentos como um possível apagamento dos crimes do passado, também o problema em julgamentos anacrônicos ou a defesa da permanência dos monumentos como forma de crítica e denúncia permanente aos crimes cometidos pelos personagens no pretérito. Entretanto, umas parcelas das críticas contrárias a retirada de estátuas têm argumentos calcados em negacionismo e na defesa de que figuras históricas apontadas como escravistas nunca tiveram participação na escravidão. Esses defensores dessas figuras históricas argumentam que seria uma acusação leviana e tratava-se de um revisionismo histórico e equivocado a acusação do envolvimento destes homenageados no processo escravista. É sobre esses argumentos que analisarei, acerca de uma figura histórica específica.

O debate voltou a ganhar destaque na imprensa e nas redes sociais no mês de julho de 2021, após uma ação direta do coletivo Revolução Periférica. Na manhã de inverno do dia 24 de julho de 2021, os militantes colocaram pneus embebidos em líquido inflamável, em volta do monumento de 13 metros de altura, homenagem ao sertanista Manoel Borba Gato (1649-1718)[167] e atearam fogo, na Zona Sul, da capital paulista (OLIVEIRA, 2021). A ação direta[168] do coletivo objetivava denunciar o genocídio indígena, o genocídio negro e os crimes cometidos pelos colonizadores no pretérito. Passados dois dias da ação direta, o entregador de aplicativos e militante dos Entregadores Antifascistas Galo de Luta se entregou à polícia, assumindo ser o responsável pelo ato.

---

166 Disponível em: https://www.almanaquesos.com/10-estatuas-racistas-que-decoram-cidades-no-brasil/. Acesso em: 14 mar. 2023.
167 A estátua do bandeirante Manuel Borba Gato foi inaugurada em 1963, produzida pelo artista Júlio Guerra. E foi implantada no bairro de Santo Amaro, na Zona Sul da cidade de São Paulo. O contexto da época de afirmação dos bandeirantes como grandes heróis, empreendida pela elite política e econômica paulista.
168 Essa não foi a primeira ação direta contra um monumento em homenagem a um bandeirante em São Paulo. Em 2016, o Monumento aos Bandeirantes, localizado no Ibirapuera, foi alvo de tintas coloridas e no mesmo dia a estátua de Borba Gato (ARANTE; FARIAS; LOPES, 2021). A mesma que foi incendiada pelo coletivo Revolução Periférica.

A queima da estátua despertou os movimentos conservador e da extrema-direita em uma cruzada em defesa do bandeirante paulista. Uma das defesas do bandeirante foi realizada por Madeleine Lacsko, escritora, jornalista, *youtuber* e a época colunista do jornal paranaense *Gazeta do Povo*. Em sua coluna publicada no dia 26 de julho de 2021, intitulada: "Queimaram a estátua errada: Borba Gato viveu entre os indígenas e matou colonizador"[169] Ela dissertou sobre o suposto erro histórico em incendiar o monumento em homenagem ao bandeirante.

É importante ressaltar que o próprio título, tal como o artigo a colunista buscou criticar a ação direta a partir fazendo uso da História, argumentando que os militantes queimaram a estátua errada por desconhecerem a história verdadeira do personagem. Portanto, os argumentos daqueles contrários são históricos, ou seja, a história como campo de disputa política. No corpo do artigo a autora defende que o bandeirante paulista foi um personagem histórico que viveu entre os povos originários, chegou a ser cacique e exalta o fato do mesmo ter assassinado um emissário da Coroa portuguesa, em uma perspectiva anti-olonialista[170]. Segue um trecho da coluna:

> Qual é o sentido de queimar a estátua do bandeirante anticolonialista, que matou um emissário da coroa, montava esquemas para que brasileiros não pagassem impostos e vivia como indígena? Não vou aqui nem entrar no mérito do racismo ao inferir que indígenas eram café-com-leite social massacrado pelos inteligentíssimos portugueses. Só o racismo justifica a simplificação dos bandeirantes em assassinatos de indígenas. Diz isso quem pouco se importa com fatos mas considera que sua identidade social depende de ver o mundo pelo prisma identitário. Segundo este prisma, todos os indígenas brasileiros vivem pacificamente, num mundo idílico e infantilizado, destruído pelos portugueses [...] (Gazeta do Povo, 27 jul. 2021).

A colunista não citou fontes históricas para embasar sua efusiva defesa do bandeirante paulista, apenas referendou a partir da citação da reportagem do jornalista Jones Rossi do mesmo veículo e um vídeo[171] do escritor Eduardo Bueno[172]. Madeleine Lacsko dedicou pouco espaço para contrapor com fontes

---

169 Disponível em: https://www.gazetadopovo.com.br/vozes/madeleine-lacsko/queimaram-a-estatua-errada-borba-gato-viveu-entre-indigenas-e-matou-colonizador/. Acesso em: 14 mar. 2023.

170 É importante sinalizar que o movimento conservador e a extrema-direita são exímios defensores da colonização portuguesa e de seu legado. Contudo, na coluna a escritora exalta a suposta luta anticolonialista de maneira utilitarista para realçar a biografia positiva de Borba Gato.

171 Disponível em: https://www.youtube.com/watch?v=UKHK80py4qo . Acesso em: 14 mar. 2023.

172 Eduardo Rômulo Bueno é um jornalista, escritor e youtuber, que ganhou fama na década de 1990 com livros sobre a História do Brasil. Apesar de ser criticado por historiadores, seus livros conquistaram o público em geral. Ele também possui um canal no YouTube, chamado "Buenas Ideias", em que os vídeos são sobre a História do Brasil.

históricas, argumentos históricos ou livros que substâncias em suas afirmações. Para ela a suposta biografia ilibada e ética de Borba Gato, pois parte considerável foi destinada a criticar os movimentos identitários, movimentos sociais e os partidos de esquerda.

E ela também acusou os movimentos sociais brasileiros de copiar, *ad hoc* e acriticamente ações dos movimentos negros norte-americano, e, portanto, acabaram queimado a "estátua errada". Ela discorreu críticas aos movimentos *Black Lives Matter* (BLM) (Vidas Negras Importam) que deram início a série de manifestações contra o racismo nos Estados Unidos e também em defesa da remoção de monumentos de escravistas e heróis de guerra confederados. Segundo a jornalista, esse movimento social gozaria de carta branca da imprensa e outros setores do *establishment* para fazer ações e ser sempre apoiado, sem críticas.

A colunista vaticinou contra professores universitários, jornalistas, especialistas e demais figuras públicas que defenderam a remoção ou reafirmaram o envolvimento do bandeirante com a escravidão. A crítica dela tem relação direta com a acusação propagada pela extrema-direita e que tinha como grande propagador Olavo de Carvalho. No sentido de denunciar a suposta existência de uma hegemonia nas universidades e na cultura de um pensamento de esquerda, o chamado "marxismo cultural".

A reportagem[173] a qual a colunista cita para sustentar seus argumentos, assinada pelo jornalista Jones Rossi é mais elaborada e traz argumentos e bibliografia para contrapor a acusação do bandeirante ter sido escravista no pretérito. Segundo Jones Rossi com base no livros *Brasil: Uma História, a incrível saga de um país* (2003), do jornalista e escritor Eduardo Bueno e o livro *Negros da Terra: Índios e Bandeirantes na Origem de São Paulo* (1994), do saudoso John Manuel Monteiro historiador, ex-professor da Unicamp e especialista em História Indígena. São essas duas obras, em especial a primeira que defende a inexistência da participação de Manuel Borba Gato.

Em tese o jornalista afirma que o bandeirante paulista participou de uma bandeira e em busca de pedras preciosas na região de Minas Gerais, em 1682. A bandeira teria encontrado ouro e após a chegada de Dom Rodrigo Castelo Branco, Superintendente Geral das Minas o que gerou um conflito entre os dois, resultando no assassinato da autoridade lusitana. O bandeirante acusado do crime, empreendeu fuga e passou quase 20 anos escondido entre os indígenas Mapaxós ou Botocudos e era respeitado como um cacique pelos membros da nação. Apenas em 1697 ou 1700 o assassino procurado reapareceu e recebeu o perdão pelo crime.

---

173 Disponível em: https://www.gazetadopovo.com.br/ideias/genocida-e-escravizador-de-indigenas-a-verdade-sobre-borba-gato-alvo-da-esquerda-radical/. Acesso em: 14 mar. 2023.

Nesse sentido, principalmente nos 18 ou 20 anos, em que Borba Gato esteve foragido, que o jornalista utiliza para defender que o mesmo não participou de bandeiras e entradas, violentas e cruéis contra os povos originários. E reforça de que uma figura considerada violenta não seria acolhida e respeitada pelos indígenas. Dessa forma o jornalista a partir de obras de História defende que a não participação do bandeirante em práticas violentas, como de não ter participado da escravidão de indígenas ou de africanos.

É importante sinalizar que tanto a coluna como a reportagem foram veiculadas pelo periódico *Gazeta do Povo*, do Paraná. Esse jornal nos últimos anos se notabilizou a partir de um editorial alinhado à extrema-direita brasileira, não apenas por defender políticas ações do governo Bolsonaro, como pelos seus colunistas. Entre as posições defendidas, constam posições negacionistas em relação a pandemia de covid-19 e as medidas de combate, sobre a vacina, acerca das urnas eletrônicas, etc. Figuraram como colunistas do *Gazeta do Povo* lideranças do movimento conservador como: Rodrigo Constantino, Guilherme Fiúza, Alexandre Garcia, Luis Ernesto Lacombe, entre outros. Muitos destes disseminaram *fake news* acerca das medidas de combate a covid-19 durante a pandemia.

A Galeria de Racistas nasceu cm 2020, no bojo dos protestos antirracistas e da discussão dos monumentos escravistas e iniciou um processo de pesquisa acerca dos personagens históricos em monumentos, estátuas e bustos no Brasil (SANTANA; FOGAÇA, 2022). Os historiadores do Coletivo de Historiadores Pretos Tereza de Benguela debruçou-se durante 6 meses a fio para investigar se os personagens históricos homenageados estavam inseridos em quatro categorias: a) proprietário de escravizados indígenas ou africanos; b) traficante de escravizados; c) defensores intelectuais da escravidão e d) participantes ativos de massacres contra nações indígenas ou contra escravizados ou quilombolas (SANTANA; FOGAÇA, 2022).

A pesquisa foi realizada seguindo o rigor científico, objetividade, metrologia, através de fontes históricas e de bibliografia de especialistas e pesquisadores. A pesquisa encontrou fontes históricas e bibliografias que apontaram o enquadramento de inúmeros personagens históricos, como outros foram descartados. Á guisa de exemplo, Pedro Alvares Cabral, acusado pelos movimentos sociais de ser um escravista e ter iniciado o genocídio indígena foi descartado, pois não foram encontradas evidências de sua participação em nenhuma das quatro categorias definidas pela Galeria de racistas.

Entretanto, a figura de Manuel Borba Gato a sua participação foi confirmada com fontes históricas como por uma bibliografia sólida, na primeira categoria, como proprietário de escravizados. O que o jornalista Jonas Rossi e o escritor e pesquisador Eduardo Bueno não abordaram é a vida do bandeirante após ter sido nomeado Tenente-general, na Vila de Sabará, no vale do Rio das

Mortes. Pois é justamente nesse período de sua vida, em que há documentos comprovando a sua participação direta com a escravidão, indígena e africana.

A reabilitação do sertanista paulista ocorreu a partir de 1700, quando seus familiares negociaram um acordo com as autoridades coloniais para seu retorno à legalidade. Dessa forma em troca do perdão pelo assassinato de Dom Rodrigo Castelo Branco, Borba Gato revelou a região exata das minas de Sabará que ele descobriu (VASCONCELOS, 1974). Dessa maneira ele retornou a "vida legal" e foi premiado com a patente inicial de Guarda-mor, pelo Governador e Capitão General Artur Sá de Meneses, da capitania do Rio de Janeiro, São Paulo e Minas Gerais, em 1698 (NEVES, 2015). Em pouco tempo ele fez uma carreira ascendente alcançando o posto de Superintendente do Rio das Velhas e proprietário de fazendas de gado e também de pessoas escravizadas.

E no período pregresso à fuga do sertanista, documentos apontam que Borba Gato participou da longa bandeira (1674-1681) junto de seu sogro e também bandeirante Fernão Dias Pais pelas regiões de Minas Gerais e Mato Grosso. Como aponta John Manuel Monteiro (1994):

> [...] Estabelecendo um arraial no local que julgava ser Sabarabuçu, Fernão Dias e seus seguidores procuravam jazidas de prata e esmeraldas justamente nos morros que, no fim do século, começaram a oferecer fartas quantias de ouro em pó. Apesar de Fernão Dias ter acreditado que descobrira um depósito de esmeraldas, o principal retorno do longo internamento no sertão concretizou-se no fluxo de cativos mandados para São Paulo. Fato este que pode explicar por que não se encontraram índios nas zonas auríferas quando do grande rush do fim do século. 123 Ademais, a exemplo dos aventureiros que saíram de São Paulo para combater os bárbaros, nem todos os companheiros de Fernão Dias Pais regressaram ao planalto. Muitos deles tornaram-se os primeiros povoadores brancos das Minas Gerais, e outros, ainda, seguiram para outras regiões, como o vale do São Francisco. Enfim, no crepúsculo do século, a atividade do apresamento – tão fundamental para a economia antes em expansão – também se apagava lentamente (MONTEIRO, 1994 p. 97).

O trecho revela que a bandeira coordenada por Fernão Dias e que Borba Gato era membro tinha como objetivo encontrar metais e pedras preciosas, entretanto por um tempo significativo a principal atividade econômica foi a apreensão e escravização de indígenas. Tratando-se de uma bandeira de quase uma década, não é possível estimar o número de indígenas vitimados. O historiador John Monteiro (1994) defende que na região aurífera no século XVIII praticamente inexistia indígenas, pois foram dizimados pelas bandeiras e entradas paulistas do século anterior (XVII).

A defesa de Madeleine Lacsko, com bases em documentos da época citados por Jones Rossi e Eduardo Bueno, de que a convivência do bandeirante durante duas décadas com os botocudos foi harmoniosa, é questionado por John Monteiro (1999). Segundo o historiador um relato da época que romantiza a relação de Borba Gato e os botocudos seria: "A descrição deste príncipe entre os selvagens evoca algo da ambiguidade do discurso sobre o passado paulista e das relações entre estes e os índios, oscilando entre a conquista e a persuasão" (MONTEIRO, 1999, p. 92). O que John Monteiro argumenta é que as relações entre paulistas e indígenas eram forjadas na violência, portanto o bandeirante pode ter vivido entre os botocudos, mas não sem uma relação assimétrica e que foi permeada pela violência, o que era a norma.

Esse último artigo John Manuel Monteiro (1999) analisa os documentos intitulado "Códice Costa Matoso", escritos por Caetano Costa Matos pelo Ouvidor-geral. Os documentos tratam do período inicial de ocupação da região aurífera. John Monteiro (1999) a partir dele faz uma crítica ao relato sobre a vivência "sem violência" entre Borba Gato e demais bandeirantes, na região de Minas Gerais. Ele não descarta que ocorreram períodos de paz e relação harmoniosa, principalmente mediados pelas chefias "capitães indígenas", porém a violência era um imperativo.

Os documentos e a historiografia apontam que Manuel Borba Gato, assim como os demais bandeirantes participou da escravização de indígenas, como também foi proprietário de escravizados africanos no período pós-fuga. O revisionismo ideológico produzido pelo movimento conservador e a extrema-direita trata-se apenas de uma narrativa fraudulenta, seletiva e negacionista. Porque é negar a História é que eles podem operar a *blitzkrieg* contra a pauta reparatória da remoção de monumentos escravistas.

Considerações finais

A ascensão de movimentos políticos fascistas, de extrema-direita e conservadores no século XXI, no Brasil resultou em distintos efeitos, sendo um deles acerca do negacionismo científico, especial no campo das Ciências Humanas. Tendo a História como uma das principais áreas científicas de produção de material supostamente revisionista[174]. Não apenas a escravidão e o racismo foram e são temas recorrentes de análises falaciosas e seletivas, mas também a negação da existência da Ditadura Civil Militar (1964-1985)[175], a

---

174   A partir de 2020 com a iminência da pandemia de covid-19 os movimentos conservadores e de extrema-direita passaram a contestar e também produzir posições negacionistas no campo científico da medicina, Biologia e demais ciências correlatas.
175   Uma das teses negacionistas acerca da Ditadura Civil Militar disseminada por Jair Bolsonaro é de que não houve golpe militar, a partir da justificativa de que o presidente João Goulart foi destituído pelo Congresso

negação do nazismo como uma ideologia de extrema-direita (RODRIGUES, 2018), a negação do Holocausto (ÁVILA, 2021) e o negacionismo acerca do genocídio indígena.

Em comum, todas essas pautas estão diretamente relacionadas a bandeiras políticas do campo da esquerda, do campo progressista e dos movimentos sociais. Sobretudo, questionando os argumentos históricos em que estão ancorados as pautas de reivindicação do movimento negro, do movimento feminista, do movimento LGBTQI+, vítimas da ditadura e demais movimentos sociais. Ao tentar desconstruir o arcabouço teórico, o movimento conservador consegue deslegitimar as reivindicações por direitos e reparação desses atores políticos.

A defesa dos movimentos sociais e partidos de esquerda da remoção dos monumentos considerados inapropriados ou escravistas reacendeu a disputa a partir da História entre os grupos conservadores e progressistas. Uma disputa que nos últimos anos esteve em alta diante da polarização política, da ascensão da extrema-direita e do governo Bolsonaro. E nas inúmeras disputas, pautas e temas a História foi um campo acirrado, passando por distintos assuntos, entre eles a questão da escravidão africana como também e menor grau a indígena.

A ação dos movimentos sociais em defender a remoção dos monumentos no Brasil produziu automaticamente um movimento no campo conservador de defesa de tais obras artísticas e seus respectivos homenageados. Não apenas das obras no sentido material, mas das figuras que são homenageadas em pedra e cal. Nesse sentido, o movimento conservador buscou a partir da História argumentos para defender os personagens históricos tanto alegando que os mesmo não tiveram participação no processo de escravidão ou deslegitimando a historiografia acionada pelos movimentos progressistas, acusando de ser uma história falsificada ou fraudulenta.

No que tange a remoção dos monumentos os argumentos para remoção são ancorados principalmente na História, tanto do país como dos personagens históricos. Nessa esteira os argumentos contrários defendidos pelos conservadores e pela extrema-direita também são ancorados na História. E a História é operada por ambos os lados em prol das respectivas posições político-ideológicas. Como foi apontado no caso do bandeirante Borba Gato, a defesa do movimento conservador a partir dos argumentos históricos é permeada pelo negacionismo histórico. Pois os movimentos ignoram fontes históricas e uma bibliografia robusta que evidenciam a participação do sertanista no processo de escravidão, tendo sido

---

Nacional. Tese que não se sustenta, pois a deposição pelo parlamento foi ilegal, porque estava baseada na premissa de que o então presidente tinha abandonado o território nacional. Quando era de conhecimento público que João Goulart estava em sua fazenda no Rio Grande do Sul.

proprietário de seres humanos (MONTEIRO, 1999). Entretanto, essas fontes são ignoradas propositalmente em prol do objetivo político dos conservadores, que é a defesa dos personagens, a crítica à esquerda e movimentos identitários e especialmente a deslegitimação das suas pautas (AGUIAR, 2018).

O propósito do movimento conservador e da extrema-direita não é um debate historiográfico a partir da objetividade científica, mas a defesa de suas pautas políticas e ideológicas. Doravante a História é apenas um instrumento para legitimar os objetivos políticos, portanto ignorasse as evidências que desagradam e evidenciam aquelas que reforçam os objetivos essencialmente políticos. Os documentos que apontam o bandeirante como proprietário de escravizados são deixados de lado para priorizar a suposta relação harmoniosa com os indígenas botocudos durante os 18 anos em que esteve foragido.

O fato histórico de durante quase duas décadas Borba Gato não ter participado de bandeiras e entradas não o inocenta o fato de ter sido no período posterior ter se tornado um próspero proprietário de escravizados africanos e indígenas. Ser dono de pessoas em sua situação de trabalho compulsório é um crime desumano, reconhecido pelo Estado Brasileiro democrático desde 1988. Portanto, figuras históricas diretamente envolvidas na escravidão não podem figurar como heróis nacionais, pois os monumentos são um instrumento potente de promoção e celebração de personagens.

A pandemia de covid-19 escancarou o negacionismo da extrema-direita e do movimento conservador para com as Ciências Biológicas, contudo esse negacionismo para com as Ciências Humanas tem mostrado força há mais tempo. Desde a década 2000 muitos questionamentos como o livro *Guia Politicamente Incorreto da História do Brasil* (2009), entre outras iniciativas. O estopim da queima da estátua em São Paulo reacendeu o negacionismo histórico na busca de combater o movimento de remoção de monumentos e de deslegitimar as pautas dos movimentos negro e indígena.

A argumentação em defesa dos personagens históricos do movimento conservador é realizada sem objetividade científica e rigor metodológico, ancora-se em fontes históricas e recortes seletivos. O recorte da história do bandeirante no período foragido, foi selecionado como a integralidade de sua vida, para afirmar sua isenção em relação a escravidão. A partir dessa revisão superficial são disseminados nas redes sociais, conteúdos, textos e vídeos simplórios para defender as posições políticas e deslegitimar a demanda dos movimentos sociais.

Como aponta Aldair Rodrigues (2018) ao analisar o revisionismo ideológico acerca de Zumbi dos Palmares e da escravidão esse processo é sobretudo uma busca para negar a implantação de políticas públicas para as minorias sociais, não só para negros, como para mulheres, para população LGBTQAI+, indígenas, entre outros. Faz-se necessário combater o negacionismo histórico ou revisionismo conservador, entretanto constitui uma tarefa difícil. Devido à grande disseminação do negacionismo histórico por meio dos novos meios de comunicação e forte aparato da extrema-direita na Internet para disseminação de tais conteúdos (RODRIGUES, 2018).

Os artigos e matérias jornalísticas analisadas na segunda parte do artigo foram todos publicados pelo mesmo veículo, o periódico *Gazeta do Povo*. Um veículo de comunicação localizado ideologicamente no campo da extrema-direita. Outros veículos de comunicação em massa tradicionais tais como: o canal televisivo Jovem Pan, a rádio homônima, a Rede TV, a Revista Oeste, a plataforma Brasil Paralelo (ÁVILA, 2021), entre outros foram e são disseminadores de negacionismo científico em diversos campos da ciência. O que já ocorria antes da pandemia, mas tornou-se ainda mais notório com a iminência do vírus Sars-cov-2.

No Brasil os monumentos são sinônimo de uma representação ideologicamente da classe dominante, da branquitude e do poder. Compreender os monumentos como representações de classe e raça é fundamental para sua caracterização, e quais são ideais que os mesmos emanam. Nesse sentido, grande parte das estátuas em espaços públicos são de homens, brancos, colonizadores ou heróis nacionais. É essa a história promovida e disseminada pela elite em diversos campos e não seria diferente nos monumentos.

E, portanto, os que saem em defesa da manutenção desses "heróis nacionais "são os membros das classes dominantes e os setores da extrema-direita. Defendem o legado do projeto de Brasil conservador, que reivindicam e que fazem parte. Portanto, faz-se necessário lutar pela manutenção da representação heroica de Borba Gato ou de Anhanguera, entre outros. Na mesma via a busca por desconstruir a imagem de Zumbi dos Palmares ou qualquer outro herói contra hegemônico, subalterno, popular ou não bancos. É claramente, um apagamento dos heróis das classes populares, não brancos e a manutenção da celebração dos heróis das classes dominantes.

A declaração do ex-presidente da República, no programa jornalístico "Roda Viva" evidencia como o negacionismo histórico tem sido amplamente divulgado e não apenas na internet. A negação da participação dos europeus na escravidão defendida por Jair Bolsonaro tem como propósito negar a "dívida histórica" da sociedade e do Estado brasileiro com a população negra, consequentemente as políticas públicas reparatórias. Da mesma forma como a negação da participação do bandeirante Borba Gato com a escravidão busca evitar a remoção de seu monumento como de outros, também uma medida reparatória. A declaração e a defesa da colunista e jornalista do *Gazeta do*

Povo[176] fazem parte de um mesmo movimento político que opera a história de maneira deturpada para chancelar suas posições político-ideológicas.

Os próximos personagens brasileiros apontados pelos movimentos sociais como escravistas, com base em fontes históricas e bibliografia sólida serão defendidas pela extrema-direita a partir de argumentos revisionistas ideológicos, poucos afeitos ao rigor científico. A disputa pela remoção dos monumentos, como todas as demais pautas de justiça reparatória para negros e indígenas é política, contudo a disputa também se dá pela História, onde alguns atores operam com argumentos científicos e outros com narrativas fraudulentas e puro negacionismo.

---

176 O historiador Thiago Turíbio (2022) revela como o jornal Gazeta do Povo promoveu uma potente campanha contra o filme *Marighella*, de Wagner Moura. A campanha crítica ao filme teve contornos parecidos com o questionamento relativo à bandeira paulista, a partir de revisionismo ideológico do personagem histórico, deslegitimando seu papel na luta contra a Ditadura Civil-Militar.

REFERÊNCIAS

AVILA, ARTHUR LIMA DE. Qual passado escolher? Uma discussão sobre o negacionismo histórico e o pluralismo historiográfico. **Revista Brasileira De História (Online)**, v. 42, p. 161-184, 2021.

ARANTES, Erika B.; FARIAS, Juliana Barreto ; SANTOS, Ynaê Lopes Dos. Apresentação Dossiê: racismo em pauta: a história que a história não conta. **Revista brasileira de história (impresso)**, v. 41, p. 15-32, 2021.

BUENO, Eduardo. **Brasil**: uma História, a incrível saga de um país. São Paulo. Ática. 2003. CARVALHO, Olavo de. **O mínimo que você precisa saber para não ser um idiota**. São Paulo. Rio de Janeiro: Record, 2013.

DA SILVA, Wellington Teodoro; SUGAMOSTO, Alexandre; ARAUJO, Uriel Irigaray. Cultural Marxism in Brazil: origins and developments of a conservative theory. **Cult. religIquique**, v. 15, n. 1, p. 180-222, june 2021

DOMINGUES, Petrônio. Agenciar raça, reinventar a nação: o Movimento Pelas Reparações no Brasil. **ANÁLISE SOCIAL**, v. LIII, p. 332-361, 2018.

FICO, Carlos. A negociação parlamentar da anistia de 1979 e o chamado "perdão aos torturadores". **Revista Anistia Política e Justiça de Transição**, n. 4, p. 318-333, jul./dez. 2010. Disponível em: http://www.corteidh.or.cr/tablas/r30005.pd. Acesso em: 16 jun. 2019

MONTEIRO, John Manuel. **Negros da terra**: índios e bandeirantes nas origens de São Paulo. Companhia das Letras, 1994.

MONTEIRO, John M. Os Caminhos da Memória: paulistas no Códice Costa Matoso. Varia História, Belo Horizonte MG, v. 21, p. 86-99, 1999. MOREIRA, Matheus; SALDANÃ, Paulo. De saída, Weintraub revoga portaria que estipulava cotas na pós-graduação. **Folha de São Paulo**, 18 jun. 2020. Disponível em: https://www1.folha.uol.com.br/educacao/2020/06/de-saida-weintraub--revoga-portaria-que-estipulava-cotas-na-pos-graduacao.shtml. Acesso em: 27 fev. 2023.

MOURA, Clóvis. **Rebeliões da Senzala**: quilombos, insurreições, guerrilhas. São Paulo: Edições Zumbi, 1959.

NEVES, Pollyanna Precioso. **Entre os caminhos e descaminhos da Estrada Proibida do Sertão da Bahia** [manuscrito]: a superintendência do Rio das Velhas e o abastecimento das Minas nos primeiros anos de exploração aurífera (1701-1716). Universidade Federal de Ouro Preto. Instituto de Ciências Humanas e Sociais. Departamento de História, Dissertação (Mestrado), 2015.

PACHÁ, P. H. C.; KRAUSE, T. **Derrubando Estátuas, Fazendo História**. Época, São Paulo, p. 60-61, 19 jun. 2020. Acesso em: 15 jul. 2020.

PRADO, Maria Lígia Coelho. **Lombroso oculto**: livro sobre 'falsos heróis latino-americanos' usa simplificações oportunas, omissões e interpretações discutíveis, avalia a professora. Estadão, 25 set. 2011. NARLOCH, Leandro. Guia politicamente incorreto da História do Brasil. São Paulo: Leya, 2009.

OLIVEIRA, David Barbosa De Reis; ULISSES Levy Silvério Dos. A teoria dos dois demônios: resistências ao processo brasileiro de justiça de transição. **Revista Direito E Práxis**, v. 12, p. 48-76, 2021.

OLIVEIRA, Regiane. Prisão de ativista que queimou Borba Gato provoca debate sobre a memória de São Paulo. São Paulo, **El Pais**, 28 jul. 2021. Disponível em: https://brasil.elpais.com/brasil/2021-07-29/prisao-de-ativista-que-queimou-borba-gato-provoca-debate-sobre-a-memoria-de-sao-paulo.html. Acesso em 27 fev. 2023.

RODRIGUES, A. O ensino de História na era digital: potencialidades e desafios. Susana Durão; Isadora França. (org.). *In*: Pensar com Método. Rio de Janeiro: **Papéis Selvagens**, v. 1, p. 145-177, 2018.

ROUSSO, Henry. **Les síndrome de Vichy** (1944-1987). Paris: Seuil, 1987.

SANTANA, Jorge; AGUIAR, Camilla. Memórias em disputa no Brasil: A Galeria de Racistas. **Revista Boletim do Observatório da Diversidade Cultural**, 97, n. 2, 2022.

SCHWARCZ, Lilia Moritz. **As barbas do imperador**. São Paulo: Companhia das Letras, 2000.

SILVA, Raoni. Bolsonaro defende cota social para concursos e universidades públicas. **G1**, Rio de Janeiro. 27 ago. 2018. Disponível em: https://g1.globo.com/rj/rio-de-janeiro/eleicoes/2018/noticia/2018/08/27/bolsonaro-faz-campanha-em-mercado-popular-no-rio-de-janeiro.ghtml. Acesso em: 27 fev. 2023.

SLENES, Robert W. **Na senzala uma flor**: esperanças e recordações na formação da família escrava. Brasil Sudeste, século XIX. Rio de Janeiro: Nova Fronteira, 1999.

VALIM, PATRÍCIA; AVELAR, ALEXANDRE DE SÁ; BEVERNAGE, BERBER .Negacionismo: História, Historiografia E Perspectivas De Pesquisa. **Revista Brasileira De História** (Online), v. 42, p. 13-36, 2021

TURIBIO, Thiago. A batalha pelo nome: a campanha das novas direitas contra Marighella, de Wagner Moura. **ArtCultura**, Uberlândia, v. 24, n. 45, p. 218-236, jul.-dez. 2022

TONELLO, Levy, D. Homens da Montanha: Cristãos Novos e a Ocupação do Interior Brasileiro. **Cadernos De Língua E Literatura Hebraica**, n. 16, p. 60-66, 2021. Disponível em: https://doi.org/10.11606/issn.2317-8051.cllh.2018.171491

VASCONCELOS, Diogo de. **História Antiga das Minas Gerais**. 4. ed. Belo Horizonte. Itatiaia. 1974.

ÍNDICE REMISSIVO

A

Africanidades 13, 87, 127, 128, 129, 130, 136, 147, 148, 149

Afro 17, 18, 19, 23, 32, 33, 36, 38, 39, 47, 48, 50, 59, 60, 68, 89, 97, 102, 105, 107, 108, 114, 115, 116, 118, 119, 120, 121, 122, 123, 132, 133, 134, 136, 137, 138, 140, 141, 142, 144, 149, 152, 197, 198

B

Bandeirantes 151, 165, 169, 179, 180, 181, 184, 189

Black lives Matter 12, 23, 33, 36, 45, 57, 61, 181

Brasil 3, 7, 11, 12, 14, 15, 18, 22, 23, 24, 25, 26, 27, 28, 30, 31, 33, 36, 37, 38, 40, 42, 43, 45, 47, 49, 50, 51, 55, 56, 57, 58, 59, 61, 63, 66, 67, 68, 70, 71, 73, 75, 78, 79, 80, 81, 82, 85, 86, 87, 88, 90, 91, 92, 93, 94, 96, 97, 102, 103, 104, 105, 107, 109, 110, 112, 113, 114, 115, 116, 118, 119, 120, 121, 123, 125, 127, 130, 131, 135, 139, 142, 143, 146, 147, 149, 152, 153, 154, 155, 156, 158, 159, 161, 162, 163, 164, 165, 166, 167, 169, 170, 171, 172, 173, 174, 175, 176, 177, 178, 179, 180, 181, 182, 184, 185, 186, 187, 189, 190, 191, 197, 198, 199

C

Capoeira 19, 90, 96, 127, 132, 140, 141, 142

Colonial 15, 22, 56, 62, 63, 64, 65, 66, 67, 82, 100, 108, 109, 110, 111, 112, 117, 125, 126, 127, 129, 130, 131, 132, 134, 136, 141, 147, 151, 152, 156, 157, 158, 162, 164, 166, 167, 173, 175

Colonização 12, 15, 22, 41, 57, 62, 63, 66, 79, 117, 152, 157, 160, 180

Cultura negra 18, 19, 75, 89, 90, 91, 92, 94, 95, 96, 97, 99, 105, 113, 115, 116, 119, 126, 138, 143, 198

D

Defesa 7, 15, 18, 23, 24, 26, 27, 28, 33, 36, 59, 92, 169, 170, 171, 173, 175, 176, 178, 179, 180, 181, 184, 185, 186, 187

Diáspora 13, 18, 19, 87, 91, 92, 102, 105, 108, 110, 111, 114, 119, 122, 125, 126, 127, 128, 129, 130, 131, 132, 133, 134, 136, 138, 139, 140, 143, 144, 146, 198, 199

Dor 11, 18, 31, 33, 45, 60, 112

E

Escravidão 11, 15, 22, 23, 24, 25, 26, 27, 28, 29, 37, 45, 80, 82, 92, 111, 112, 126, 131, 167, 169, 170, 171, 172, 173, 174, 175, 177, 178, 179, 181, 182, 183, 184, 185, 186, 187

Estátuas 15, 19, 21, 22, 25, 28, 29, 35, 44, 49, 51, 55, 58, 77, 110, 119, 121, 126, 128, 129, 135, 146, 161, 165, 178, 179, 182, 187, 190

G

Genocídio 11, 14, 15, 25, 26, 27, 28, 29, 56, 57, 67, 89, 90, 91, 95, 144, 147, 161, 169, 170, 172, 179, 182, 185

H

História 7, 11, 12, 14, 15, 17, 18, 19, 22, 23, 26, 29, 32, 35, 42, 43, 45, 48, 49, 51, 53, 55, 56, 58, 59, 60, 61, 67, 68, 69, 70, 73, 75, 76, 77, 78, 80, 83, 85, 88, 91, 92, 95, 97, 99, 100, 101, 107, 108, 113, 115, 116, 118, 120, 122, 123, 125, 129, 136, 137, 139, 143, 144, 146, 147, 151, 152, 153, 154, 155, 157, 158, 159, 160, 161, 164, 165, 166, 167, 169, 170, 171, 172, 173, 174, 177, 178, 180, 181, 182, 184, 185, 186, 187, 188, 189, 190, 191, 197, 198, 199

I

Identidade 11, 15, 21, 31, 35, 54, 55, 58, 66, 67, 81, 83, 87, 90, 93, 95, 98, 99, 100, 103, 112, 113, 114, 118, 131, 136, 146, 152, 159, 162, 163, 173, 180, 198

Indígena 11, 14, 15, 22, 25, 26, 27, 28, 29, 31, 32, 40, 41, 42, 43, 47, 56, 151, 152, 154, 155, 156, 158, 159, 160, 162, 163, 164, 165, 166, 167, 176, 178, 179, 180, 181, 182, 183, 185, 186, 199

L

Luta 7, 11, 12, 14, 15, 18, 23, 24, 25, 35, 38, 39, 40, 41, 42, 43, 51, 57, 68, 69, 115, 117, 118, 120, 122, 129, 130, 132, 134, 137, 138, 139, 140, 141, 142, 143, 144, 147, 151, 152, 153, 155, 156, 173, 174, 175, 176, 179, 180, 188

M

Memória 7, 11, 12, 14, 15, 18, 19, 23, 29, 31, 32, 33, 34, 35, 38, 39, 40, 41, 42, 44, 45, 49, 51, 52, 53, 54, 55, 56, 58, 60, 61, 66, 67, 68, 69, 70, 74, 75, 76, 89, 90, 96, 99, 100, 101, 103, 108, 110, 113, 128, 130, 134, 136, 137, 141, 146, 148, 151, 152, 153, 155, 158, 159, 160, 161, 162, 163, 165, 167, 178, 189, 190, 198

Monumentos 7, 11, 12, 13, 14, 15, 17, 18, 19, 21, 22, 23, 24, 25, 26, 27, 28, 29, 32, 33, 34, 35, 37, 42, 44, 45, 49, 50, 51, 52, 55, 56, 58, 61, 67, 70, 99, 100, 103, 104, 107, 109, 113, 115, 119, 120, 128, 129, 152, 169, 174, 178, 179, 181, 182, 184, 185, 186, 187, 188

Museus 11, 12, 18, 73, 75, 76, 77, 78, 79, 80, 84, 85, 86, 87, 88, 100, 105, 159, 160, 163, 166, 197

N

Narrativas 11, 14, 15, 17, 45, 56, 60, 61, 68, 69, 105, 115, 116, 120, 126, 137, 140, 154, 156, 159, 166, 176, 177, 188

Negacionismo 15, 18, 169, 172, 174, 176, 177, 178, 179, 184, 185, 186, 187, 188, 189, 191

P

Pandemia 23, 36, 49, 51, 56, 57, 67, 68, 156, 160, 182, 184, 186, 187

Passado 15, 25, 26, 34, 35, 44, 45, 48, 52, 53, 54, 55, 56, 58, 59, 60, 67, 68, 85, 100, 101, 109, 110, 111, 112, 113, 114, 120, 130, 136, 141, 153, 154, 156, 157, 158, 160, 161, 172, 174, 177, 179, 184, 189

Políticas 7, 13, 14, 15, 18, 22, 23, 26, 36, 37, 40, 42, 43, 57, 58, 67, 80, 105, 114, 126, 129, 132, 136, 138, 141, 143, 144, 146, 148, 153, 154, 158, 160, 161, 165, 166, 167, 169, 170, 171, 172, 176, 177, 178, 182, 185, 186, 187

Q

Quilombo 13, 18, 22, 100, 101, 103, 120, 137, 140, 173, 174, 175

R

Racial 7, 11, 12, 14, 17, 23, 25, 32, 36, 38, 39, 45, 50, 57, 61, 62, 63, 64, 67, 79, 80, 81, 83, 86, 87, 113, 117, 118, 125, 126, 127, 128, 129, 130, 133, 134, 135, 136, 139, 140, 141, 142, 143, 144, 145, 147, 169, 171, 198

Racismo 7, 11, 12, 22, 23, 24, 35, 36, 37, 39, 43, 56, 57, 58, 59, 60, 61, 64, 66, 67, 68, 70, 78, 79, 80, 81, 83, 84, 86, 87, 93, 118, 120, 121, 122, 130, 134, 135, 136, 137, 142, 143, 145, 147, 148, 163, 171, 180, 181, 184, 189, 198

Religião 30, 38, 39, 40, 60, 77, 95, 107, 119, 197

Revisionismo 15, 18, 169, 172, 174, 175, 176, 178, 179, 184, 186, 187, 188

S

Samba 13, 19, 89, 90, 92, 93, 96, 97, 98, 99, 101, 103, 104, 105, 127, 139, 140, 142, 148

Sociedade 17, 23, 30, 36, 41, 52, 55, 56, 58, 61, 67, 68, 69, 73, 75, 78, 79, 81, 82, 83, 86, 89, 93, 94, 100, 103, 117, 118, 130, 132, 133, 147, 156, 158, 159, 167, 170, 171, 174, 187

V

Violência 12, 14, 23, 33, 36, 45, 59, 66, 83, 93, 117, 137, 143, 148, 157, 160, 184

Z

Zumbi dos Palmares 13, 18, 89, 90, 98, 99, 100, 101, 102, 103, 105, 141, 161, 173, 174, 175, 178, 186, 187

SOBRE OS AUTORES

Ariane Corrêa da Silva Silvestre
Licenciada e bacharel em História pela Universidade do Estado do Rio de Janeiro (2017), com ênfase em Ensino de História e Relações étnico raciais e bacharel em Museologia pela Universidade Federal do Estado do Rio de Janeiro (2023) com ênfase em Patrimônio Imaterial. Tem experiência laboral com espaços museais, tanto em atividades de conservação e reserva técnica, quanto na parte de pesquisa e documentação de acervos. Atualmente trabalha como Assistente de Museologia no Clube de Regatas do Flamengo, com atividades de conservação, documentação, curadoria de exposições e courier em eventos pelo Brasil.

Camilla Fogaça Aguiar
Licenciada em História (UERJ/FFP-2014), especialista em Ensino e Cultura Afro-brasileira (IFRJ-2017), mestre em História Social (PPGHS-UERJ/FFP-2018) e doutoranda em História Social (PPGHS-UERJ/FFP-2020), financiamento FAPERJ. Atua em pesquisas nas áreas Religião; Relações Etnico-Raciais; Política. Experiência com mediação em espaços culturais e museus. Em novembro de 2020 foi concedido pela Câmara dos Vereadores de São Gonçalo o título de Cidadã Benemérita, em reconhecimento as pesquisas contra intolerâncias religiosas no município. Autora do livro "Minha cabeça me salva ou me perde: Povos de terreiro na Guerra Religiosa", lançado em 2022.

Cristiane Soares de Lima
Licenciada em Pedagogia (2007), licenciada e bacharel em História pela Universidade do Estado do Rio de Janeiro (2018) e pós-graduada em Pedagogia Empresarial (UCAM). Tem experiência com mediação em centros culturais e museus (Assembleia Legislativa do Estado do Rio de Janeiro, 2012-2014; Centro Cultural dos Correios; 2015; Centro Cultural Banco do Brasil; 2015; Museu do Amanhã; 2016. Supervisora na exposição Meninas do Quarto 28; Museu Histórico Nacional; 2016; Supervisora na exposição Santos Dumont; Museu do Amanhã; 2017).

Debora Simões de Souza
Licenciada em História (UERJ/FFP), pós-graduada lato sensu em Ensino de História e Cultura Africana e Afro-brasileira pelo Instituto Federal do Rio de Janeiro (IFRJ), mestre em História Social (PPGHS-UERJ/FFP) e doutora em Antropologia Social pelo Programa de Pós-Graduação em Antropologia Social da Universidade Federal do Rio de Janeiro pertencente ao Museu Nacional

(PPGAS/UFRJ/MN). Professora de História do IF Baiano, coordenadora do projeto de extensão intitulado Vidas negras: difusão de biografias e histórias nos meios audiovisuais. Atualmente é coordenadora do Núcleo de Estudos Afro--Brasileiros e Indígenas (Neabi) geral do IF Baiano. É integrante do Grupo de Pesquisa de Antropologia da Devoção (Gpad) e do Laboratório de Antropologia do Lúdico e do Sagrado (Ludens) vinculados ao PPGAS.

Denilson Araújo de Oliveira
Licenciado e bacharel em Geografia pela Universidade Federal Fluminense (UFF), mestre e Doutor em Geografia pelo Programa de Pós-Graduação da Universidade Federal Fluminense. Atualmente Professor Adjunto do Departamento de Geografia da Faculdade de Formação de Professores da Universidade do Estado do Rio de Janeiro (FFP-UERJ). Docente dos cursos de Graduação e Pós-graduação (Stricto Sensu e Lato Sensu) de Geografia da FFP-UERJ. Também é professor do Programa de Pós-Graduação em Cultura e Territorialidades – UFF. Fundador e Coordenador do NEGRA – Núcleo de Estudo e Pesquisa em Geografia Regional da África e da Diáspora; Integrante do Instituto Búzios.

Jorge Amilcar de Castro Santana
Licenciado em História pela Universidade do Estado do Rio de Janeiro (UERJ-FFP), mestre em Ciências Sociais pela Universidade do Estado do Rio de Janeiro (PPCIS/UERJ) e doutor em Ciências Sociais pela Universidade do Estado do Rio de Janeiro (PPCIS/UERJ). Tem experiência em pesquisas nas áreas de imigração africana, favela, antropologia urbana, sociologia dos esportes, favela, moradia e movimentos de moradia e racismo. Atualmente é professor efetivo de História no Instituto Federal do Paraná, campus Campo Largo e coordenador do Núcleo de Estudos Afro-Brasileiros e Indígenas (Neabi). É autor do romance histórico " Desculpa, meu ídolo Barbosa" e foi um dos diretores do documentário "Nosso Sagrado", produzido pela Quiprocó e lançado em 2017.

Nathália Fernandes de Oliveira
Graduanda em Pedagogia pela UNIRIO (CEDERJ), bacharel e licenciada em História pela UFF, mestre em História Social pela Universidade Federal Fluminense (PPGH-UFF) e Doutoranda em História Contemporânea pelo Programa de Pós-Graduação em História da Universidade Federal Fluminense (PPGH-UFF). Colaborou como Assistente de Pesquisa Iconográfica da Revista de História da Biblioteca Nacional. Tem experiências nas áreas de História Contemporânea e História do Brasil Republicano com ênfase em Culturas e religiosidades negras. Áreas de interesse: História Contemporânea, História do Brasil Republicano, Memória, Identidade, Cultura Negra e Questão Racial. Professora docente I da disciplina de História na Secretaria de Estado de Educação, SEEDUC/RJ.

Simone Antunes Ferreira
Licenciada plena em Geografia pela Faculdade de Formação de Professores da Universidade do Estado do Rio de Janeiro (2010), bacharel em Geografia pela Universidade do Estado do Rio de Janeiro (2011), especialista em Ensino de História e Culturas Africanas e Afrobrasileiras pelo IFRJ-SG (2015 e mestre pelo Programa de Pós-Graduação de Geografia na UFF (2021) cuja pesquisa abordou o enegrecimento das memórias de Niterói. Atua desde 2011 na Rede Pública Estadual de Educação e, em especial, na Formação de Professores em nível médio no Instituto de Educação Professor Ismael Coutinho. Co-fundadora e pesquisadora do NEGRA -Núcleo de Estudo e Pesquisa em Geografia Regional da África e da Diáspora.

Suelen Siqueira Julio
Licenciada em História pela Universidade Federal Fluminense (UFF), mestre em História pela Universidade Federal Fluminense e doutora em História pela Universidade Federal Fluminense (UFF), com curto período de investigação na Universidade de Lisboa. É professora do Colégio Pedro II. Tem experiência nas áreas de História do Brasil e da América, com ênfase em História Indígena. Contemplada com o 9º Prêmio CNPq Construindo a Igualdade de Gênero. Autora do livro "Damiana da Cunha: uma índia entre a 'sombra da cruz' e os caiapós do sertão (Goiás, c. 1780-1831)", publicado pela Eduff.

SOBRE O LIVRO
Tiragem: 1000
Formato: 16 x 23 cm
Mancha: 12,3 x 19,3 cm
Tipologia: Times New Roman 10,5 | 11,5 | 13 | 16 | 18
Arial 8 | 8,5
Papel: Pólen 80 g (miolo)
Royal | Supremo 250 g (capa)